팀으로 성과를 내기 위한 개발 기술의 실천 지식

애자일 프랙티스

AGILE PRACTICE

애자일 프랙티스

アジャイルプラクティスガイドブック
(Agile Practice Guidebook : 7672-7)
© 2023 Yuichi Tsunematsu, Yasunobu Kawaguti, Ken Matsumoto
Original Japanese edition published by SHOEISHA Co.,Ltd.
Korean translation rights arranged with SHOEISHA Co.,Ltd. through AMO Agency
Korean translation copyright © 2025 by YOUNGJIN.COM

ISBN 978-89-314-7970-6

독자님의 의견을 받습니다

이 책을 구입한 독자님은 영진닷컴의 가장 중요한 비평가이자 조언가입니다. 저희 책의 장점과 문제점이 무엇인지, 어떤 책이 출판되기를 바라는지, 책을 더욱 알차게 꾸밀 수 있는 아이디어가 있으면 팩스나 이메일, 또는 우편으로 연락주시기 바랍니다. 의견을 주실 때에는 책 제목 및 독자님의 성함과 연락처(전화번호나 이메일)를 꼭 남겨 주시기 바랍니다. 독자님의 의견에 대해 바로 답변을 드리고, 또 독자님의 의견을 다음 책에 충분히 반영하도록 늘 노력하겠습니다.

파본이나 잘못된 도서는 구입처에서 교환 및 환불해 드립니다.

이메일 : support@youngjin.com
주   소 : (우)08152 서울시 금천구 디지털로9길 32 갑을그레이트밸리 B동 1001호.

STAFF
저자 츠네마츠 유이치 | **감수** 가와구치 야스노부, 마츠모토 켄 | **역자** 류승우
총괄 김태경 | **진행** 박소정 | **디자인** 김유진 | **일러스트** 카메쿠라 히데토 | **편집** 곽은슬
영업 박준용, 임용수, 김도현, 이윤철 | **마케팅** 이승희, 김근주, 조민영, 김민지, 김진희, 이현아
제작 황장협 | **인쇄** 예림

팀으로 성과를 내기 위한 개발 기술의 실천 지식

애자일 프랙티스

저자 츠네마츠 유이치 / 역자 류승우
감수 가와구치 야스노부, 마츠모토 켄

MONITORING

CI / CD

DEVELOPMENT DOCUMENT

USER STORIES

빠르게 실행하고
개선하며 만들어가는
애자일 개발 문화

PROGRAMMING

SE
SHOEISHA

YoungJin.com Y.
영진닷컴

◆ 이 책의 소개

이 책을 손에 든 여러분은 '제품 개발 성공'을 위해 가장 중요한 것이 무엇이라고 생각하나요? '비즈니스 모델이 뛰어나다', '팀원들의 기술력과 경험이 풍부하다', '시장 출시 타이밍이 적절하다', '운이 좋다' 등 여러 가지 요인이 있을 것입니다. 필자는 특히 '빠르게 실험하고, 경험을 통해 배워, 더 잘할 수 있게 된다'는 것을 믿습니다. 제품 개발은 기계나 소프트웨어뿐만 아니라 많은 사람들과 함께 해야 하는 복잡한 작업입니다. 이 업계에는 강력한 경쟁자들이 있으며, 이렇게 해야 성공한다는 확실한 방법이 없습니다. 그렇다 보니 '현재 상황을 파악하고 목표를 향해 한발 한발 내딛는다. 경험에서 배운 것을 바탕으로 개선을 반복한다'는 사고방식이 생겼고, 이를 '애자일(Agile)'이라고 부르며 널리 알려지게 되었습니다.

애자일이라는 용어는 2001년 '애자일 소프트웨어 개발 선언'[*1] 이후로 사용되었습니다. 이 선언은 기존의 개발 프로세스보다 가볍고 더 나은 방법을 고민하던 사람들이 모여 만들었습니다. 그 내용은 이들이 공통적으로 생각한 점을 정리한 것입니다.

그림	애자일 소프트웨어 개발 선언

애자일 소프트웨어 개발 선언

우리는 소프트웨어를 개발하고,
또는 다른 사람의 개발을 도와주면서
소프트웨어 개발의 더 나은 방법들을 찾아가고 있다.
이 작업을 통해 우리는 다음을 가치 있게 여기게 되었다:

공정과 도구보다 개인과 상호작용을
포괄적인 문서보다 작동하는 소프트웨어를
계약 협상보다 고객과의 협력을
계획을 따르기보다 변화에 대응하기를

가치 있게 여긴다. 이 말은, 왼쪽에 있는 것들도 가치가 있지만,
우리는 오른쪽에 있는 것들에 더 높은 가치를 둔다는 것이다.

(*1)　출처 : https://agilemanifesto.org/iso/ja/manifesto.html

애자일 소프트웨어 개발 선언 이후 20여 년이 지난 지금, 애자일 개발을 실현하는 다양한 지식과 프랙티스(습관적인 노력)가 정리되어 쉽게 배울 수 있게 되었습니다. 예를 들어 복잡한 문제를 해결하기 위한 역할과 이벤트를 정의한 프레임워크인 스크럼, 자기 조직화된 팀을 육성하는 리더십과 팀 관리, 팀원들의 시선을 주기적으로 집중시키며 개선을 유도하는 회고 등이 있습니다. 이는 팀의 협력으로 목표를 달성하기 위한 '프로세스 및 팀 운영'에 관한 프랙티스입니다. 한편 애자일 개발은 변화에 맞춰가는 것을 전제로 하기 때문에 꾸준하고 빠르게 개발을 진행하기 위해서는 '기술 및 도구'에 관한 기술 프랙티스도 중요합니다.

지금도 많은 현장에서 개발자들이 애자일 프랙티스를 탐구하고 모색합니다. '팀원들과 힘을 합치기 위해', '더 빨리 배우기 위해', '개발 속도를 늦추지 않기 위해' 등 각 프랙티스에는 탄생 배경 그리고 핵심가치와 원칙이 있습니다. 하지만 이를 잊어버리고 '프랙티스만 앞세워 그것을 따르는 것이 목적이 되는' 일이 발생하면 의도한 효과를 얻지 못할 뿐만 아니라, 오히려 부정적인 영향을 미칠 수도 있습니다.

이 책은 소프트웨어 개발 현장에서 애자일 개발을 실천해 온 필자가 애자일 프랙티스를 탐구하고 모색하는 개발자 여러분을 위해 기술 프랙티스를 중심으로 한 실천 지식을 체계적으로 정리하여 배경 설명과 현장의 구체적인 사례를 함께 소개하는 가이드북입니다. 이 책에서 소개하는 프랙티스는 필자가 직접 겪은 내용으로, 3~10명이 한 팀을 이루거나 50명이 여러 팀으로 나뉘는 개발 현장에서 적용하였습니다. 여러분들의 현장이나 상황에 있어서도 분명 도움이 될 만한 것들을 골랐습니다. 지향해야 할 모습과 프랙티스의 관계를 제대로 이해하고, 애자일 개발을 지속적으로 실천할 수 있는 힘을 기릅시다.

이 책은 다음과 같은 독자를 대상으로 합니다.

조직 내에서 애자일 개발을 추진하는 담당자

- 지금까지의 노력에 비해, 이름만 바뀌었을 뿐 변화를 느끼지 못하고 막막함을 느끼고 있다
- 제품 가치 향상, 납기 단축 등 눈에 보이는 성과를 느끼지 못한다
- 애자일 개발을 방해하는 문제를 인식하지 못한다

팀 개발 경험이 적은 주니어 엔지니어

- 업무상 개발에 참여한 지 얼마 되지 않았다
- 프랙티스가 탄생한 배경이나 이용 목적을 모른다

개발 현장과 팀을 책임지는 기술 책임자, 시니어 엔지니어

- 어떤 프랙티스가 있는지 잘 모른다
- 상황에 맞는 프랙티스를 선택하고 도입하는 방법을 모른다
- 프랙티스를 실천하고 있으나 효과가 있는지 모르겠다

◆ 이 책을 읽는 방법

이 책의 1장에서는 애자일 프랙티스에 대한 기본 개념을 설명합니다. 2~4장에서는 기술 프랙티스와 그 위에 성립되는 응용을 소개합니다. 그리고 5~6장에서는 다른 팀과 이해관계자가 관여할 수 있는 좀 더 폭넓은 프랙티스를 다룹니다. 처음부터 순서대로 읽으면 개발 현장에 프랙티스를 도입하는 흐름을 파악할 수 있습니다. 만약 지금 당장 발생한 문제가 있다면 해당 장부터 읽어도 됩니다. 이 책이 모든 독자께 애자일 개발의 기술 프랙티스를 도입하고 확장하기 위한 가이드북이 되기를 바랍니다.

각 장의 내용을 자세히 소개하겠습니다.

1장 애자일 개발을 지원하는 프랙티스

애자일 개발의 목표와 프랙티스의 관계, 프랙티스를 이해하는 데 도움이 되는 개념을 소개합니다.

2장 '프로그래밍'에서 활용할 수 있는 프랙티스

프로그래밍 방침, 브랜치 전략, 코드 리뷰, 테스트 등의 공정에서 필요한 규칙을 만드는 것과 팀원들 간의 긴밀한 커뮤니케이션을 위한 기술 프랙티스를 소개합니다.

3장 'CI/CD'에서 활용할 수 있는 프랙티스

개발 프로세스 전반에 걸쳐 제품의 품질을 유지 또는 개선하기 위해 필요한 지속적인 전체 통합과 자동화 방법을 소개합니다.

4장 '운용'에서 활용할 수 있는 프랙티스

시스템을 안정적으로 운영하고 애자일 개발을 지속하기 위해 필요한 운용 관련 기술 프랙티스를 소개합니다.

5장 '인식 일치'에서 활용할 수 있는 프랙티스

개발 안팎의 인식을 일치시키기 위한 프랙티스와 개발을 진행하면서 계획을 재검토할 수 있는 프랙티스를 소개합니다.

6장 '팀 협업'에서 활용할 수 있는 프랙티스

고객 가치 제공에 적합한 팀 구성 방법, 팀 간 소통을 원활하게 하는 프랙티스, 이해관계자를 참여시켜 인식을 일치시키는 프랙티스를 소개합니다.

맺음말

새로운 프랙티스를 발견하고 싶은 분을 위한 참고 사이트나 정보를 소개합니다.

각 장과 주제의 시작에는 개발 현장의 상황과 과제를 스토리 형식으로 소개합니다. 이어지는 해설과 함께 읽으면 개발의 구조가 어떻게 변화하고 문제 해결로 이어지는지 쉽게 이해할 수 있을 것입니다.

◆ 이 책에서 다루는 프랙티스

프랙티스는 3가지로 구분하여, 각 항목의 첫머리에 다음과 같이 표시합니다.

P 출처가 있는 프랙티스
저명한 책에 소개되는 등 출처가 명확하고 널리 알려진 프랙티스

P 관습적으로 알려진 프랙티스
출처는 불분명하지만 여러 현장에서 실천하고 관찰되는 프랙티스

P 이 책에서 제안하는 프랙티스
상기 이외의 프랙티스로 필자의 경험을 바탕으로 소개하는 프랙티스

프랙티스의 설명에서 특정 프로그래밍 언어나 도구에 의존하는 내용 혹은 특정 업종의 개발에만 적용할 수 있는 내용은 가급적 피하려고 노력했습니다. 또한 일부 주제는 저자의 경험보다 더 많은 사례를 다룰 수 있도록 해당 분야에 깊은 지식과 경험을 가진 분들이 칼럼을 기고해 주셨습니다.

개발의 흐름과 용어

이 책에서는 개발 프로세스나 개발 기간에 상관없이 많은 현장에서 활용할 수 있는 프랙티스를 소개합니다. 예시로 언급한 팀의 개발 흐름은 '계획, 구현, 테스트, 릴리스'의 사이클을 2주 단위로 반복해 3개월 동안 어느 정도 완성된 기능을 개발하는 프로젝트를 가정하였습니다. 개발 관련 용어는 현장에 따라 다양한 이름으로 불리지만, 이 책에서는 다음과 같이 정리하여 사용합니다.

제품이란 기업이 고객에게 판매·제공하는 제품이나 상품이며, 여러 시스템으로 구성됩니다. 예를 들어 쇼핑몰 사이트 제품은 웹 애플리케이션, 스마트폰 애플리케이션 등으로 구성됩니다. 시스템은 여러 서비스가 결합해 동작합니다. 간단한 관리 화면 시스템은 여러 기능을 하나의 서비스로 제공할 수도 있고, 다기능 스마트폰 애플리케이션은 주문/배송/검색/결제 등 목적에 따라 서비스가 나뉠 수 있습니다. 서비스는 기능이나 구성요소를 큰 단위로 묶은 컴포넌트(Component)나 특정 기능을 재이용할 수 있도록 정리한 라이브러리(Library)를 내부적으로 이용합니다.

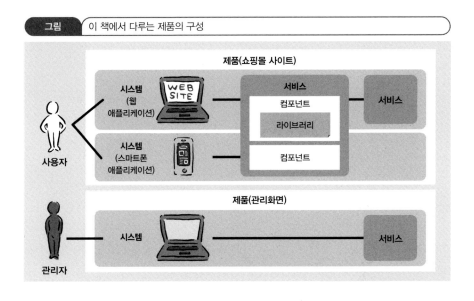

그림 이 책에서 다루는 제품의 구성

제품에 추가할 기능이나 요구사항을 사용자 관점에서 간단히 정리한 것을 사용자 스토리(User story[*2])라고 합니다. 각각의 사용자 스토리는 그 자체로 사용자에게 가치를 담고 있으며, 제품으로 이용할 수 있을 정도로 세분화된 단위로 기재합니다.

(*2) 제품이 실현하는 가치나 기능을 표현할 때 일반적으로 사용자 스토리 형식이 널리 사용되고 있습니다. 사용자 스토리는 요구사항에 대한 대화 기록입니다. 구체적으로 설명하자면, 요구사항을 카드(Card)에 작성하고 그 내용을 바탕으로 관계자들과 대화(Conversation)를 하며 서로 확인(Confirmation)하는 대화 기록입니다. 사용자 스토리는 애자일 개발에서 요구나 사양에 대한 다양한 의견을 이끌어내기 위해 사용하며, '〈사용자〉로서 〈원하는 것〉을 원한다. 왜냐하면 〈이유–목적〉이기 때문이다' 같은 형식으로 표현합니다.

실제로 개발할 때는 사용자 스토리에서 필요한 작업을 도출하고, 이를 여러 개의 작업으로 나누어 팀 단위로 착수합니다.

개발을 진행하면서 서비스에 기능을 추가하거나 변경하게 되는데, 이를 이용 환경에 배치하는 것을 배포(Deploy)라고 합니다. 배포 중에서도 시스템을 제품 환경에 반영하여 고객이 사용할 수 있는 상태로 만드는 것을 릴리스(Release)라고 합니다. 배포와 릴리스를 통해 사용자에게 가치를 전달하는 것을 딜리버리(Delivery)라고 합니다.

◆ 감수자 서문

우리는 소프트웨어 제품 개발을 중심으로 활동해 왔습니다. 2009년경부터 스크럼을 시도하면서 시작했고, 이후 10년가량 애자일 개발을 조직에 보급하고 촉진하는 데 노력을 들였습니다. 지금까지의 경험을 통해, 애자일 개발을 조직에 제대로 정착하려면 '팀 전체'가 기술 프랙티스를 학습하는 것이 중요하다는 것을 알게 되었습니다.

이 책의 감수 의뢰를 받았을 때 '매니저로서 실제로 기술 프랙티스를 팀에 도입하는 일을 하고 있는 츠네마츠 씨가 쓴다면 어려움을 겪는 많은 팀원에게 도움이 될 것'이라는 생각에 수락했습니다. 하지만 기술 프랙티스는 애자일 고수들도 서로 다른 견해를 가지는 분야인데다, 불완전한 출판은 혹독한 비판(기술적 지적)을 불러올 수 있어 우려되기도 했습니다. 그리고 초보자가 쉽게 읽을 수 있고, 애자일 실무자들도 받아들일 수 있는 내용을 어떻게 만들지 고민했으며, 거기에 우리의 기여가 필요하다고 생각했습니다. 그래서 애자일 커뮤니티의 전문가들에게 이 책의 리뷰를 부탁했습니다. 그들의 혹독한 피드백을 통해 많은 부분을 개선할 수 있었습니다. 또한 애자일 전문가들에게 칼럼을 몇 개 기고해 달라고 요청했습니다. 필자의 경험에 기반한 주요 줄거리를 간결하게 유지하면서, 다양한 실무에 대한 칼럼을 추가하여 독자들에게 도움이 되는 '폭'을 넓힐 수 있도록 했습니다. 모두 읽을 가치가 있는 내용이니 꼭 읽어보시기 바랍니다. 이 책의 완성에 도움을 주신 분들의 소개는 후기로 넘기겠습니다.

'애자일 기술 프랙티스'라고 하면 TDD나 클린 코드를 떠올리는 분들이 많을 것입니다. 하지만 이 책에서는 특정 기법을 깊이 파고드는 것이 아니라 전체 그림을 명확하게 이해하는 것을 중요시했습니다. 전체 그림은 조직이나 제품에 따라 달라질 수 있기 때문에 여기서 제시하는 것은 '필자의 경험에 기반한 한 가지 예시'라고 생각하시면 됩니다. 보다 구체적인 방법은 참고 문헌을 통해 확인할 수 있습니다. 여러분의 환경에 맞게 학습하고 도입할 수 있기를 바랍니다.

이 책에서는 시스템 운영에 대해서도 다룹니다. 2009년에 탄생한 DevOps라는 영역을 알고 계신 분들도 많으실 겁니다. 소프트웨어 개발자(Dev)와 시스템 운영자(Ops)가 원활하게 협업하고 상호 보완할 수 있는 도구와 문화가 DevOps의 핵심입니다. 이 영역을 구체화하기 위해 퍼블릭 클라우드 개발 및 운영 분야에서 세계를 선도하는 실무자의 칼럼도 함께 실었습니다.

또한 팀으로 일하기 위해 필요한 커뮤니케이션과 조직 구성에 대한 프랙티스도 소개합니다. 애자일은 스스로 배우고 스스로 진화하는 과정입니다. 끊임없이 변화하는 상황에 적응하고, 새로운 것을 하나씩 시도하고, 성과를 얻은 기술을 채택하고, 신뢰를 쌓아가는 것. 이것이 바로 애자일입니다. 그리고 그 사이클을 끊임없이 반복하는 것입니다.

고민하는 관리자와 개발자 여러분을 위해, 애자일 개발 및 관련 기술 프랙티스를 설명하고자 다양한 노력을 이 책에 담았습니다. 전문가들 사이에서도 다양한 견해가 있기에 어느 것이 정답이고 할 수도 없고, 현대 사회는 정답조차도 시시각각 변하고 있습니다. 그 속에서 안정적인 서비스와 비즈니스를 진행하기 위해 독자 여러분의 '점검과 적응'이 필요합니다. 매일매일의 문제 해결을 위한 새로운 아이디어를 도출하는 데 도움이 되었으면 합니다.

감수   가와구치 야스노부 · 마츠모토 켄
아길레르고 컨설팅 주식회사 시니어 애자일 코치

◆ 안녕하세요!

'애자일 개발을 시작했습니다만……'

제 이름은 '유'이고, 27세 소프트웨어 엔지니어입
니다.

이 회사에 신입사원으로 입사한 지 벌써 5년이 지
났습니다. 그동안 여러 프로젝트에 참가했고, 현재는
이 회사의 주력인 '반려동물용품 쇼핑몰 시스템' 개발에

참여하고 있습니다. 저 역시 반려견을 키우고 있기에 공과 사를 막론하고 저희 서
비스를 좋아하고, 함께 일하는 회사 직원들도 좋은 사람들입니다. 매일매일 회사도
서비스도 더 발전시키고 싶습니다.

그런 제가 지금까지의 경험을 인정 받아 새롭게 '푸들 팀'의 리더를 맡게 되었습
니다! 새로운 팀으로 회사에서도 많은 기대를 하고 있고, 무엇보다 팀에 저보다 젊
은 팀원들이 많아서 리더로서 모두를 잘 이끌어 나가야 한다는 책임감을 느끼고 있
습니다.

자, 이제부터가 본론입니다. 푸들 팀은 애자일 개발을 도입했는데, 저와 팀원들
모두 개발 진행 방식에서 뭔가 어색하고 모호함을 느꼈습니다.

지금까지 제가 참여한 프로젝트의 애자일 개발은 당시 리더나 선배들이 세심하
게 지원해 주셨고, 개발도 가시적인 성과를 내었기 때문에 신입이었던 저는 망설임
이나 불안감을 느낄 일이 적었습니다. 하지만 리더의 입장이 되어 새로운 팀과 함께
개발을 진행해 보니 '이 애자일 개발이 정말 효과가 있을까?'라는 생각이 자주 들더
군요.

특히 우리는 애자일 개발을 진행하기 위해 다양한 '프랙티스'를 적극적으로 실천하고 있습니다. 그러나 각 프랙티스를 '형식적으로만 도입했다는' 느낌을 지울 수 없습니다. 팀으로서 팀원들의 구성과 결속력은 뛰어나다고 생각하지만, 막상 구체적으로 개발을 진행하려고 하면 방법론이나 기술, 도구를 잘 사용하지 못해 헤매는 경우가 많다고 할까요⋯⋯. 우리 팀에 맞는 프랙티스를 선택했는지, 그 접근 방식이 적절한지, 팀원들은 물론 리더인 저도 확신하기가 어렵습니다.

프랙티스를 책이나 스터디 모임에서 배우기도 하고, 선배들에게 이야기를 듣기도 했지만, 결국은 '스스로 시행착오를 겪는 것'이 중요한 것 같습니다. 다만 이 상태로 개발을 계속하는 것은 나아갈 길을 모른 채 어둠 속을 헤매는 기분이 들고 모두 지칠 것 같아서 고민이 듭니다. 어둠 속에서 도움이 될 만한 이정표 같은 것이 있으면 좋을 텐데요⋯⋯.

이것저것 고민하는 사이 푸들 팀이 출범한 지 어느덧 3개월이 훌쩍 지났습니다. 이대로 가다가는 답답한 마음을 품은 채로 시간만 훌쩍 지나가 버릴 것 같습니다. 오늘은 모든 팀원이 오프라인으로 모여 정기회의를 하는데, 용기를 내어 모두와 솔직한 의견을 나눠보고자 합니다!

푸들 팀 정기회의

마지막으로 잠깐 할 말이 있어요.

시작한 지 벌써 3개월이 지났는데, 다들 솔직히 우리 팀의 개발을 어떻게 생각하나요?

유 팀장

여러 가지 새로운 개발 방식과 기술을 접할 수 있어 즐겁죠?

스크럼에, 회고에, 팀 만들기에, 워크숍에……

도구 씨

형태 씨

하지만… 다양한 노력을 아무 생각 없이 해내고 있다는 느낌이 들기도 합니다.

루키 씨

네. 사실 저도 아직 팀이 잘 돌아가지 않는다는 느낌이 들어요.

다만 무엇이 부족한지 모르겠어서…

음…

새로운 팀의 구출 요청!

안녕하세요. 스스로 말하기는 부끄럽지만, 주변에서는 저를 '베테랑'이라고 부릅니다. 지금의 회사로 옮겨서 입사한 지 어느새 2년이 지났습니다.

2년 동안 몸담았던 '치와와 팀'에서는 상품 배송 시스템 리뉴얼 프로젝트를 진행했습니다. 애자일 개발 프로젝트를 오래 하다 보니 개발 프로세스를 개선하기 위한 실험적인 시도도 많이 해볼 수 있었습니다.

치와와 팀에서 배송 시스템 리뉴얼이 어느 정도 마무리되고 다른 팀원들에게 제 역할을 맡길 수 있게 되었을 때, 회사에서 '푸들 팀'을 지원해달라는 요청이 있었습니다. 젊은 팀원들 중심으로 신설된 팀인데, 애자일 개발을 어떻게 진행해야 할지 고민이 많다고 들었습니다. 팀 리더인 유 팀장님에게 이런 메시지를 받았습니다.

상담　　**팀을 도와주시면 좋겠어요!**

> TO: 베테랑 씨
> 저는 푸들 팀의 유 팀장입니다.
> 팀에서 애자일 개발을 진행하고 있는데 개발 진행 방식이 이게 맞는지 계속 헤매고 있습니다……
> 열심히 노력하는 팀원들을 위해서도 어떻게든 개선하고 싶은데, 베테랑 씨의 도움을 받을 수 있을까요?
> 현재는 이런 프랙티스를 진행하고 있습니다……

이런 메시지를 받으면 저도 동기부여가 되지 않을 수 없죠. 제가 경험한 방식을 새로운 환경과 구성원에 적용해도 똑같이 팀 개선이 가능할지 궁금하군요. 제 경험과 지식을 길잡이 삼아, 더 나은 팀 개발을 위해 서로 돕고 격려하여 발전할 수 있기를 기대합니다.

모든 일을 '형태'에서부터 시작하는 타입의 팀원. 과거 개발 경험으로 궁금한 것이 많은 듯, 여러 가지 질문을 던진다.

경험이 풍부한 기술 리더. 과거 다른 팀에서 애자일 개발에 참여한 경험을 살려 유 팀장에게 다양한 조언을 해 준다.

푸들 팀의 동료들

형태 씨

베테랑 씨

유 팀장

이 이야기의 주인공. 리더가 된 지 얼마 되지 않아서 누구보다 제품에 신경을 많이 쓴다. 팀원 모두가 즐겁게 개발할 수 있도록 하는 것이 가장 큰 목표다.

개발을 편리하게 만드는 것이 취미이고, 새로운 도구를 도입하는 것을 좋아하는 팀원.

루키 씨

도구 씨

팀원 중 가장 젊다. 긍정적인 성격으로 새로운 것을 도입하기를 좋아한다. 경험이 부족해서 가끔은 길을 잃을 때도 있다. 팀의 분위기 메이커.

목차

1장 — 애자일 개발을 지원하는 프랙티스

3장 ─ 'CI/CD'에서 활용할 수 있는 프랙티스

4장 — '운용'에서 활용할 수 있는 프랙티스

5장 ― '인식 일치'에서 활용할 수 있는 프랙티스

6장 — '팀 협업'에서 활용할 수 있는 프랙티스

26

- 칼럼

1장

애자일 개발을 지원하는 프랙티스

애자일 개발은 갑자기 잘 진행되거나 하지 않습니다. 애자일 개발의 목표를 정확히 한 다음 그 목표를 이해하고 프랙티스를 적절하게 지속적으로 실천해 갈 필요가 있습니다. 1장에서는 애자일 개발의 목표와 프랙티스의 관계, 프랙티스 이해에 도움이 되는 사고방식을 소개합니다.

Agile

베테랑 씨는 전에 있던 치와와 팀에서도 애자일 개발을 도입했죠?

네, 스크럼을 했습니다.

목적의식을 가지고 자신들의 프로세스를 하나하나 수정해서…

목적의식을 가진다… 혹시 그게 우리와 다른 점일까?

저, 구체적으로 어떻게…

애자일 개발 중에는 다들 시행착오를 합니다. 여러분 모두 잘 할 수 있을 거예요.

열심히 해 보죠!

아자!

지금은 어떤 프랙티스를 도입했나요?

스크럼에, 회의에, 아침회의에 ...

팀 환경은 잘 조성된 것 같네요.

좀 더 다양한 시도를 해도 좋을 것 같아요. 테스트 주도 개발이라든지 몹 프로그래밍이라든지!

그냥 프랙티스를 도입하면 되는 것 아닌가요?

음, 그 부분부터 이야기를 시작해 볼까요.

이것저것 도입하는 것도 좋지만... 그 목적이 중요합니다.

네?

애자일 개발을 극단적으로 표현하면 '작은 발걸음을 내딛는 것부터 시작해서, 경험에서 배운 것을 바탕으로 지속적으로 개선하는 개발'이라고 말할 수 있습니다. 개발 초기 단계부터 제품을 완벽히 계획하기는 어렵습니다. 여기서 실제 사용자에게 가치를 제공해 얻은 결과로 제품의 방향성을 수시로 바꾸어 나가는 것이 필요합니다.

그럼 어떻게 하면 그런 개발을 실현할 수 있을까요? 애자일 개발을 실천하기 위해서는 팀 운영뿐만 아니라 개발 프로세스나 도구도 개선해야 합니다. 널리 알려진 방법이나 프랙티스를 정리한 그림으로 애자일의 '오른쪽 날개'와 '왼쪽 날개' **1-1** 를 소개합니다(그림 1-1). 이 그림에서는 애자일의 목표를 향한 접근법으로 '팀 환경의 개선'을 다룬 왼쪽 날개(프로세스나 팀 운영에 관한 프랙티스)와 '기술/도구'를 다룬 오른쪽 날개(기술 프랙티스)의 두 가지를 정리했습니다. 이 그림이 의미하는 것은 '왼쪽이냐 오른쪽이냐, 어느 쪽에 집중할지 구성원이나 팀이 결정한다'는 것이 아닙니다. 팀 구성원들은 애자일의 목표를 달성하기 위해 어느 쪽이든 상황에 따라 도입할 필요가 있습니다. 이 분류 방법에서는 기술 프랙티스를 애자일 목표 달성을 위한 한 축을 담당할 정도로 중요하게 봅니다. 생산성을 떨어뜨리지 않고 개발을 계속 진행하면서 기능을 추가해서 사용자에게 가치를 제공하기 위해 기술적인 프랙티스는 중요합니다.

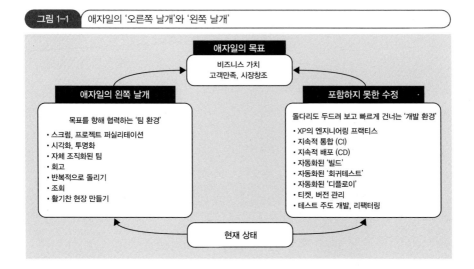

그림 1-1 애자일의 '오른쪽 날개'와 '왼쪽 날개'

애자일의 목표
비즈니스 가치
고객만족, 시장창조

애자일의 왼쪽 날개

목표를 향해 협력하는 '팀 환경'
- 스크럼, 프로젝트 퍼실리테이션
- 시각화, 투명화
- 자체 조직화된 팀
- 회고
- 반복적으로 돌리기
- 조회
- 활기찬 현장 만들기

포함하지 못한 수정

돌다리도 두드려 보고 빠르게 건너는 '개발 환경'
- XP의 엔지니어링 프랙티스
- 지속적 통합 (CI)
- 지속적 배포 (CD)
- 자동화된 '빌드'
- 자동화된 '회귀테스트'
- 자동화된 '디플로이'
- 티켓, 버전 관리
- 테스트 주도 개발, 리팩터링

현재 상태

◆ 기술 프랙티스 실천을 통해 문화를 정착시키자

실제로 세상에 존재하는 기술 프랙티스는 그림 1-1에서 제시한 것보다 더 많을 것입니다. 이 책에서 소개하는 것은 그중 일부이며, 소개할 프랙티스의 주제를 정리하면 다음과 같습니다.

- 지속적인 통합
- 지속적인 배포
- 버전 관리
- 테스트 주도 개발
- 리팩터링

개발자에게 기술 프랙티스의 도입은 제품이나 개발 프로세스의 개선과 새로운 사고방식, 지식 습득으로 연결되기 때문에 즐겁고 보람 있는 일입니다. 기술 프랙티스의 도입 후 결과도 예측하기 쉽고 도입 과정도 어렵지 않습니다.

그러나 기존 개발 프로세서와 충돌하여 도입하기 어렵거나 도입해도 기술 프랙티스의 효과가 없을 수도 있습니다. 개발 규칙이 늘어나서 오히려 비즈니스 가치를 창출하는 스피드가 느려지는 부작용이 발생하기도 합니다. 기술 프랙티스는 탄생 배경이 다르기에 모든 현장에 똑같이 적용할 수 있거나 효과를 볼 수는 없습니다. 또한 다음과 같이 단지 기술 프랙티스의 도입 자체가 목적이 된 경우도 있습니다.

- 프로젝트 관리 도구를 도입해 작은 작업까지도 관리하려고 한다
- 모든 소스 코드에 테스트 코드를 넣으려고 한다

이런 점을 피하려면 애자일 개발에서 지향하는 목표에 맞게끔 기술 프랙티스 도입 방법을 수정해야 합니다. 기술 프랙티스를 도입하여 효과를 내기까지의 흐름은 다음과 같습니다.

- 이번 장에서 소개하는 기본적인 사고방식을 고려한다
- 기술 프랙티스를 도입하는 목적을 의식한다
- 불안이나 의심이 들어도 실험이라는 생각으로 진지하게 임한다

「애자일에서 기술적 프랙티스의 중요성」 1-2 이라는 기사에서 로버트 C. 마틴 (Robert C.Martin)은 '문화는 가치의 표현이며 실천하는 프랙티스는 문화의 발현이다'라고 했습니다[*1-1]. 좀 어려운 표현이지만 '애자일 개발을 지향하는 자신들의 현장이 무엇에 가치를 두고 있는지 모든 팀원이 깊게 이해한다. 그 다음, 가치를 실현할 수 있는 기술 프랙티스를 찾아 실천한다'라는 순서로 진행함으로써 효과가 나타나는 것입니다. 하지만 문화를 키우는 것은 시간이 걸립니다. 문화가 성장하여 정착하는 것을 믿고 기술 프랙티스를 진지하게 도입하고 배울 필요가 있습니다. '기술 프랙티스 중에서 자신들에게 어울릴 것 같은 부분만 도입해 끝냄'이 아니라 '기술 프랙티스의 의도를 하나하나 배워가면서, 항상 자신들의 개발 방법을 수정하고 문화로 정착할 때까지 계속해 나감'이라는 의식 자체가 바로 애자일 팀의 자세입니다. 그리고 변화에 대응하여 계속 개선해 나가는 문화를 만든다. 이것이 이 책의 목적입니다.

(*1-1)   원문에는 'You can't have a culture without practices; and the practices you follow identify your culture.' 라고 게재되어 있습니다.

앞에서 소개한 '애자일의 오른쪽 날개와 왼쪽 날개'에서는 오른쪽 날개를 '돌다리도 두드려 보고 빠르게 건너라'라고 표현했습니다[1-2]. '작동 중인 시스템을 망가뜨리지 않고 빠르게 착실히 제품을 더해 나간다[1-3]'는 것은 애자일 개발에서 달성하고자 하는 상태입니다. 큰 변경을 한번에 실현하려고 하면 잘 안 되는 것을 독자 여러분도 아실 것입니다. 이러한 제약 조건에서 원하는 상태를 달성하기 위해서는 제품이 변화하는 것을 받아들이고, 그 변화의 과정에서 개발 생산성이나 제품의 품질이 떨어지지 않도록 해야 합니다. 이를 위해 중요한 것이 '빨리 알아채기', '작은 단위로 완성', '지속적인 수정'입니다. 각각을 구체화하기 위해서 하나하나 프랙티스를 실천해 나갑니다.

◆ 빨리 알아채기

애자일 개발에서는 작업을 진행할 때 과제나 개선점을 빠른 단계에서 찾아낼 수 있도록 노력합니다. 이를 위해 팀원들이 개발 방침에 대한 인식을 조기에 공유하여 나중에 문제가 발생하거나 재작업을 방지합니다. 그러면 팀 구성원들이 같이 작업함으로써 문제가 발생했을 때 빠르게 대처할 수 있습니다. 또한 테스트나 체크를 자동화하고 몇 번씩 계속 반복함으로써 소스 코드의 문제나 서비스 버그를 빨리 찾아낼 수 있습니다.

(*1-2)   기사에서 "'라이트윙'은 CI(지속적 통합)를 중심으로 한 기술적 프랙티스입니다. '돌다리도 두드려 보고 빠르게 건너라'는 최근 아마노 료 씨에게 들은 표현인데, 너무 잘 어울려서 여기에 적어 보았습니다. 즉, '작동 중인 시스템을 망가뜨리지 않고, 빠르게, 착실히, 제품을 증분하는' 기술이다. 애자일에는 이러한 기술이 필요하다."라고 소개되어 있습니다.

(*1-3)   제품의 증분(Product Increment)이라고도 표현하는데 이는 테스트 가능한 성과를 가리킵니다.

◆ 작은 단위로 완성한다

애자일 개발에서는 큰 성과물을 한 번에 만들어 내는 것이 아니라 작은 단위로 분할해서 순차적으로 완성해 갑니다. 조금씩 개발해 나가면서 제대로 동작하는지 확인하고 개발한 것을 자주 통합해서 릴리스합니다. 이렇게 진행함으로써 실패해도 영향을 최소한으로 줄일 수 있습니다.

◆ 지속적인 수정

애자일 개발에서는 항상 수정과 개선을 실시해 소스 코드, 설계, 개발 프로세스를 점점 개선합니다. 그 결과 지속적인 개발/운용이 가능해지고 속인화(屬人化)[*1-4]도 해소할 수 있습니다. 동시에 제공하는 가치가 목표에 맞는지 제품 개발의 진행 방향이 맞는지 확인하고 가치 제공의 흐름을 가시화해서 개선해 갑니다.

(*1-4) 역주 속인화: 특정 업무에 대한 정보를 담당자만이 파악해 다른 사람은 해당 업무를 수행할 수 없는 상태

기술 프랙티스의 도입을 늘리기 전에 스크럼을 포함해 관련 지식을 정리해 보죠

스크럼은 책으로 공부했지만 모르는 것들이 많았어요.

각각의 프랙티스와 어떤 관계가 있나요?

잘 알려진 프랙티스에는 스크럼, 익스트림 프로그래밍, 칸반에서 유래한 것들이 많아요.

칸반은 보드를 사용한 업무관리 기법이예요. 애자일의 목적을 상기하기 위해서 모아서 정리해 봅시다!

간판?

이 책에서 소개하는 프랙티스는 기존 애자일 개발기법에서 유래한 것이 있습니다. 대표적인 개발기법으로 스크럼, 익스트림 프로그래밍, 칸반을 소개합니다.

◆ 스크럼

스크럼(Scrum)은 애자일 개발기법의 하나로 복잡한 문제에 적용하기 위한 프레임워크입니다. 개발은 스프린트(1개월 이내의 고정된 기간)로 나누어, 한정된 기간 안에서 작은 단위로 가치를 창출합니다. 또 매번 피드백을 받아 제품이나 계획을 수정하면서 개발을 진행합니다. 스크럼은 3가지 결과물, 3가지 역할, 5가지 이벤트로 구성된 규칙이 '스크럼 가이드' **1-3** 에 정의되어 있습니다.

[3가지 결과물]
1. 제품 백로그
　제품에서 실현하는 가치나 기능을 항목으로 정리하여 우선순위로 나열한 것

2. 스프린트 백로그
　스프린트에서 팀의 과제나 작업 계획을 정리한 것

3. 증가분
　스프린트의 성과물. 동작하는 소프트웨어

[3가지 역할]
1. 제품 책임자
　팀이 창출하는 가치를 극대화하기 위해 제품 백로그의 각 항목의 명확화나 순서에 책임을 갖는다

2. 스크럼 마스터
　스크럼이 기능할 수 있도록 팀이나 조직 전체를 지원한다

3. 개발자
　개발을 수행하며 스프린트가 끝났을 때 릴리스 여부를 판단할 수 있는 증가분을 준비한다

[5가지 이벤트]

1. 스프린트

개발 기간의 단위. 고정된 기간을 반복하여 가치 있는 증가분을 만들어 낸다

2. 스프린트 계획

스프린트에서 실현할 목표나 항목을 정하고 이를 위해 작업의 계획을 세운다

3. 일일 스크럼 회의

팀은 매일 모여 스프린트 목표에 대한 진척을 확인하고 달성을 위한 재계획을 세운다

4. 스프린트 리뷰

스프린트 성과를 리뷰하고 피드백을 받는다

5. 스프린트 회고

이번 스프린트를 회고하고 다음 스프린트에서 실시할 개선점을 찾는다

또한 스크럼에서 유래해 널리 알려진 프랙티스는 다음과 같습니다.

- 제품 백로그
- 스프린트 백로그
- 제품 책임자
- 스프린트
- 스프린트 계획
- 일일 스크럼 회의
- 스프린트 리뷰
- 스프린트 회고
- 완료의 정의
- 제품 백로그

◆ 익스트림 프로그래밍

익스트림 프로그래밍(XP: eXtreme Programming) **1-4** 도 애자일 개발기법의
한 가지입니다. 프랙티스를 익스트림(극단적인) 레벨로 실천하는 것으로 소프트웨
어 품질의 향상과 변화하는 고객의 요구에 대응력을 높이는 것을 목적으로 합니다.
프랙티스는 기술, 팀, 비즈니스 같은 여러 영역을 아우르며 테스트 주도 개발, 리팩
터링, 지속적인 통합 등 이 책에서 소개하는 내용도 포함합니다(그림 1-2).

그림 1-2 익스트림 프로그래밍의 프랙티스

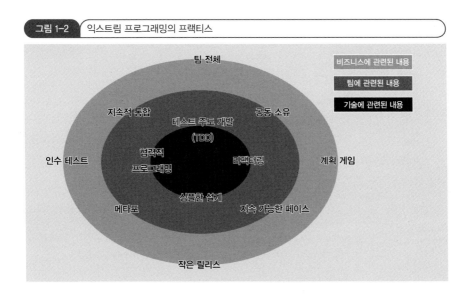

익스트림 프로그래밍에서 유래한 프랙티스는 다음과 같습니다.

- 페어 프로그래밍
- 테스트 주도 개발
- 리팩터링
- 지속적 통합

- 공동 소유
- 인수 테스트 주도 개발
- 사용자 스토리

◆ 칸반

칸반 **1-5** 은 도요타 생산방식에서 착안한 소프트웨어 개발기법입니다. 방법론으로서의 칸반과 도구로서의 칸반(칸반 시스템)이 있습니다(그림 1-3).

- **방법론으로서의 칸반**

  작업의 흐름을 보일 수 있게 하고 동시에 진행하는 작업 수(WIP: Work In Progress)에 제한을 두어 작업의 흐름을 지속적으로 개선한다

- **칸반 시스템**

  작업의 흐름을 시각화하여 개발 프로세스를 관리하는 도구

그림 1-3 도구로써의 칸반

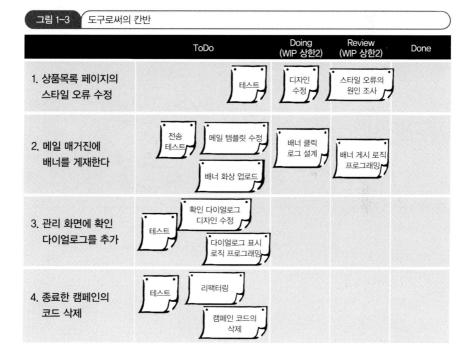

칸반에서 유래한 프랙티스는 다음과 같습니다.

- WIP 제한
- 도구로써의 칸반

프랙티스에는 비슷한 생각을 기초로 한 것들이 있습니다. 여기서는 프랙티스의 이해에 도움이 되는 개념을 3가지 소개합니다.

◆ 동시에 진행하는 작업을 줄여라

동시에 진행할 수 있는 작업 수를 엄격하게 제한합니다(그림 1-4). 동시에 진행하는 작업 수를 줄임으로써 다음과 같은 장점이 있습니다.

- 하나의 작업에 집중함으로써 여러 작업을 동시에 진행하는 것보다 소요 시간이 줄어든다
- 서로 협력하여 병목현상을 해소함으로써 프로세스 전체의 흐름이 좋아진다

그림 1-4 | 동시에 진행하는 작업 수를 제한한다

동시에 진행하는 작업 수를 제한하기　　　　여러 작업을 동시에 수행하기

P WIP 제한

동시에 진행하는 작업 수의 제한을 WIP 제한 **1-6** 이라고도 합니다. WIP의 수를 제한하는 방법은 여러 가지가 있으니 자신의 팀에 맞는 방법을 선택하는 것이 좋겠죠. 개인별 작업 수를 제한하는 경우에는 한 사람당 WIP를 1~2개로 하며, 이 방법은 여러 작업을 동시에 하는 경향이 있는 팀원에게 효과적입니다.

현재 상황에 따라 작업 수를 제한하는 경우도 있습니다. 예를 들어 '프로그래밍은 3개까지, 리뷰는 2개까지' 등 각 상황에 따라 WIP의 수를 제한합니다. 리뷰를 할 여유가 생길 때까지 프로그래밍을 시작하지 않는 것도 방법입니다. 이렇게 함으로써 프로그래밍에 집중해 리뷰가 쌓이는 것을 방지할 수 있습니다.

팀 전체의 작업 수를 제한하는 경우에는 팀 전체가 동시에 진행하는 작업 수를 2~3개로 제한합니다. 이렇게 하면 새로운 작업을 시작하기 전에 진행 중인 작업을 함께 끝내고자 하는 의식이 생겨서 팀원들의 협업이 강화됩니다.

Q&A 작업 수 제한에 관한 의문

여러 작업을 동시에 진행하고 있습니다. 언젠가는 다 진행할 예정인 작업입니다. 쓸모없는 일은 아니기 때문에 도중 상태로 남겨 놓죠.

우선순위가 변해서 쓸모없을 수도 있고 다시 시작할 때는 생각해 내기 위한 시간이 소요됩니다. 하나씩 끝내면서 진행합시다.

P 리소스 효율과 플로우 효율

사용자에게 가치를 제공하고 거기서 배워 방향을 그때그때 수정하고 싶다면 제품의 일부라도 조기에 릴리스하는 것은 큰 가치를 가집니다. 릴리스까지의 소요 시간을 가능한 한 단축하기 위해서 필요한 기술 프랙티스를 배우고 활용해 가는 태도가 중요합니다.

리소스 효율을 중시하는 경우에는 개발자 등 리소스의 가동률을 높입니다. 플로우 효율을 중시하는 경우에는 작업을 끝내 가치가 창출될 때까지의 소요 시간을 짧게 합니다. 그림 1-5는 2명의 작업자가 A와 B, 두 개의 작업을 진행할 때 각각의 접근법으로 담당했을 때 결과를 나타냅니다 1-7. 리소스 효율을 중시하는 경우에는 개발자의 작업이 비는 것을 피하고자 작업의 전환이나 관리상의 오버헤드를 줄일 수 있도록 담당을 정합니다. 예를 들어 A와 B의 작업을 두 명이 분담하지 않고 각각 담당한다면 두 작업은 3주 만에 끝납니다. 작업 전체도 3주의 소요 시간이 걸립니다. 두 가지 작업을 동시에 릴리스하는 것이 가장 중요하다면 이 방법이 좋겠지요.

리소스 효율과 플로우 효율

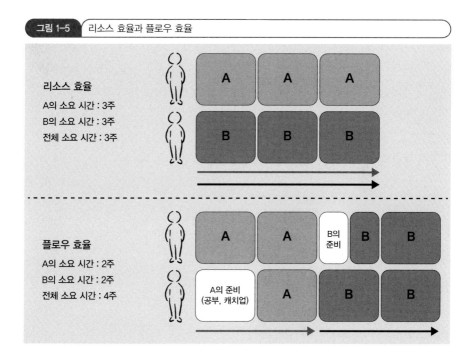

여기서 만약 A를 조금이라도 빨리 릴리스한다면 어떨까요? 제품의 일부를 사용자에게 보여주어서 피드백을 빠르게 받고 개발 리스크를 줄일 수 있습니다. 이처럼 플로우 효율을 중시하는 경우에는 A와 B의 작업을 서로 협력해 진행함으로써 A의 작업을 2주에 완료됩니다. 하지만 작업 준비 단계로 조사가 필요하거나 작업의 인수인계가 필요한 경우, 오버헤드가 증가하여 전체 작업의 소요 시간이 길어질 수 있습니다. 실제로 많은 경우 플로우 효율이 전체 소요 시간은 길어집니다.

리소스의 효율적인 활용이 중요하지만, 그것이 소요 시간에 영향을 미치는 경우에 소요 시간 단축을 우선할 필요가 있습니다. 리소스 효율을 의식하면서 소요 시간을 단축하려 하면 리소스에 제한이 있기 때문에 개선의 여지가 제한되는 경우가 있습니다. 반대로, 플로우 효율만 중시해 소요 시간 단축을 생각하는 편이 리소스 제한을 고려하지 않고 병목현상 해소에 대응하기 편합니다. 소요 시간이 충분히 단축되고 나서 동시에 작업하는 작업 수의 제한을 수정하는 등 리소스 효율을 생각합시다. 어느쪽 효율을 높이든 진행하는 순서가 중요합니다.

팀원에게 리소스 효율과 플로우 효율을 의식시키는 과정에서 자주 거론되는 의견이나 생각을 정리해 보겠습니다. 이를 참고해 팀원들의 생각에 부담을 주고 있지 않은지 확인해 보세요.

[리소스 효율에 관한 의견과 생각]
- 작업을 모두 끝낼 수 있을지 불안하기 때문에 작업자를 늘리고 싶다
- 할 수 있는 부분부터 손을 대지 않으면 안 된다
- 모두 개발해야 할 필요가 있기에 쉬운 것부터 진행한다
- 작은 작업을 준비해 놓으면 손이 비는 것을 피할 수 있다
- 잘 아는 사람에게 개발을 맡긴다
- 계획한 것이 전부 끝나지 않으면 릴리스할 수 없다

[플로우 효율에 관한 의견과 생각]
- 빠르게 조금씩 릴리스하고 거기서 학습한다
- 학습이 이루어지면 요구사항과 우선순위가 바뀐다
- 작업이 완료되지 않은 상태로 남는 것은 좋지 않다
- 사용자 스토리를 작은 작업으로 분해하고 협력해서 진행하자
- 하나의 작업에 집중하는 편이 다른 팀원의 협력을 얻기 쉽다
- 여러 작업자가 하나의 작업에 집중하는 편이 빨리 끝난다

팀 인원이 부족하기에 더욱 리소스 효율을 중요하게 생각해야 하지 않을까요?

제품의 주요 부분에 주력하여 전체가 잘 진행되는 것이 더 중요합니다. 분업화로 인한 소요 시간 단축에 대해 잘 생각해 봅시다.

◆ 작은 단위로 완성해 나가면서 전체 밸런스에도 신경을 쓴다

애자일 개발은 작은 단위로 완성해 나갑니다. 개발 기간을 짧게 쪼개고, 개발 기능을 작게 분할하여 완성도를 높입니다. 이렇게 이야기하면 작은 부품들을 준비해서 전체를 조립해 나가는 이미지를 가질지도 모릅니다. 하지만 피드백을 받기 위해서는 작은 부품으로 분할하는 것이 아니라 작으면서도 사용자가 가치를 확인할 수 있는 단위로 기능을 분할해야 합니다.

P 점진적 (Incremental)

예를 들어 상품의 관리 화면을 개발할 때, DB 설계가 끝났어도 사용자는 시스템을 이용할 수 없고 기능이 적절히 실현되어 있는지 확인할 수 없습니다. 데이터를 입력하는 UI와 입력된 데이터를 처리하는 서비스를 합쳐서 동작을 확인해 봐야 합니다. 상품관리에 필요한 기능으로는 생성/조회/수정/삭제 등이 있는데 모든 기능의 완성을 기다리지 않고 추가 기능만이라도 사용할 수 있습니다. 일부분이라도 완전히 만드는 것으로 전체가 만들어지는 것을 기다리지 않고 독립해서 테스트나 확인이 가능해서 빨리 문제를 발견할 수 있는 효과도 기대할 수 있습니다. 한 번에 만드는 범위를 작게 설정하고 출하 가능한 품질로 가치를 창출하는 것을 '점진적(incremental)으로 진행한다'라고 표현합니다(그림 1-6).

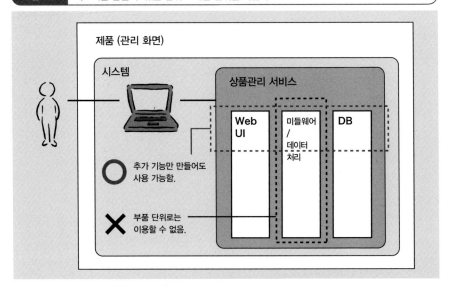

그림 1-6 피드백을 받을 수 있는 단위로 개발 단위를 나눈다

P 반복적 (Iterative)

한편, 작은 단위로 만들어 나가면 완성된 것이 전체적으로 봤을 때 맞아들어가지 않아 그때그때 전체의 밸런스를 수정해야 할 수도 있습니다. 밸런스를 보면서 반복적으로 전체를 만들어 나가는 것을 '반복적(iterative)으로 진행한다'라고 표현합니다. 처음부터 모든 것을 예상해서 계획할 수는 없지만, 초기 단계에서 전체를 넓고 얇게 훑어봄으로써 부분적으로 만들었을 때 전체의 밸런스가 무너진다든지 기능의 불일치가 생기는 것을 발견할 수 있습니다.

제품이나 시스템이 조화를 이루도록 전체를 신경 쓰면서 부분마다 만들어 나갑니다 1-8. 쌍방의 관점을 바꿔나가며 짧게 나눈 기간마다 가치를 착실히 쌓아나갈 수 있도록 개발을 진행하면 좋을 것입니다.

◆ 동작하는 상태에서 변화해 나간다

'돌다리도 두드려 보고 빠르게 건너라'라는 것은 '동작하는 시스템을 새로 만들지 않고, 빠르고, 착실히 제품에 기능을 더해 나간다'라는 것입니다. '동작한다'는 것은 일시적으로 동작하는 상태로 확인되면 되는 것이 아니라 릴리스 가능한 품질을 가질 필요가 있습니다. 따라서 제품으로서 릴리스 가능한 상태를 가져가면서 빠르게 변경사항을 더해 나가야 합니다.

제품의 빠른 변경을 실현하기 위해서는 여러 요소가 필요합니다. 예를 들어 변경에 알맞은 아키텍처 설계, 개발자와 팀의 뛰어난 기술력, 릴리스나 모니터링 등 운영 관련 사항의 정비 등을 들 수 있습니다. 그러나 가장 중요한 것은 언제든지 메인 브랜치[*1-5]를 릴리스할 수 있는 상태를 개발기간 전체에 걸쳐 쭉 가져가는 것입니다. 메인 브랜치가 동작하지 않는 상태가 길어질수록 원인 조사의 대상이 되는 범위가 넓어지기에 수정에 필요한 작업 공수도 커집니다. 동작이 멈춘 것을 바로 알아채면 조사하는 데 들어가는 작업 공수도, 수정하는 작업 공수도 최소한으로 줄일 수 있습니다(그림 1-7).

(*1-5) 메인 브랜치: 개발의 최신판을 다루는 주요한 브랜치

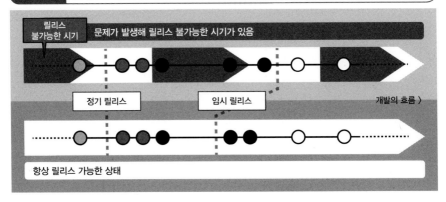

그림 1-7 | 언제든지 제품을 릴리스 가능한 상태로 유지

릴리스 불가능한 시기

문제가 발생해 릴리스 불가능한 시기가 있음

정기 릴리스

임시 릴리스

개발의 흐름 〉

항상 릴리스 가능한 상태

　　모든 개발 수정 사항을 지속적으로 통합하여 제품 빌드 및 테스트가 모두 성공할 수 있는 상태를 유지합니다. 빌드나 테스트가 진행되지 않는 경우 개발을 멈추고 빌드나 테스트가 진행되도록 수정을 먼저 실시합니다. 이러한 행동을 실천하고 생산성이 향상되었음을 팀원들이 체감한다면, 그 다음은 릴리스 가능한 상태를 유지하기 위한 노력이나 방안을 생각하게 될 것입니다. 이러한 인식은 개발 프로세스를 변경할 때 좋은 자극이 되고, 애자일 개발을 구현하는 기술 프랙티스로 이어집니다.

　　다음 장에서는 프로그래밍에 관한 구체적인 기술 프랙티스를 소개합니다. 여기서 말하는 프로그래밍은 소스 코드를 작성하는 것만을 지칭하는 것은 아닙니다. 프로그래밍이라는 개념은 설계나 코드 리뷰, 테스트 등 엔드 유저에게 제공할 가치를 만들어 내기 위한 여러 활동을 포함합니다. 또한 팀이 현장에서 협력하기 위해 필요한 규칙의 제정이나 팀원들 간 커뮤니케이션을 활성화하기 위한 프랙티스를 소개합니다.

REFERENCE

1-1 「애자일의 '오른쪽 날개'와 '왼쪽 날개'」 히라나베 켄지 (2012, Alternative Blog)

https://blogs.itmedia.co.jp/hiranabe/2012/09/rightwing-and-leftwing-of-agile.html

1-2 「애자일에서 기술적 프랙티스의 중요성」 벤 린더스 (2014, InfoQ)

https://www.infoq.com/news/2014/10/technical-practices-agile/

1-3 「스크럼 가이드」 켄 슈와버, 제프 서덜랜드 (2020)

[한국어판 링크] https://scrumguides.org/docs/scrumguide/v2020/2020-Scrum-Guide-Korean.pdf

1-4 『익스트림 프로그래밍』(2판) 켄트 벡/신시아 안드레스 저, 김창준/정지호 역 (2006, 인사이트)

1-5 『Kanban in Action』 Marcus Hammarberg & Joakim Sunden (2014, Manning)

1-6 상동

1-7 「플로우 효율과 리소스 효율에 대해」 쿠로다 이츠키 (2017, slideshare)

https://www.slideshare.net/i2key/xpjug

1-8 「모나리자로 이해하는 점진적(Incremental) 개발과 반복적(Iterative) 개발」 가와구치 야스노부
(2011, 가와구치의 일기(Blog))

https://kawaguti.hateblo.jp/entry/20111030/1319926043

주식회사 카케하시
소프트웨어 엔지니어

시이바 미츠유키
Shiiba Mitsuyuki

팀에서 하나씩 하나씩 끝내자

이전 근무하던 회사에서 개선 엔지니어로 여러 팀의 서포트를 하던 때 프로젝트가 항상 지연된다며 도와달라는 요청을 받은 적이 있습니다. 자세한 이야기를 들어보니 다음과 같은 상황이었습니다.

- 코드 리뷰에 시간이 걸리고 수정 사항도 많다
- 기술 책임자가 리뷰로 너무 바빠서 병목현상이 일어난다
- 그 결과 프로젝트가 항상 지연된다

한동안 옆에서 지켜보니 그림 A의 왼쪽과 같은 상황이 보였습니다. 여러 프로젝트가 동시 진행 중이었고 각각 프로젝트의 담당 프로듀서가 있었습니다. 각각의 프로듀서는 엔지니어의 시간을 퍼즐처럼 짜맞춰 계획을 세우고 작업을 할당했습니다. 최종적으로는 기술 책임자가 모든 코드를 리뷰하고 있었습니다.

또한 그런 상황에서 모든 팀원이 현재 상황을 어떻게든 타개하려고 노력하고 있다는 것을 알 수 있었습니다. 프로듀서는 진행 상황을 세밀하게 관리함으로써 지연을 조기에 발견하고 엔지니어를 도우려고 했습니다. 엔지니어는 '조금이라도 개발을 빨리 진행해야 해'라며 자신의 작업에 집중하며 전력을 다했습니다. 원래 엔지니어의 매니저도 기술 책임자의 부담을 조금이라도 덜어주기 위해 코드 리뷰의 서포트를 했습니다. 그러한 상황을 보고 저는 '전원이 적극적으로 나아가는 좋은 팀이구나'라고 느끼고 두 가지 개선책을 제안했습니다.

첫 번째 개선책은 프로젝트의 일원화입니다. 팀은 하나인데 여러 프로젝트를 동시에 진행하다 보니 팀은 뿔뿔이 흩어져서 움직일 수밖에 없었습니다. 그래서 동시에 진행하는 프로젝트를 하나로 하는 것을 제안했습니다. 말은 쉽지만 이를 행동하려면 해당 연도의 모든 프로젝트 계획을 변경해야만 했습니다. 그래서 결정하기 어려운 일이었지만, 프로듀서들은 '이렇게 해서 팀이 좋아진다면'이라며 상황을 설명하고 사업팀도 이해해 주었습니다.

두 번째 개선은 개발의 진행 방법입니다. 개인의 결과물이 아니라 팀의 결과물에 주목하는 것을 제안했습니다. 프로듀서들은 엔지니어 한명 한명의 진행 상황이 아니라 팀의 진행 상황을 보도록 하였습니다. 엔지니어들에게는 '팀 전원이 요구사항의 최우선 아이템을 끝냅시다'라고 말하고 페어 프로그래밍이나 몹 프로그래밍을 도입했습니다.

그러자 팀 상황이 빠르게 개선되었습니다. 엔지니어들은 서로 의견을 내고 협력하면서 개발을 진행하게끔 되었습니다. 또한 초기 단계부터 기술 책임자가 개발에 참여함으로써 재작업이 크게 줄고 코드 리뷰에 드는 시간도 절약되었습니다. 게다가 서로의 기술이나 생각을 배움으로써 점점 성장해 나갔습니다. 팀 작업을 하나씩 끝내도록 바꾼 결과, 팀원들이 긍정적으로 사고하고 협력하며 개발하게 되었고 프로젝트를 안정적으로 릴리스할 수 있게 되었습니다.

개선 후의 체제는 그림 A의 오른쪽과 같이 되었습니다. 프로듀서는 프로덕트 오너와 스크럼 마스터로 나뉘었습니다. 일원화된 프로젝트에 대해 프로덕트 오너가 짝을 지어 제품을 고민하고, 기술 책임자를 포함한 엔지니어들이 하나가 되어 개발에 참여합니다. 스크럼 마스터는 팀의 활동을 지원합니다. 스크럼 마스터가 매니저와 짝이 되어서 조직적인 관점을 포함해 개선하기 쉽게 되었습니다.

여러 프로젝트나 작업을 동시에 맡으면 진행 상황이 있는 것처럼 보여서 매력적입니다. 하지만 팀 내 협력이 부족해지고 팀이 가진 능력을 제대로 발휘하지 못하여 결국엔 어려운 상황이 되어 버립니다. 병행 작업의 유혹에 빠지지 않고 팀으로 하나하나 작업을 끝내가도록 합시다.

그림 A 팀 상황의 변화

2장

'프로그래밍'에서 활용할 수 있는 프랙티스

'애자일 개발을 위한 프랙티스'라고 하면 먼저 생각나는 것이 프로그래밍에 관련된 프랙티스일 것입니다. 브랜치 전략, 커밋, 코드 리뷰, 테스트 같은 큰 기술 프랙티스는 이미 일반 개발에서도 일상적으로 도입되어 있을 것입니다. 하지만 코딩 과정에서 따르는 개발 프로세스나 규칙은 '작은 단계를 밟고, 경험에서 배운 것을 바탕으로 개선을 반복한다'는 애자일 개발의 취지와는 조금 동떨어질 수 있습니다. 2장에서는 팀이 협력하여 기능을 프로그래밍할 때 각 공정에서 도입 가능한 기술 프랙티스를 소개합니다.

Agile

테스트는 저희가 직접 하고,
QA팀에서도 도움을 받고
있습니다.

얼중
중얼

음, 이야기만 들으면
이전에 제가 있던 치와와 팀과
큰 차이는 없는 것 같네요.

그런가요?
방식이 많이 다를 거라고
생각했어요.

저도요!

세부적인 부분이 조금
다를지도 모르겠네요.
그러면...

개발하면서 확인해 보죠!
잘 모르는 게 있으면
언제든 질문하세요.

중얼
중얼

잘 부탁드립니다!

엥?
조회 끝났어요?

회의

그럼 대량 구매 캠페인 배너 표시의 프로그래밍은 도구 씨가 맡아 주시겠어요?

네, 제가 하겠습니다.

배너의 표시 제어는 프런트엔드에서 하면 되겠다. 간단하네!

타 닥 타 닥

끝났다!

담당 부분의 코드 리뷰를 했는데 좀 문제가 있어요. 잠깐 이야기 좀 하시죠.

앗, 넵!

◆ 프로그래밍 전에 방침을 논의하여 재작업을 방지한다

개발 방침을 사전에 논의하고 개발에 대한 공통된 인식을 가진 다음 프로그래밍을 시작하는 것이 중요합니다. 재작업을 줄이고 개발 효율을 높일 수 있기 때문입니다. 그럼 이를 실현하는 데 도움을 주는 프랙티스를 알아봅시다.

P 프로그래밍 전에 방침을 논의한다

짧은 시간일지라도 프로그래밍을 시작하기 전에 방침을 논의합시다. 필자는 프로그래밍이 끝나고 나서 풀 리퀘스트[*2-1]를 사용해 설계, 프로그래밍, 기능의 확인이나 토론을 진행하는 광경을 본 적이 있습니다. 방침이 맞았든 틀렸든 프로그래밍이 끝난 후에 토론을 시작하면 개발에 재작업이 발생할 리스크가 있습니다. 재작업으로 수정할 때 소요되는 시간이나 이미 사용한 개발비와 시간은 돌아오지 않습니다. '간단한 프로그래밍이기에 완성한 후에 보는 게 빠르다'고 생각할 수도 있지만, 이것은 재작업이 발생하지 않는다는 가정 하에 가능한 이야기일 뿐입니다. 프로그래밍에 걸리는 시간이 2시간 남짓이라면 재작업을 허용할 수 있겠지만, 하루 또는 수일이 걸린다면 재작업에 필요한 시간과 개발비, 작업 공수가 커집니다. 그러면 회사나 팀이 손해를 보게 됩니다.

팀 안에서는 기능을 개발하는 것보다 더 좋은 방법을 이미 발견한 팀원이 있을지도 모릅니다. 또는 상담함으로써 혼자서는 생각해내지 못했던 다른 해결책이 나올지도 모릅니다. 누군가와 논의하는 것으로 재작업 발생을 피하고 프로그래밍, 테스트, 운영의 더 좋은 방법을 찾을 가능성을 높일 수 있습니다.

재작업을 피하는 것 외에 다른 장점으로 장기적인 관점에서 설계의 일관성을 유지할 수 있는 점도 있습니다. 서비스나 리포지터리를 분리하거나, 소스 코드를 수

(*2-1)　풀 리퀘스트: GitHub가 최초로 제공한 기능으로 수정한 소스 코드의 반영을 다른 개발자에게 의뢰할 수 있습니다. 풀 리퀘스트에서는 소스 코드의 변경 부분과의 차이점을 알기 쉽게 표시하여 코드 리뷰에 관한 커뮤니케이션(변경 코멘트, 변경 승인, 변경 요청)이 시스템 위에 기록됩니다. GitHub(머지 리퀘스트 기능) 등 주요한 Git 호스팅 서비스에도 도입되어 있습니다.

정해도 되는 부분과 범위를 한정함으로써 각각의 범위 안에서 설계를 유지하기 쉽게 할 수 있습니다. 하지만 제품 전체나 시스템 전체에서는 점점 틈이 생겨 설계 방침의 차이가 생산성을 떨어뜨리는 경우도 있습니다. 담당이 퇴사하거나 팀이 해산할 때 인수인계가 안 된다든지 다른 설계 방침이 도입되어 설계의 일관성이 무너지고 틈이 점점 커집니다. 전체로서 정합성을 유지하기 위해서도 프로그래밍 전에 방침을 논의하여 빨리 설계 방침을 맞춰 나가는 것을 유지해 주세요.

방침을 확인할 때는 다음과 같은 사항을 논의하는 것이 좋습니다.

- 소스 코드에 사용할 명칭을 어떻게 할 것인가
- 시스템의 어느 장소에 어떤 임무를 부여할 것인가
- 소스 코드의 어느 부분을 수정할 것인가. 또는 어떤 처리를 넣을 것인가
- 같이 작업하거나 프로그래밍을 분담하는 등 지원이나 협력의 필요가 있는가
- 미리 예상해야 할 에러 처리나 장애 발생의 패턴은 있는가
- 나중에 방침이 바뀔 가능성이 있는가. 있다면 어느 타이밍인가
- 현시점에서 알지 못하는 것으로 인식되고 있는 것이 있는가
- 알지 못하는 점이 밝혀진 후에 판단, 결정하는 것은 무엇인가

프로그래밍을 시작하기 전에 방침을 논의하기 어렵다고 느끼는 경우, 대화를 방해하는 장애가 있을지도 모릅니다. 필자가 경험한 개발 현장의 특징에 비춰볼 때, 다음과 같은 장벽이 있을 수 있습니다(표 2-1). 자신의 상황과 비교해 보세요.

표 2-1 방침을 논의할 수 없는 개발 현장의 특징과 대화를 방해하는 장애

개발 현장의 특징	대화를 방해하는 장애
프로그래밍을 혼자 담당한다. 설계와 개발을 같은 사람이 담당한다	다른 팀원과 협의할 수 있는 타이밍이 없다
코드 리뷰 자리에서 엄격하게 지적 받는다	아직 방침이 결정되기 전에 말을 하면 심하게 질책을 받을지도 모른다고 생각한다
'프로그래밍', '테스트', '릴리스' 같이 대략적으로만 작업이 구분되어 있다	작업을 진행하면서 검토하면 된다고 생각하여 구체적인 검토를 미뤄버린다

팀원들 사이에 능력의 차이가 있다	주니어 엔지니어가 프로그래밍 방침에 고민할 때 '다른 사람의 시간을 뺏어버린다', '자신이 생각해서 결정하지 않으면 안 돼'라고 생각하여 시니어 엔지니어에게 문의하는 것을 주저한다
오픈소스 소프트웨어의 개발 스타일을 지향하고 있다	수정하고 싶은 것이 있으면, 일단 프로그래밍하고 완성된 풀 리퀘스트를 내면 된다고 생각하고 있다. 풀 리퀘스트로 설계 논의를 하는 것이라고 생각한다

프로그래밍 시작 전에 방침을 논의하는 것은 '프로그래밍 전에 모든 것을 예상해 설계를 결정하자'는 것이 아닙니다. 실제로 소스 코드를 읽어본다든지, 써 본다든지 하는 것으로 이해가 깊어지고 다시 방침을 새롭게 세우는 케이스는 어쩔 수 없이 발생합니다. 적어도 프로그래밍 전에 알고 있는 것, 조금만 시간을 가지고 논의하면 알 수 있는 것들에 대한 인식은 팀원들과 공유합시다.

◆ 사용자 스토리를 작업 단위로 분해한다

팀은 우선 순위가 높은 사용자 스토리부터 개발을 시작합니다. 이때 사용자 스토리를 그대로 담당자가 관리하는 것이 아니라 수 시간에서 반나절, 길게는 하루에 끝날 정도로 더 작은 작업으로 분해합니다. 팀원들이 각 작업을 시작하는 시점에 무엇을 할 것인가를 이해하고 있다면 순조롭게 착수할 수 있습니다(그림 2-1).

그림 2-1 사용자 스토리와 작업을 나눈다

ID	사용자 스토리	담당
1	상품 목록 페이지의 스타일 오류 수정	루키 씨
2	메일 매거진에 배너를 게재한다	유 팀장
3	관리 화면에 확인 다이얼로그를 추가	베테랑 씨
4	종료한 캠페인의 코드 삭제	형태 씨

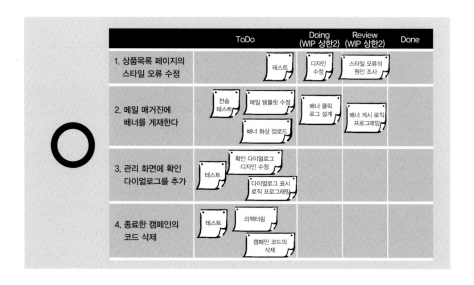

		ToDo	Doing (WIP 상한2)	Review (WIP 상한2)	Done
1. 상품목록 페이지의 스타일 오류 수정		테스트	디자인 수정	스타일 오류의 원인 조사	
2. 메일 매거진에 배너를 게재한다		전송 테스트 / 메일 템플릿 수정 / 배너 화상 업로드	배너 클릭 로그 설계	배너 게시 로직 프로그래밍	
3. 관리 화면에 확인 다이얼로그를 추가		테스트 / 확인 다이얼로그 디자인 수정 / 다이얼로그 표시 로직 프로그래밍			
4. 종료한 캠페인의 코드 삭제		테스트 / 리팩터링 / 캠페인 코드의 삭제			

P 작업 분할

작업 분할은 누군가가 대표로 진행하는 것이 아니라 팀 전원이 협력해서 진행합니다. 누가 어떤 작업을 담당할지 결정하지 않은 상태에서 팀 전원이 다룰 수 있는 사이즈로 합니다. 전원이 진행함으로써 개발 진행 방향에 대한 인식을 일치시키고 작은 문제에도 스케줄의 지연이나 문제를 눈치챌 수 있습니다. 리더나 매니저가 작업이나 스케줄을 관리하는 방법을 벗어나 팀 전원이 자기관리를 하면서 바람직한 개발의 방향을 생각해 볼 수 있는 기회가 되기도 합니다.

사용자 스토리를 그대로 작업으로 취급하면 개발 상황을 파악하고 관리하기 어려워집니다. 진행 관리를 담당자에게만 맡기게 되고 며칠이 지나서야 작업 진행의 지연을 알아차리게 됩니다. 만약 작업을 수 시간에서 반일 정도에 완료 가능한 정도로 분할한다면 작업이 시작되고 몇 시간 후에야 작업 진행이 늦어지는 것을 알게 됩니다. 또한 사용자 스토리를 그대로 담당하는 경우, 실제 담당자에게 난이도가 높은 작업이 포함될 수도 있습니다. 작업을 세세하게 나누어야 개별 작업의 진척도를 확인할 수 있고 어려운 작업도 분담해서 진행할 수 있습니다.

칸반

그럼 분할한 작업은 어떻게 관리하면 좋을까요? 칸반을 이용한 관리 예를 소개하겠습니다(그림 2-2). 이 예에서는 표 안에 사용자 스토리를 한 행마다 대응시켜, 분할한 작업이 동일한 행에 포함되도록 배치합니다. 각 열은 작업의 현재 상태를 나타내고 작업 예정(ToDo), 작업 중(Doing), 리뷰 중(Review), 작업 완료(Done)의 4단계로 나눕니다. 현장에 따라서는 리뷰가 여러 단계에 걸쳐 나뉘므로 상황에 맞춰 커스터마이즈해 주세요. 칸반은 화이트보드와 포스트잇을 사용해 물리적으로 실현한다든지, 'Miro'나 'Mural' 같은 온라인 화이트보드 도구를 활용하면 좋을 것입니다.

| 그림 2-2 | 칸반을 이용한 관리 예 |

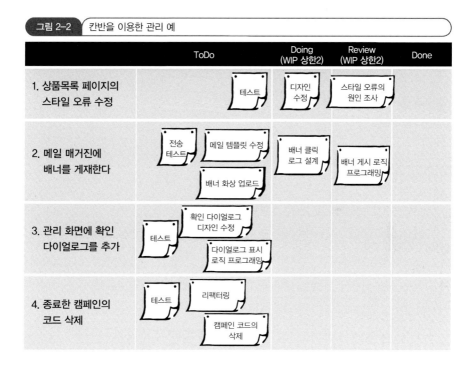

지금부터는 칸반에서 활용할 수 있는 4가지 포인트를 소개합니다.

1. 스윔레인(Swimlane)을 만든다

스윔레인은 사용자 스토리 사이에 그려진 수평선입니다. 사용자 스토리에 연결된 작업을 한눈에 알 수 있도록 합니다(그림 2-3). 프로젝트 관리 도구에 따라서는 스윔레인을 표현하지 못하고 작업이 섞여서 표시되는 경우도 있습니다. 사용자 스토리와 작업의 대응이 섞여버리면 예측이 어려워지고 작업을 세밀하게 분할하려는 의지가 약해질 수 있습니다.

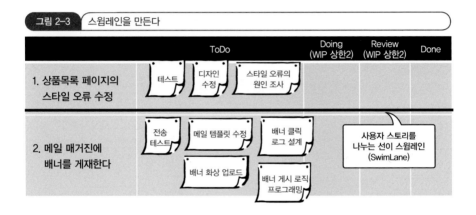

그림 2-3 스윔레인을 만든다

2. 작업은 오른쪽부터 배열해 진행할 수 있도록 분할한다

분할한 작업을 가로세로 2방향으로 자유롭게 배치할 수 있는 도구가 바람직합니다. 가로축은 작업의 시작 순서를 나타내는 데 사용합니다. 작업 순서가 결정돼 있거나 작업 사이에 의존관계가 있는 경우, 오른쪽에서 왼쪽으로 정렬합니다. 그러면 작업이 화이트보드 위에서 오른쪽 방향으로 이동해 가기 때문에 작업 순서와 진행 상황이 일치하고 시각적으로 쉽게 알아볼 수 있게 됩니다(그림 2-4).

세로축은 진행 가능한 작업을 나타내는 데 사용합니다. 이 규칙에 따라 정렬하면 위에서부터 순서대로, 오른쪽부터 순서대로 작업을 시작하면 된다는 단순한 방법으로 작업을 나열할 수 있습니다.

그림 2-4 | 작업은 오른쪽부터 배열해 진행할 수 있도록 한다

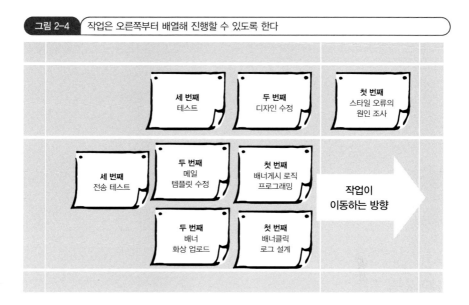

3. WIP 제한을 만든다

작업을 많이 진행할수록 좋은 것이 아니라 착실히 끝내 나가는 것이 중요합니다. 동시에 진행 가능한 작업 수(WIP: Work In Progress)에 제한을 두면, 새로운 작업보다는 진행 중인 작업에 집중하도록 유도할 수 있습니다(그림 2-5).

그림 2-5 | WIP 제한을 설정한다

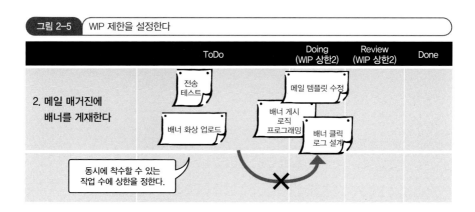

WIP 제한은 Doing나 Review 같은 작업의 현재 상태마다 설정하는 방법도 있고 합쳐서 설정하는 방법도 있습니다. 작업 수의 최대치를 팀원 수와 같은 정도로 해두면 리뷰 등 재작업이 발생하기 쉬운 작업을 방치하는 것을 막을 수 있습니다. 이러한 사용법은 팀의 상호학습을 촉진시키고 싶을 때도 유효합니다. 일반적으로 상한을 낮출수록 작업의 장해물이나 막힘이 잘 드러납니다. 문제가 발생하기 쉬운 상황의 패턴을 찾아 작업 순서를 재검토하고, 팀 내 기술 및 경험의 편차를 극복하기 위해 공동 작업을 하는 것으로 플로우 효율을 우선시하는 개발을 할 수 있습니다. 이러한 상호 간의 작업방식이나 기술 향상을 팀에서 논의할 때는 현재의 상황이나 결과로서 일어난 상황을 공유한 다음, 앞으로 어떤 상태로 진행해야 할지 의식을 공유하고 합의할 수 있는 포인트를 찾읍시다.

4. 표시를 넣는다

작업에는 여러 형태의 표시를 넣습니다. 예를 들면 작업을 담당하는 사람의 이름이나 아이콘을 넣습니다. 작업을 분할했을 때 예정 작업시간을 적어두면 예정보다 시간이 더 걸릴 때 바로 알아챌 수 있습니다. 다른 팀 또는 이해관계자의 작업이나 결정을 기다리다가 자신의 작업이 멈췄을 때도 표시를 해두면 향후 작업이 중단될 수 있다는 것을 한눈에 파악할 수 있습니다(그림 2-6).

작업에 표시를 넣는 것뿐만 아니라 계획할 때 상정하고 있던 마일스톤을 작업 사이사이에 설정해 두면 당초 계획과 실적의 차이를 확인할 수 있습니다. 작업 지연이 문제가 될 것 같은 사용자 스토리에는 유용합니다.

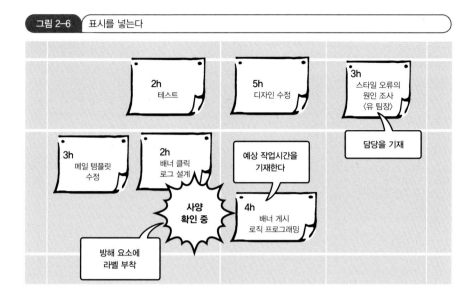

그림 2-6 표시를 넣는다

프로젝트 관리 도구에 따라서는 스윔레인이 표시가 잘 안 된다든지, 배열이 잘 안 된다든지, 자유롭게 표시를 넣을 수 없는 경우도 있습니다. 처음부터 특정한 도구를 선택하는 것이 아니라 프로젝트 관리 도구에 어떠한 기능을 원하는지 요구사항을 정확히 정리한 다음, 그에 알맞은 도구를 선택하는 것이 좋습니다. 그리고 도구의 유효성을 주기적으로 확인하고 검토하도록 합시다. 참고로 화이트보드의 가시화 아이디어는 『애자일 코치의 도구상자 - 시각화 사례집』**2-1**에 많이 소개되어 있습니다. 유연한 관리 도구를 선택하고, 현장에서 사용하면서 정착할 수 있도록 시도해 보세요.

분할한 작업은 무엇이고 작업의 현황은 어떠한지 쉽게 파악하는 것이 목적이기 때문에 반드시 본 책에서 소개한 형식에 따를 필요는 없습니다. 화면을 구성하는 부품 단위나 시스템을 구성하는 컴포넌트 단위 등 팀의 인식이 통일되어 쉽게 파악할 수 있는 형태를 모색해 보세요(그림 2-7, 그림 2-8).

그림 2-7   화면을 구성하는 부품 단위로 작업을 나눈다

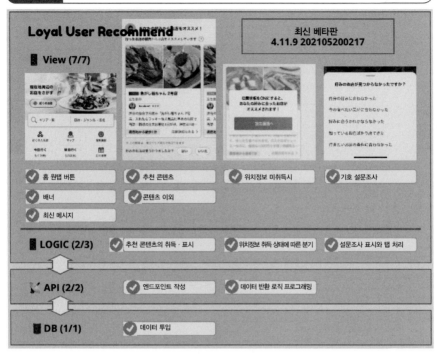

그림 2-8   시스템을 구성하는 컴포넌트 단위로 작업을 나눈다

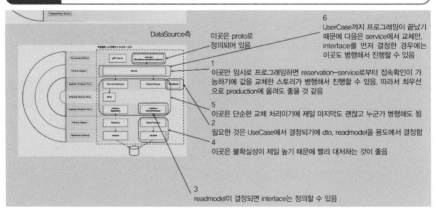

◆ 완료 기준을 명확히 한다

개발의 각 공정에서 달성해야 할 기준을 명확히 지정하지 않으면 오해가 생길 수 있습니다. 본인은 완료했다고 생각했지만 다른 사람이 보면 완료되지 않은 상태가 발생하여 나중에 가서 문제가 됩니다. 이를 방지하려면 개발 시작 전에 무엇이 어떻게 되면 완료되었다고 말할 수 있는지 논의하고 명확한 기준을 같이 만드는 것이 좋습니다. 조직이나 팀에 있어 필요한 곳에 기준을 만들면 좋고, 주로 만드는 것은 '준비 완료의 정의', '완료의 정의', '인수 기준'입니다(그림 2-9).

| 그림 2-9 | 개발의 흐름과 완료 기준 |

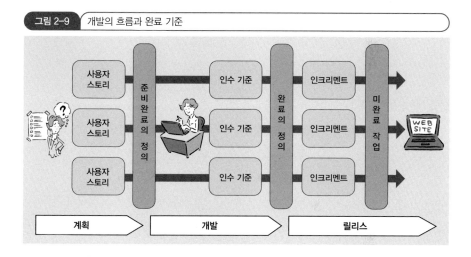

P 준비 완료의 정의(Definition of Ready)

준비 완료의 정의 2-2 는 개발을 시작할 준비가 되었는지 확인하기 위한 기준을 정리한 것입니다. 준비가 안 된 상태로 개발을 시작하면 다음과 같은 문제가 발생합니다.

• 도중에 사양을 몇 번씩이나 확인하고 변경한다
• 상상 이상으로 시간이 소요되는 것을 나중에 안다
• 완성하고 나서 인식의 차이가 발견된다

- 개발 과정에서 실현하지 못한 것을 알게 된다

문제가 발생하면 개발 공수가 낭비됩니다. 준비 완료의 정의는 이를 막기 위한 기본적인 확인 사항입니다. 준비 완료의 정의에는 다음과 같은 내용이 포함됩니다.

- 해결해야 할 과제는 무엇이고 누구에게 가치가 있는지 명확히 정의할 것
- 이터레이션 안에서 실현할 수 있는 크기로 적절히 분할되어 있을 것
- 와이어 프레임이나 화면흐름도 등 개발에 필요한 정보가 정리되어 있을 것
- 인수 기준이 준비되어 있을 것
- 완성된 다음 데모를 진행할 순서가 명확히 되어 있을 것
- 개발 공수의 견적이 팀에 의해 작성되어 있을 것
- 개발 방침이나 설계 등 다른 팀과 협의/상담해야 할 사항이 명확히 되어 있을 것
- 기능요건이나 비기능 요건이 명확히 되어 있을 것
- 테스트 설계가 완료되어 있을 것

P 완료의 정의(Definition of Done)

완료의 정의 2-3 은 제품의 품질 기준을 만족하는 성과물의 상태를 정의한 것으로 여러 사용자 스토리에 공통적으로 적용됩니다. 먼저 제품이 어떤 상태 이상일 때 유지될 수 있는지 팀이나 이해관계자와 함께 논의합니다. 여기서 합의된 결과를 정리한 것이 초기 완료의 정의가 됩니다. 이를 통해 테스트를 뒤로 미루거나, 문제점의 수정 작업을 따로 분리해 별도의 사용자 스토리로 만드는 등 진행 상황을 겉보기만 좋게 하는 것을 방지할 수 있습니다. 그리고 시간이 지남에 따라 그 정의를 수정하고 확충해 갈 수 있도록 팀 혹은 조직의 역량 강화를 위해 노력합시다. 작업의 투명성이 높아지는 것은 물론이고, 재작업이 줄어들어 품질이 향상될 것입니다. 완료의 정의에는 다음과 같은 내용이 포함됩니다.

- 코드 리뷰가 완료되어 있을 것
- 예정된 테스트 실행이 완료되어 있을 것
- 문서가 갱신되어 있을 것
- 특정 환경에 배포(Deploy)가 완료되어 있을 것

P 인수 기준(Acceptance Criteria)

인수 기준 2-4 은 사용자 스토리가 완성되었다고 간주하기 위한 기준을 간략하게 정리한 것입니다. 완료의 정의는 여러 사용자 스토리에 공통적으로 적용되지만, 인수 기준은 사용자 스토리마다 다릅니다.

인수 기준은 시스템 동작을 상세하게 정의한 사양서나 테스트 케이스와는 다릅니다. 사양서나 테스트 케이스는 팀이 그대로 구현해야 하지만, 인수 기준은 실제로 구현하고자 하는 것에 집중하여 기술합니다. 그렇다 보니 문제 해결 방식을 폭넓게 수용할 수 있고 팀이 창의력을 발휘할 수 있는 여지가 커집니다. 바람직한 인수 기준의 예는 다음과 같습니다.

- 달성 여부를 객관적 · 정량적으로 판단할 수 있다
- 개발을 시작하기 전에 정의되어 있다
- 해결하고자 하는 과제나 요구에 초점이 맞춰져 있고 구현이나 특정 해결책에 의존하지 않는다
- 기능 요건과 비기능 요건의 양쪽이 포함되어 있다
- 인수 기준 사이에 의존관계가 없고 독립적으로 확인할 수 있다

예를 들어 '메일 매거진에 배너를 게재한다'는 사용자 스토리라면 다음과 같은 인수 기준을 생각할 수 있습니다.

- 5월에 발송되는 메일 매거진에 캠페인 안내 배너가 표시될 것
- 배너의 클릭률을 측정할 수 있을 것
- PC · 스마트폰의 이메일 클라이언트에서 디자인이 깨지지 않을 것
- 이메일 클라이언트가 화면표시에 대응하지 않을 경우, 대신 문자 · 링크가 표시될 것

P 미완료 정의(Undone Work)

3개의 완료 기준을 만족했어도 완료의 정의가 항상 릴리스 가능한 상태를 유지하는 곳까지 발전하지 않은 경우 릴리스까지는 하나의 벽이 더 남아있습니다. 예를 들어 여러 서비스를 조합하여 통합 테스트나 부하 테스트, 보안 점검, 사용자용 문서 갱신이 있을 수도 있습니다. 영업 등 관계 부서에의 사전 주지도 필요하겠죠.

이러한 릴리스까지 해야만 하는 남은 작업이 '미완료 작업' **2-5** 입니다.

미완료 작업은 완료의 정의에 조금씩 포함시키는 것이 바람직합니다. 완료의 정의를 갑자기 확대하면 개발의 리듬이 깨지기 때문입니다. 현재의 완료의 정의에 맞춰, 미완료 작업을 정리하고 인식하는 것, 하나씩 미완성 작업을 완료의 정의에 포함시키는 것, 그것을 위한 학습·연습·개선에 인내심을 가지고 꾸준히 노력하면서 조금씩 넓혀가 보세요 (그림 2-10).

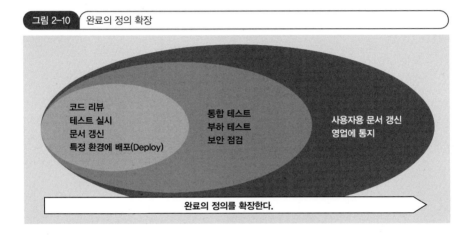

그림 2-10 완료의 정의 확장

> 코드 리뷰
> 테스트 실시
> 문서 갱신
> 특정 환경에 배포(Deploy)
>
> 통합 테스트
> 부하 테스트
> 보안 점검
>
> 사용자용 문서 갱신
> 영업에 통지
>
> 완료의 정의를 확장한다.

◆ 코멘트로 프로그래밍 가이드라인을 마련한다

P 의사코드 프로그래밍

'사전에 방침을 논의하면서', '풀 리퀘스트로 구현 중인 소스 코드를 확인할 수 있는 상태이기 때문에'라고 해도 예상치 못한 방향으로 프로그래밍이 진행되는 경우가 있습니다. 이에 대한 방지책으로 프로그래밍의 형식과 처리의 대략적인 흐름을 먼저 코멘트로 기재하여 구현 시 가이드라인으로 참고하는 방법이 있습니다(리스트 2-1). 이 방법은 의사코드 프로그래밍(Pseudocode Programming Process) **2-6** 이라고도 불립니다.

가이드라인이 되는 코멘트에는 다음과 같은 항목을 기재합니다.

- 클래스/메소드/함수 템플릿
- 입출력 데이터에 대한 설명
- 함수/메소드 내부 처리의 흐름
- 고려해야 할 에러 처리

설계나 프로그래밍이 복잡해 혼자서 담당하기 어려운 작업도 코멘트로 가이드라인을 준비하면 작업을 진행하기 쉽습니다. 또 가이드라인으로 기재한 코멘트는 한국어로 설명하며 적을 수 있기 때문에 인식 차이를 방지할 수 있는 효과도 있습니다. 또한 의사코드 프로그래밍을 통해 설계의 이상 여부를 감지할 수도 있습니다. 예를 들어 의사코드를 적었음에도 처리의 흐름이 나쁘다면 이는 원래 설계에 문제가 있음을 보여주는 증거입니다.

담당자가 소스 코드를 적어 나갈 때 가이드라인으로 준비한 코멘트는 남길 수도 삭제할 수도 있습니다. 소스 코드만으로도 의도가 전해지는 기재 방법을 팀이 추구하고 있다면 소스 코드의 추가와 동시에 코멘트의 삭제를 진행하면 좋겠죠. 하지만 설계에 따라서는 소스 코드만으로 의도를 잘 전달하기가 어려운 상황도 있습니다. 이런 경우에는 의도를 설명하기 위해 코멘트를 남기는 방법이 그 소스 코드를 읽는 사람에게 도움이 됩니다. 가이드라인으로써의 코멘트와 최종적으로 남겨진 소스 코드의 코멘트의 역할은 별개의 것으로 생각하고 가이드라인으로써의 코멘트는 필요에 따라 수정해 나가는 것이 좋습니다.

```
/**
 * @brief 대량 구매 캠페인의 배너 표시 전환
 * @param 유저 ID (로그인하지 않은 경우는 NULL이 설정됨)
 * @return 표시되는 배너의 종류
 */
function getBulkBuyCampaignBannerType($userID) {
    $bannerType = BANNER_DEFAULT;

    if ($userID != NULL) {
        // 로그인 유저

        $orderCountDuringBulkBuyCampaign = 0;
        try {
            // 캠페인 기간 중의 주문 수를 취득

        } catch (\RuntimeException $exception) {
            // 주문 정보가 취득되지 않을 경우 기본 배너를 표시한다
            return BANNER_DEFAULT;
        }

        // 캠페인 기간 중 주문 수에 따라 표시하는 배너를 변경한다
        if ($orderCountDuringBulkBuyCampaign == 0) {
            // 첫 주문의 혜택을 소개하는 배너를 표시한다

        } else {
            // 캠페인 기간 중 주문 이력이 있으면, 혜택 내용의 업그레이드
조건을 소개하는 배너를 표시한다
        }
    } else {
        // 로그인 하지 않은 사용자
        // 캠페인의 내용을 소개하는 배너를 표시한다

    }
    return $bannerType;
}
```

또 수정 코드가 충돌했네!
소스 코드를 고쳐서
병합하는 거 힘든데!

여러 번
발생하고 있나요?

네. 얼마 전에도
반나절 걸려서
수정했었는데….

계속해서 충돌이 발생하고
있다면, 브랜치 전략을
수정하는 게 좋겠네요.

지금까지의 기능단위 브랜치
작성은 바꿀 수 없을 것 같은데…

브랜치의 생존 기간을
짧게 해서 바로바로 병합해
나가게끔 하면 충돌이 발생할
확률도 줄어들 거예요!

브랜치는 복수의 작업자가 병행해서 작업을 진행할 때 코드를 나누어서 관리하기 위한 기능입니다. 다른 브랜치에서 작업함으로써 서로의 작업을 방해하지 않고 동시에 개발을 진행할 수 있습니다.

P 브랜치 전략

브랜치 전략 **2-7** 이란 여러 작업을 병행해서 진행할 때 수정을 어떻게 처리하고 병합할지 생각과 방법을 정리한 것입니다. 작동 중인 소스 코드에 여러 작업을 동시에 하다 보면, 같은 부분을 여러 사람이 고쳐서 수정 코드가 충돌될 수 있습니다. 이때는 어떤 수정을 채택할지 사람이 직접 판단해야 합니다. 그런데 만약 잘못된 판단을 한다면 어떻게 될까요? 수정의 모순이 생겨서 서비스가 제대로 작동하지 않을 수 있습니다. 이를 방지하기 위해 필요한 것이 브랜치 전략입니다. 다음은 브랜치 전략을 세울 때 고려할 사항을 정리한 것입니다.

- 어떤 브랜치가 필요한가. 그 이유와 목적, 자리매김
- 운영 환경(실제 환경, 개발 환경 등)과의 연계성
- 릴리스 순서
- 실제 환경이나 릴리스 브랜치를 변경할 수 있는 사람과 권한의 범위

돌다리도 두드려 보고 빠르게 건너기 위해서 중요한 것이 '빨리 알아챈다'입니다. 같은 부분을 수정해 버리거나, 수정한 내용이 맞지 않는 부분이 있을 때 바로 알아채야 합니다. 또한 사용자나 이해관계자의 피드백을 자주 받아야 합니다. 그러기 위해서는 자주 통합하고 릴리스 가능한 상태를 유지하는 것이 중요합니다. 통합되지 않은 기간이 길어지면 길어질수록 충돌이 발생하거나 수정 사항이 맞지 않아 통합 작업에 더 많은 시간이 소요될 수 있습니다.

브랜치 전략이 정교할수록 브랜치의 생존 기간이 길어지고, 통합 및 릴리스까지 걸리는 시간이 길어지는 경향이 있습니다. 브랜치의 생존 기간을 단축하고, 언제든 실제 환경에 릴리스할 수 있는 건전하고 안정된 메인 브랜치를 유지하는 것에 힘을

쏟아야 합니다. 이를 실현하는 것이 나중에 소개할 트렁크 기반 개발이지만, 대비해서 이해할 수 있도록 먼저 잘 알려진 브랜치 전략인 git-flow, GitHub Flow를 소개합니다.

git-flow

git-flow는 운용에 있어서 중요한 '릴리스'를 중심으로 설계되었습니다. 다음과 같은 브랜치를 조합하여 이용함으로써 릴리스 관련 작업을 관리할 수 있습니다(그림 2-11).

- 개발 브랜치: 개발 중의 소스 코드를 관리한다
- 피처 브랜치: 기능 개발이나 버그 수정 등 개발 작업을 한다
- 릴리스 브랜치: 릴리스 준비 작업을 한다
- 메인 브랜치: 배포 가능한 상태의 소스 코드를 관리한다
- 핫픽스 브랜치: 긴급 수정작업을 한다

그림 2-11 git-flow

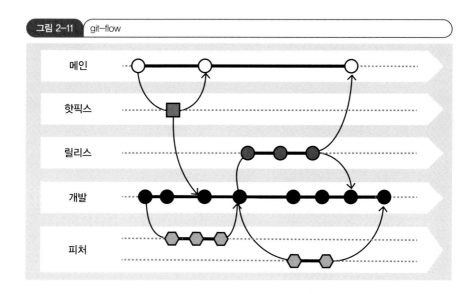

프로그래밍을 시작할 때 개발 브랜치에서 피처 브랜치를 만들고, 프로그래밍이 완료되면 개발 브랜치에 병합합니다. 릴리스 전에 개발 브랜치에서 릴리스 브랜치

를 만들고 릴리스 전에 발견된 문제의 수정을 릴리스 브랜치에 반영합니다. 릴리스 브랜치에서 준비 작업이 완료되면 릴리스 브랜치를 메인 브랜치에 병합합니다. 릴리스 작업은 메인 브랜치에서 합니다. 개발 브랜치를 베이스로 하면서 릴리스를 안정화시키기 위해 목적별로 준비된 복수의 브랜치를 적극적으로 활용하는 전략입니다.

제품을 배포/릴리스하는 경우, 이용자에게 안정적으로 동작하는 제품을 전달하는 것이 중요한 과제입니다. 어떤 기능을 릴리스에 포함할 것인지, 개발 중의 버전과 분리해 릴리스하는 버전의 동작 검증은 가능한지, 문제점을 발견했을 때 릴리스 작업을 다시 하지 않고 수정할 수 있는지 같은 관점은 지속적으로 제품을 운영해 나가는 데 중요한 포인트입니다. git-flow는 릴리스를 중요시하여 릴리스 전에 충분히 품질이 담보될 수 있게끔 브랜치 운용의 규칙을 만들었습니다. 이것은 릴리스 횟수가 적은 제품이나 배포가 어려운 제품에 유용합니다. git-flow의 상세는 「A Successful Git branching model」 2-8 을 참조해 주세요.

GitHub Flow

GitHub Flow는 메인 브랜치를 언제든지 릴리스 가능한 상태로 유지하는 전략으로, git-flow보다 브랜치 운용이 간단합니다(그림 2-12). GitHub Flow에는 6개의 규칙이 있으며, 두 번째 이후의 규칙은 첫 번째 규칙을 위해 존재합니다.

1. 메인 브랜치는 어떤 상황에서도 배포(deploy) 가능하다
2. 개발을 시작할 때 메인 브랜치로부터 개발 브랜치를 만든다
3. 생성한 브랜치에 커밋을 반복 진행하고 Git 호스팅 서비스에도 정기적으로 작업 내용을 푸시한다
4. 피드백이나 조언이 필요할 때, 개발이 완료되어 브랜치를 병합해도 괜찮다고 생각할 때 풀 리퀘스트를 작성한다
5. 코드 리뷰를 진행하여 풀 리퀘스트가 승인되면 풀 리퀘스트를 메인 브랜치에 병합한다
6. 메인 브랜치에 병합하고 바로 배포(depoly)한다

그림 2–12 GitHub Flow

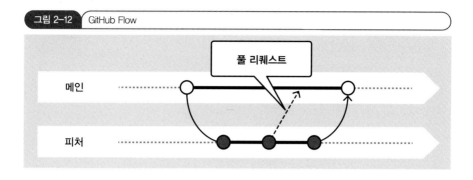

웹 애플리케이션처럼 배포할 필요가 없고 자주 릴리스를 진행하는 경우, git-flow의 릴리스는 절차가 많고 복잡합니다. 릴리스를 자주 하는 경우, 큰 버그가 한 번에 대량으로 발견되는 리스크를 억제할 수 있고 만약 버그가 발생해도 빠르게 수정해서 릴리스할 수 있습니다. GitHub Flow의 상세는 「GitHub Flow」 2-9 를 참조해 주세요.

◆ 세밀하고 빈번하게 직접 커밋을 반복해 개발을 진행한다

P 트렁크 기반 개발

트렁크 기반 개발 2-10 은 하나만 존재하는 메인 브랜치에 세밀하고 빈번하게 직접 커밋을 반복해 브랜치를 만들지 않고 개발을 진행하는 브랜치 전략입니다(그림 2–13).

그림 2–13 트렁크 기반 개발

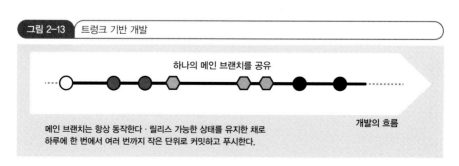

트렁크 기반 개발을 도입할 때 요점은 다음과 같습니다.

- 피처 브랜치를 만들지 않는다
- 하루에 한 번에서 여러 번까지 작은 단위로 커밋하고 푸시한다
- 프로그래밍이 완료되지 않은 기능은 '표시를 숨김', '처리를 동작하지 않도록 한다' 등 기본 상태에서는 동작하지 않도록 한다
- 메인 브랜치는 항상 테스트를 통과해, 동작하는(혹은 릴리스 가능한) 상태를 유지한다
- 테스트에 실패하거나 기존 기능이 동작하지 않으면 바로 고친다

소스 코드의 수정 단위를 작게 나눠 메인 브랜치에 통합함으로써 메인 브랜치는 항상 최신 상태에 가깝게 유지됩니다. 메인 브랜치의 최신판에 대한 자동 테스트를 지속적으로 실시하고 문제가 있으면 신속하게 개발자에게 피드백하는 것으로 항상 동작하는 릴리스 가능한 상태를 유지합니다.

개발에 관계된 사람들이 늘어나고 팀원 모두가 직접 메인 브랜치에 푸시하다 보면, 위와 같이 규칙을 정해도 이에 어긋나거나 메인 브랜치가 동작하지 않는 사태가 자주 발생합니다. 그래서 트렁크 기반 개발의 방안으로 단수명(2~3일 정도)의 브랜치를 만들어, 풀 리퀘스트 기반의 코드 리뷰를 통해 메인 브랜치에 병합해 나가는 방법도 있습니다(그림 2-14). GitHub Flow와 비슷해 보이지만, 트렁크 기반 개발에서 브랜치의 수명을 짧게 유지하고, 기능이 미완성일 때부터 조금씩 병합해 갑니다. 많은 팀들이 직접 메인 브랜치에 커밋을 반복하는 것보다도 이 방법을 더 도입해 이용합니다.

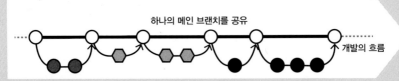

| 그림 2-14 | 대규모 팀에서의 트렁크 기반 개발 |

하나의 메인 브랜치를 공유

개발의 흐름

단수명(2~3일 정도)의 브랜치를 만들어,
메인 브랜치가 항상 동작하는 릴리스 가능한 상태를 유지한 채 병합해 간다.

피처 브랜치가 장기적으로 존재하는 브랜치 전략을 채용하면, 대규모 기능 개발이나 릴리스를 실시할 때마다 '동작을 안정시키기 위한 블록 기간'이 필요하기 마련입니다. 또한 피처 브랜치에서의 개발이 길어져, 메인 브랜치로부터 멀어지면 소스 코드 충돌이 자주 발생해 대응 비용이 늘어납니다. 이때 기존 처리를 정리하여 큰 수정을 진행하면 충돌 발생 확률은 더욱 높아집니다. 따라서 피처 브랜치에서 설계나 프로그래밍에 결함이 있는 소스 코드를 발견하더라도 근본적으로 수정하지 못하거나 충돌을 피하기 위해 중도 수정할 수밖에 없는 경우가 종종 있습니다. 이렇게 유지보수성이 낮은 소스 코드가 늘어나면, 결국 유지보수가 불가능할 정도로 코드베이스가 늘어나 버려 큰 부담이 됩니다. 트렁크 기반 개발을 채용하면 그 반대의 이점을 얻을 수 있습니다. 트렁크 기반 개발 채용 시 이점은 다음과 같습니다.

- **병합에 필요한 시간이 짧아진다**
  수정의 차이가 적어져 코드 리뷰하기 쉽다
  세밀하고 빈번하게 통합하기 때문에 소스 코드의 충돌이 잘 발생하지 않는다

- **문제가 발생했을 때 원인을 찾기가 쉽다**
  메인 브랜치를 빈번하게 자동 테스트하기 때문에 신속하게 문제를 발견할 수 있다
  직전 수정이 문제 발생 원인일 가능성이 크기에 대상을 한정해서 조사할 수 있다

- **검증의 조합이 간단해진다**
  동작 검증의 대상을 메인 브랜치 하나로 압축할 수 있다
  여러 서비스에 걸친 동작 검증도 메인 브랜치끼리만 하면 된다

장점만 보이는 트렁크 기반 개발이지만, 자동 테스트의 충분한 정비에 더해 동작하는 상태를 유지한 채 개발 중의 기능을 조금씩 통합하는 노력도 필요합니다.

지금의 브랜치 전략과 차이를 모르겠어요

 풀 리퀘스트를 사용해 메인 브랜치 하나로 개발하고 있습니다. 이 방법을 트렁크 기반 개발이라고 말할 수 있을까요? 지금 진행하는 사용자 스토리는 복잡해서 풀 리퀘스트를 더 이상 작게 분할하는 건 힘들 것 같은데...

 사용자 스토리에 대응하는 수정을 여러 개의 작은 수정으로 분할해서, 조금씩 메인 브랜치에 통합해 가는 것이 트렁크 기반 개발입니다. 브랜치나 풀 리퀘스트의 생존 기간은 길어도 2~3일 정도에 그쳐야 합니다.

 코드 리뷰는 언제 할까요?

 트렁크 기반 개발에서는 어느 타이밍에서 코드 리뷰를 하나요? 지금의 팀에서는 풀 리퀘스트를 병합하기 전에 반드시 코드 리뷰를 해야 합니다.

 그림 2-14의 '대규모 팀에서의 트렁크 기반 개발'에서 소개한 것처럼 짧은 수명의 브랜치와 풀 리퀘스트를 사용한다면 풀 리퀘스트가 전송된 시점에 코드 리뷰를 할 수 있습니다. 2-5절에서 소개하는 페어 프로그래밍이나 몹 프로그래밍을 채용하여 코드 리뷰를 하면서 개발하는 것도 하나의 방법입니다.

 기존 방식에서 벗어나는 것에 대한 두려움

 Git이라면 브랜치를 쉽게 전환할 수 있으니 브랜치를 사용하는 것이 더 낫지 않을까요?

 릴리스를 중심으로 브랜치 전략을 생각했을 때, 트렁크 기반 개발의 장점에 매력을 느낀다면 꼭 도입해 보세요. 트렁크 기반 개발이 어렵게 느껴질지도 모르겠지만, 언제든 기존의 방법으로 되돌리는 것도 가능합니다. 팀에서 기간을 정해서 시도해 봅시다.

P 피처 플래그

트렁크 기반 개발을 진행하려면 제품이 동작하는 상태를 유지하면서 기능이 미완성일 때부터 병합하기 위한 방법이 필요합니다. 이것은 피처 플래그(Feature flag) **2-11** 라는 방법으로 실현 가능합니다. 피처 플래그란 소스 코드에 삽입되는 소프트웨어의 스위치 같은 것으로 배포(deploy) 없이 시스템 외부에서 움직임을 변경할 수 있습니다(그림 2-15). 스위치의 상태는 ON과 OFF가 있어 스위치가 OFF일 때는 그 기능이 동작하지 않도록 프로그래밍해 둡니다. 그리고 해당 기능의 개발 작업이 끝나 배포(deploy)가 완료된 다음에 스위치를 ON으로 변경합니다. 그러면 기능이 동작하도록 시스템의 움직임이 변경됩니다. 즉, 배포와 릴리스를 분리할 수 있는 것입니다. 피처 토글, 피처 스위치로 불리기도 합니다.

그림 2-15 피처 플래그의 동작 이미지

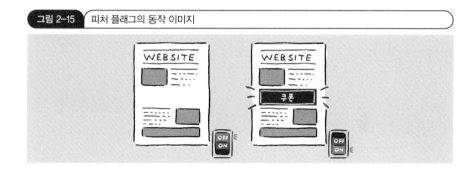

피처 플래그를 사용해 동작하지 않는 상태로 해 둠으로써, 기능이 프로그래밍 도중에 있어도 메인 브랜치에 통합할 수 있게 됩니다. 하나하나의 풀 리퀘스트가 작아지기 때문에 코드 리뷰도 쉬워집니다. 소프트웨어 스위치를 의식한 소스 코드를 작성할 필요가 있습니다만, 그것에 버금가는 이점이 있습니다.

프로그래밍 도중의 기능을 동작하지 않게 하는 것뿐만 아니라, 피처 플래그는 다양한 사용법이 있습니다. Feature Toggle Types **2-12** 에서는 다음과 같은 패턴이 소개되어 있습니다.

- 릴리스: 기능 공개 시점을 조절한다
- 실험: A/B 테스트를 실시한다
- 운용: 시스템 부하가 높아지면 기능을 무효화한다
- 허가: 일부 사용자에게 베타 테스트를 실시한다

소스 코드상에서 피처 플래그는 조건 분기를 실행하기 위한 플래그에 불과하며, 스스로 메커니즘을 직접 만드는 것도 어렵지 않습니다. 하지만 실제로 피처 플래그를 사용하다 보면 조건에 따라 자동으로 플래그를 전환하고 싶거나, 플래그를 전환할 수 있는 관리 화면이 필요하기도 합니다. 다음 SaaS[*2-2]를 이용하면 특정 기간이나 특정 사용자만을 대상으로 하는 운영도 쉽게 할 수 있습니다(그림 2-16).

- Firebase Remote Config
- LaunchDarkly
- Unleash
- AWS AppConfig
- Bucketeer

그리고 피처 플래그도 과제가 있습니다. 릴리스한 후 또는 A/B 테스트가 끝난 다음, 필요 없어진 피처 플래그의 선택 처리를 남겨 놓으면 소스 코드가 지저분해질 수 있습니다. 그런 경우 어떤 시점에서 삭제할 필요가 있겠죠. 또 여러 피처 토글을 이용하는 경우, 스위치 상태의 조합이 복잡해져 모든 조합의 테스트를 실시하기 어렵습니다. 필요 없어진 피처 플래그와 처리는 그때그때 정리합시다.

(*2-2)   SaaS: Software as a Service의 약자. 인터넷을 경유해 이용할 수 있는 소프트웨어 서비스를 말한다.

그림 2-16 | 피처 플래그의 설정 예 (Firebase Remote Config)

새로운 조건의 정의

조건을 사용해서 조건이 일치했을 때 파라미터값이 지정되도록 합니다. 이 조건에 대한 변경은 이 조건을 이용하는 모든 파라미터에 적용합니다.

이름 | 색

Campaign for 202201 to 202203

적용하는 조건

| 일시 | ▼ | 시작일 | ▼ 2022/1/1 | 00:00 ⊙ | 일본 | |
| 일시 | ▼ | 종료일 | ▼ 2022/4/1 | 00:00 ⊙ | 일본 | 및 |

선택한 조건 타입에서는 타겟 설정의 추정은 사용할 수 없습니다.

취소　　조건을 작성

◆ 장기간 브랜치가 필요한 경우

🅿 장기간 브랜치에 정기 병합

　빈번하게 릴리스하기 위해서는 트렁크 기반 개발이 알맞습니다. 다만 경우에 따라서는 장기간 메인 브랜치에 병합할 수 없는 장기간 브랜치가 필요할 수도 있습니다. 그런 경우는 여러 버전의 개발을 병행해서 진행해야 하는데, 메인 브랜치와 병행해서 브랜치 각각에 다른 변경이 누적되면 막상 브랜치를 병합하려 할 때 충돌이 발생하여 큰 번거로움이 생깁니다. 또 병행해서 개발이 진행되기 때문에 병합했을 때 충돌이 발생할지 충돌 해소에 어느 정도 시간이 걸릴지를 사전에 예측하는 것이 어렵게 됩니다.

　여기서 메인 브랜치에 반영된 수정을, 장기간 브랜치에 정기적으로 병합함으로써 병합할 때 충돌을 억제할 수 있는 수단을 취할 수 있습니다(그림 2-17). 메인 브랜치로부터 병행 브랜치에 정기적으로 병합함으로써, 최종적으로 병합할 때의 충돌해소 비용을 미리 치루고 그 양을 어느 정도 줄일 수 있습니다. 정기 병합 간격을 '매일/매일 밤'처럼 짧게 하면, 한 번에 다루는 수정/변경의 양이나 범위를 줄일 수 있습니다. 만약에 충돌이 발생해도 그 원인의 특정과 해결이 간단해집니다.

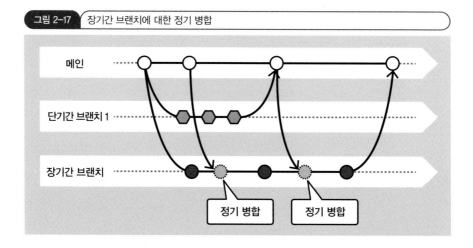

그림 2-17 | 장기간 브랜치에 대한 정기 병합

장기간 브랜치에 대한 정기 병합에 따른 이점은 다음과 같습니다.

- **병합이 자주 실패하는 경우, 장기간 브랜치가 불안정하다는 것을 판단할 수 있다**
- **장기간 브랜치를 취급하는 개발자나 팀이 다음 중 하나를 선택할 수 있다**
  충돌을 해소해 메인 브랜치의 추종에 들어가는 비용
  장기간 브랜치의 생존 기간을 단축시키기 위한 비용

정기 병합은 작은 공수로 자동화할 수 있습니다만, GitHub를 사용하는 경우, 간단한 UI 조작으로 베이스 브랜치[*2-3]의 변경에 추종하는 병합을 할 수 있습니다. 단지 다음의 조건을 만족할 필요가 있습니다.

(*2-3) 베이스 브랜치: 새로운 브랜치를 작성할 때 근본이 되는 브랜치

- 풀 리퀘스트의 브랜치와 베이스 브랜치 사이에 병합의 경합이 없을 것
- 풀 리퀘스트의 브랜치가 베이스 브랜치의 최신 버전에 추종되어 있지 않을 것
- 베이스 브랜치에 병합 전에 풀 리퀘스트의 브랜치를 최신 상태로 하는 것을 조건으로 설정한다. 또는 항상 브랜치의 갱신을 추천하는 설정이 유효화되어 있을 것

◆ 표준적인 커밋 메시지를 작성한다

커밋은 구성 관리 시스템에서 변경 단위이며 변경 이력을 추적하기 위한 중요한 기능입니다. 커밋을 할 때는 소스 코드의 수정과 함께 변경의 의도를 커밋 메시지로 기록합니다. 커밋 메시지를 작성할 때 의식해야 할 프랙티스에 관해 봅시다.

🄿 읽는 사람을 배려한 커밋 메시지

커밋 메시지를 작성하는 목적은 소스 코드 수정의 의도를 알기 쉽게 남기는 것입니다. 코드 리뷰를 하는 팀원을 위해, 또는 장래에 소스 코드를 다시 읽을 자신을 위해 읽혀지는 것을 의식하며 작성합시다. Git 매뉴얼 2-13 에서도 추천하는 커밋 메시지로서 널리 사용되는 형식은 다음과 같습니다(그림 2-18).

그림 2-18   가장 심플한 커밋 메시지 형식

1행	개요
2행	〈빈 줄〉
3행	본문
이후	…

첫 번째 줄에는 개요를 기재하고 두 번째 줄에 빈 줄을 넣고 세 번째 줄 이후부터 자세한 설명을 기재합니다. 이 형식에 따라 커밋 메시지를 작성하면 많은 Git 클라이언트에서 커밋 이력을 나열할 때 첫 번째 줄의 개요만 표시하도록 만들어집니다. 커밋 이력을 나열해서 표시함으로써 확인할 때 개요를 바로 알 수 있으므로 먼저 이 기본 형식에 따라 작성하도록 합시다. 세 번째 줄 이후의 본문은 빈 줄을 넣어 단락을 나눈다든지 글머리 기호를 넣는다든지 하여 읽는 사람이 알아보기 쉽게 하는 방법도 있습니다.

커밋 메시지를 친절하게 쓰려고 해도 빼먹기 쉬운 것이 수정의 의도나 배경의 설명입니다. 무엇을 고쳤는지는 소스 코드의 수정 차이를 보면 알 수 있지만 왜 고쳤는지는 잊어버리기 쉽습니다. 수정의 배경을 메일, 티켓, 구두 회의, 프로젝트 관리 시스템 등 커밋 메시지와 다른 경로로 주고 받는다면 나중에 이력을 추적하여 찾기가 어렵습니다. 그러므로 수정한 이유를 커밋 메시지에 제대로 기재합시다. 또 외부 시스템에서의 논의가 있었다면 그 내용이나 링크 정보를 포함해 기록을 남겨 놓습니다. 이런 작은 노력이 코드 리뷰의 효율을 올리고, 수정의 배경을 파악하는 데 도움이 됩니다.

Q&A 커밋 메시지에서 사용하는 언어

커밋 메시지는 영어로 작성하죠. IT의 세계에서는 영어가 표준이고 새로운 기술을 따라가기 위해서도 영어가 필요합니다. 그렇다면 일상적인 개발부터 영어를 사용해 레벨업해 나가죠.

생각은 좋지만 개발에 참여하는 전원의 수준에 맞춥시다. 익숙하지 않은 영어로 수정의 의도나 배경이 빠져버리면 본말이 전도됩니다. 영어를 읽고 쓰는 것이 부담스러우면, 한글로 제대로 기재하는 방법도 생각해 봅시다.

◆ 다른 목적의 수정을 하나의 커밋에 섞지 않는다

P 커밋을 목적별로 나눈다

다른 목적의 수정을 하나의 커밋에 섞지 않는 것이 중요합니다. 커밋 메시지를 정확히 작성하지 못하고 애매하게 작성하는 것은 다른 목적의 수정이 섞여 있기 때문일지도 모릅니다. 수정의 목적을 확실히 해서 커밋을 나누고 구체적인 수정 내용을 표시하는 커밋 메시지를 작성합시다(그림 2-19).

그림 2-19 다른 목적의 수정이 섞여 있는 커밋 메시지

검색 결과의 표시순서가 이상한 문제, 그 밖에 여러 가지를 수정
- 상품 검색 결과가 ID 순서로 나열된 것을 가격순으로 표시되도록 수정 close#1217
- lint 지적을 수정
- README의 이전 개발 환경에 관한 기재가 남아 있어서 수정

(P) 커밋 메시지에 프리픽스를 부여한다

커밋의 목적을 생각하는 하나의 예로서 AngularJS 프로젝트[*2-4]의 프리픽스[*2-5]를 소개합니다. AngularJS 프로젝트에서는 커밋 메시지의 선두에 소정의 프리픽스를 포함하도록 가이드라인에 정의합니다.

표 2-2 | AngularJS 프로젝트의 프리픽스와 용도

프리픽스	용도
feat	신기능
fix	버그 수정
docs	문서만 변경
style	동작에 영향이 없는 변경 (공백, 포맷, 세미콜론 누락)
refactor	외부 동작은 변하지 않는 소스 코드 내부의 구조 정리
pert	성능 개선
test	테스트 추가, 기존 테스트의 수정
chore	빌드 과정 또는 문서 생성 등 보조 도구나 라이브러리의 변경

앞선 커밋 메시지의 예에서는 3개의 목적이 섞여 있었습니다. 목적을 의식해서 3개의 커밋으로 나눠, 프리픽스를 설정하면 다음과 같이 개선됩니다(그림 2-20).

프리픽스를 의식함으로써 목적별로 수정을 커밋하기 쉽게 되고 다른 목적을 섞

(*2-4)   AngularJS: 오픈소스 기반의 프런트엔드 웹 애플리케이션 프레임워크

(*2-5)   프리픽스: 접두사(Prefix). 선두에 부여하는 특정 문자열을 칭한다.

어서 커밋하는 것이 줄어듭니다. 수정의 목적을 정확히 쓰게 되어 커밋 이력을 알아보기 쉽게 됩니다. 또한 코드 리뷰가 수월해져 나중에 커밋 로그를 찾아보기 쉽게 되고 개발 효율이 개선됩니다.

다만 프리픽스를 정해 놓아도 의도가 전해지지 않으면 읽는 사람에게는 잡음이 되고 쓰는 사람도 커밋할 때 혼란스러워집니다. 어떤 프리픽스를 채용하고 있는지, 리포지터리의 README 파일이나 팀의 커밋 메시지 가이드라인에 명시해 둡시다.

그림 2-20 목적별로 커밋을 나눠 프리픽스를 부여한다

fix: 검색 결과의 표시순서가 이상한 문제를 수정
상품 검색 결과가 ID순서로 나열된 것을 가격순으로 표시되도록 수정. close#1217

style: lint 지적을 수정

docs: README의 이전 개발 환경에 관한 기재가 남아 있어서 수정

프리픽스는 텍스트 외에도 이모지로 표현하는 방법도 있습니다. 이모지와 의도가 'gitmoji'에 정리되었으니 참고해 주세요. 앞서 3개로 나뉜 커밋 메시지의 예에서 프리픽스를 이모지로 바꾸면 다음과 같습니다(그림 2-21). 이모지를 사용함으로써 수정의 목적이나 의도를 시각적으로 알기 쉽게 표현할 수 있습니다.

그림 2-21 | 프리픽스를 이모지로 변환

 검색 결과의 표시 순서가 이상한 문제를 수정

 lint 지적을 수정

 README의 이전 개발 환경에 관한 기재가 남아 있어서 수정

gitmoji는 CLI 도구에서도 제공되며 **gitmoji -c**로 커밋 작업을 진행하여 이모지 선택에 도움을 받을 수 있습니다. 또한 대화 형식으로 커밋 메시지를 작성해 주는 'Commitizen'이나 그 래퍼(wrapper)인 'git-cz' 같은 도구도 있습니다(그림 2-22). 읽는 사람을 배려한 커밋 메시지를 작성할 수 있도록 교정해 주는 도구입니다. 간혹 이 도구가 너무 과하다고 느끼는 분도 있으니 직접 사용해 보고 도입 여부를 결정하는 것이 좋을 것입니다.

그림 2-22 | git-cz의 사용 예

```
) git cz
? Select the type of change that you're committing: (Use arrow keys or type
to search)
)     test:        Adding missing tests
      feat:        A new feature
      fix:         A bug fix
      chore:       Build process or auxiliary tool changes
      docs:        Documentation only changes
      refactor:    A code change that neither fixes a bug or adds a feature
      style:       Markup, white-space, formatting, missing semi-colons...
(Move up and down to reveal more choices)
```

◆ 커밋 이력을 다시 쓰는 방법

P 커밋 이력을 다시 쓴다

'읽는 사람을 배려한 커밋 메시지를 작성한다', '커밋을 목적별로 나눈다'라는 포인트에 유의해도, 나중에 보면 합쳐야 하거나 분할해야 할 커밋이 종종 발견되곤 합니다(그림 2-23).

그림 2-23　시행착오로 엉망이 된 커밋

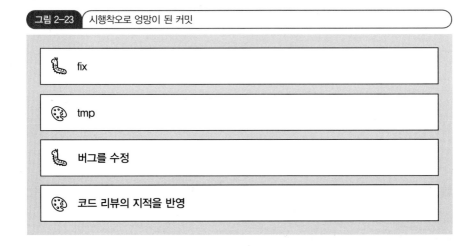

Git에서는 커밋 이력을 다시 쓸 수 있습니다. 조작법은 조금 까다롭지만 꼭 기억해 둡시다. 에디터에 따라서는 도구의 지원도 받을 수 있습니다.

1. 직전의 커밋을 수정: git commit --amend

'저장하지 않은 수정이 있었다', '사실은 테스트를 통과하지 못했다' 등 직전의 커밋을 수정하고 싶을 때 사용하며 조작법은 간단합니다. **git add** 한 후에 **git commit --amend**를 실행합니다. 그러면 직전의 커밋 메시지 편집 화면이 표시됩니다. 필요에 따라 커밋 메시지를 수정하고 커밋 작업을 완료합니다. 이렇게 직전의 커밋이 재작성됩니다(그림 2-24, 리스트 2-2, 리스트 2-3).

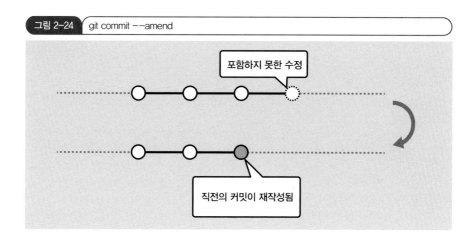

그림 2-24 git commit --amend

포함하지 못한 수정

직전의 커밋이 재작성됨

리스트 2-2 수정을 git add 한 후에 이어서 실행

```
〉 git commit --amend
```

리스트 2-3 커밋 메시지의 편집과 완료

```
1 README의 형식을 추가
2
3 # Please enter the commit message for your changes. Lines starting
4 # with '#' will be ignored, and an empty message aborts the commit.
5 #
6 # Date: Sun Jun 5 08:31:15 2022 +0900
7 #
8 # On branch master
9 #
```

2. 커밋 이력을 다시쓰기: git rebase --interactive

직전 커밋 이외의 이력을 다시 쓸 때는 **rebase** 명령에 **--interactive** 옵션(또는 단축형으로 **-i** 옵션)을 더해, 대화형 모드(interactive mode)에서 리베이스

(rebase, 재설정) 처리[2-6]를 실시합니다. **git rebase --interactive**에 이어 커밋 이력을 다시 쓰는 기점(HEAD-2나 커밋 해시값)을 부여함으로써 에디터가 기동하여 커밋을 어떻게 다시 쓸지 지시합니다(리스트 2-4, 리스트 2-5).

리스트 2-4 대화형 모드에서 리베이스 처리를 실시한다

```
> git log --oneline
833b305 (HEAD -> master) 테스트 방법을 기재
34000de 사용법을 기재
388885a 개요를 기재
f1bde27 README의 형식을 기재

> git rebase -i f1bde27
```

리스트 2-5 에디터에서 커밋 이력을 어떻게 재작성할지를 지시한다

```
1 pick 388885a 개요를 기재
2 pick 34000de 사용법을 기재
3 pick 833b305 테스트 방법을 기재
4
5 # Rebase f1bde27..833b305 onto f1bde27 (3 commands)
6 #
7 # Commands:
8 # p, pick <commit> = use commit
9 # r, reword <commit> = use commit, but edit the commit message
10 # e, edit <commit> = use commit, but stop for amending
11 # s, squash <commit> = use commit, but meld into previous commit
```

리베이스 처리에 사용하는 명령어는 다양하며 실행 중인 에디터에 코멘트로 설명이 있습니다. 커밋 이력의 변경 패턴은 어느 정도 정해져 있습니다. 우선 여러 용도로 사용되는 'edit/squash'를 기억해 두고 익숙해지면 다른 명령어를 사용해 보세

(*2-6)   리베이스 처리: 커밋 이력을 변경한다거나 다른 브랜치의 변경을 반영하는 조작

요. 커밋 순서를 바꾸는 것 또한 가능합니다. 에디터에서 커밋 순서를 변경하는 것
으로 그것이 지시로 됩니다(그림 2-25, 표 2-3).

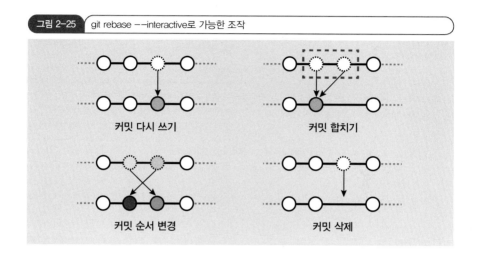

그림 2-25　git rebase --interactive로 가능한 조작

커밋 다시 쓰기　　커밋 합치기

커밋 순서 변경　　커밋 삭제

표 2-3　git rebase --interactive의 주요 조작 설명

명령어	의미
p, pick	커밋을 그대로 사용함
r, reword	커밋 메시지만 편집
e, edit	· 커밋 내용을 수정 · 리베이스 처리를 여기서 일시 정지시킴
s, squash	· 커밋을 직전 커밋과 합치기 · 커밋 메시지는 양쪽을 연결함
f, fixup	· 커밋을 직전 커밋과 합치기 · 커밋 메시지는 이전 것만 사용함
d, drop	· 커밋을 삭제 · 커밋의 행을 삭제해도 같은 효과가 있음

'사용법을 기재'와 '테스트 방법을 기재'의 커밋 순서를 변경하여 '테스트 방법
을 기재'의 커밋을 수정하려면 실행한 에디터에서 다음과 같이 재작성합니다. 그러
면 위에 열거된 커밋부터 순서대로 지정된 명령어에 따라 커밋 이력이 재작성됩니

다. 커밋을 수정할 때는 리베이스 처리가 일시적으로 정지됩니다. 따라서 커밋 수정을 정상적으로 마쳤으면 **git rebase --continue**로 리베이스 처리를 계속 진행합니다(리스트 2-6).

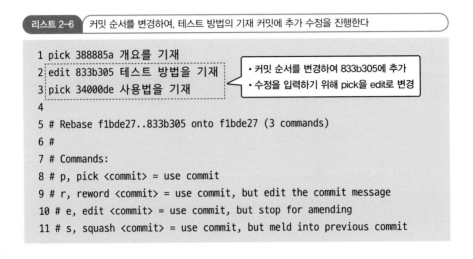

리스트 2-6 커밋 순서를 변경하여, 테스트 방법의 기재 커밋에 추가 수정을 진행한다

```
1 pick 388885a 개요를 기재
2 edit 833b305 테스트 방법을 기재       · 커밋 순서를 변경하여 833b305에 추가
3 pick 34000de 사용법을 기재            · 수정을 입력하기 위해 pick을 edit로 변경
4
5 # Rebase f1bde27..833b305 onto f1bde27 (3 commands)
6 #
7 # Commands:
8 # p, pick <commit> = use commit
9 # r, reword <commit> = use commit, but edit the commit message
10 # e, edit <commit> = use commit, but stop for amending
11 # s, squash <commit> = use commit, but meld into previous commit
```

3. 임의의 커밋에 수정을 추가: git commit --fixup=<commit>

대화형 모드의 리베이스는 다양한 커밋 이력을 재작성할 수 있지만, 목적에 따라 커밋 단위를 구분하는 것에 익숙해지면 '변수명 수정을 깜빡 잊어버렸다'와 같은 사소한 수정이 많아집니다. 사소한 수정을 위해 대화형 모드의 리베이스에서 매번 명령어를 입력하는 것은 번거롭습니다. 임의의 커밋에 추가 수정만 하는 것이라면 커밋에 **--fixup** 옵션을 추가하여 쉽게 리베이스 작업을 할 수 있습니다.

"388885a" -> "b425e66" -> "664ff1a"로 커밋 이력이 만들어진 상태에서 "b425e66"에 추가 수정을 하는 경우, 수정할 커밋 해시를 인수로 지정하여 커밋합니다.

```
$ git commit --fixup=b425e66
```

이 단계에서 "664ff1a"의 다음에 새로운 커밋 "e042b14"가 만들어집니다. 여기서 변경의 기점이 되는 커밋 해시("b425e66"의 직전이 되는 "388885a")를 **--autosquash** 옵션으로 지정해 리베이스를 실행하면 커밋 이력이 재작성됩니다.

```
$ git rebase --autosquash 388885a
```

변경 대상의 "b425e66"과 **--fixup**으로 만들어진 커밋 "e042b14"가 합쳐져 새로운 커밋 "34000de"가 되고, 그 다음의 커밋 "664ff1a"도 "833b305"로 바뀝니다(그림 2-26, 리스트 2-7, 리스트 2-8).

그림 2-26 git commit --fixup=⟨commit⟩

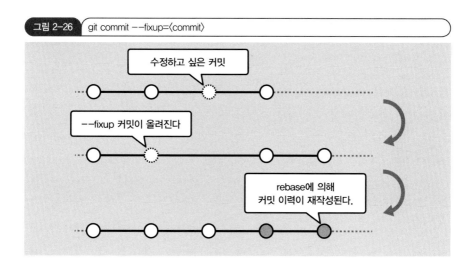

리스트 2-7 fixup을 사용해 b425e66의 커밋을 변경한다

```
> git log --oneline
664ff1a (HEAD -> master) 테스트 방법을 기재
b425e66 사용법을 기재
388885a 개요를 기재
f1bde27 README의 형식을 추가
```

```
〉 git commit --fixup=b425e66
[master e042b14] fixup! 사용법을 기재

〉 git log --oneline
e042b14 (HEAD -> master) fixup! 사용법을 기재
664ff1a 테스트 방법을 기재
b425e66 사용법을 기재
388885a 개요를 기재
f1bde27 README의 형식을 추가

〉 git rebase -i --autosquash 388885a
Successfully rebased and updated refs/heads/master.

〉 git log --oneline
833b305 (HEAD -> master) 테스트 방법을 기재
34000de 사용법을 기재
388885a 개요를 기재
f1bde27 README의 형식을 추가
```

리스트 2-8 | git rebase -i --autosquash 388885a로 표시되는 커밋 이력의 재작성 지시

```
1 pick b425e66 사용법을 기재 # empty
2 fixup e042b14 fixup! 사용법을 기재 # empty
3 pick 664ff1a 테스트 방법을 기재 # empty
4
5 # Rebase 388885a..e042b14 onto 388885a (3 commands)
6 #
7 # Commands:
8 # p, pick <commit> = use commit
9 # r, reword <commit> = use commit, but edit the commit message
10 # e, edit <commit> = use commit, but stop for amending
11 # s, squash <commit> = use commit, but meld into previous commit
12 # f, fixup [-C ¦ -c] <commit> = like "squash" but keep only the
previous
```

102

```
13 #                    commit's log message, unless -C is used, in
which case
14 #                    keep only this commit's message; -c is same as
-C but
15 #                    opens the editor
```

git의 **rebase.autosquash** 옵션을 **true**로 설정하면 **--autosquash** 옵션은 매번 지정할 필요가 없어집니다. 다음의 명령어를 실행하면 로컬 개발 환경에서 동작하는 Git 전체 설정으로 **autosquash** 옵션을 항상 사용하게 됩니다.

```
$ git commit --global rebase.autosquash true
```

여기까지 커밋 이력을 재작성하거나 합치는 방법을 소개했습니다. 커밋을 나누는 방법은 **git add -p**로 하나의 파일 안에서 수정을 선택적으로 커밋하는 수밖에 없습니다. 커밋을 합치는 것이 편하기 때문에 평소에 작은 단위로 커밋하는 습관을 들입시다(리스트 2-9).

메인 브랜치나 공동으로 이용하는 브랜치의 커밋 이력을 변경할 때는 필요한 커밋을 실수로 삭제하지 않도록 주의합시다. 그리고 커밋 이력의 변경 대상은 팀원들과 공유하기 전의 것으로 한정합시다.

```
> git add -p
diff --git a/index.html b/index.html
index 8569077..b0ad8d0 100644
--- a/index.html
+++ b/index.html
@@ -1,6 +1,6 @@
  <html>
    <body>
-     <h1>Agility Weave</h1>
+     <h1>애완용품의 온라인 판매 ¦Agility Weave</h1>
      <p>애완용품은 Agility Weave에서 구입해 주세요.</p>
    </body>
  </html>
(1/1) Stage this hunk [y,n,q,a,d,e,?]?
```

◆ 읽는 사람이 알기 쉬운 흐름으로 커밋을 배열한다

P 이야기처럼 커밋을 배열한다

개발할 때의 흐름 그대로 커밋을 쌓는 것이 아니라, 읽는 사람이 알기 쉬운 흐름
으로 재구성합니다. 그러면 커밋 단위로 코드 리뷰를 진행하기 쉽게 개선할 수 있습
니다 **2-14** . 커밋을 목적별로 나누어 읽는 사람에게 이야기처럼 들려주듯이 배열해
봅시다(그림 2-27).

'리팩터링[*2-7]을 실시하여 기능을 여러 차례에 걸쳐 추가했다', '기대하는 테스트
를 작성하고 버그를 수정하여 마지막에 리팩터링을 실시했다'와 같이 상대방에게
전달하고자 하는 수정의 흐름에 따라 커밋 이력을 배열합니다. 보고서나 설명문을

(*2-7)   리팩터링: 소프트웨어를 외부에서 봤을 때 움직임은 바꾸지 않고 내부 구조를 정리하는 것

작성할 때는 한국어로 이야기를 구성하고 내용을 정리하는 것이 좋습니다. 소스 코드의 수정도 마찬가지로 내용을 다듬어, 읽는 사람에게 무작위로 쌓여있는 커밋을 해석하게 하지 맙시다.

이 밖에도 일괄치환이나 도구에 의한 기계적인 수정은 구분하여 커밋하는 것이 좋습니다. 에디터나 도구를 이용한 형식 변경이나 변수 / 함수 / 문자열의 일괄치환은 수정 범위가 커지기 쉬우며, 이를 모두 코드 리뷰하는 것은 어렵습니다. 이런 수정의 커밋을 다른 중요한 커밋과 분리함으로써 해당 커밋의 리뷰를 생략할 수도 있습니다. 또한 기계적으로 수정한 도구 이름이나 변환 명령을 커밋 메시지나 풀 리퀘스트에 포함시키면, 도구에 의한 변환이나 명령 자체의 유효성 리뷰에 집중할 수 있습니다.

그림 2–27 이야기처럼 커밋을 배열한다

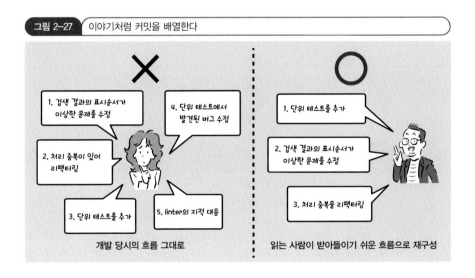

유 팀장님, 리뷰 부탁드립니다.

저도 이전에 리뷰 부탁드린 거 있어요!

저도...

시간이 부족해~

코드 리뷰는 유 팀장님 혼자 전부 봐야 되나요?

리더이기 때문에 한번 쭉 봐야 될 것 같아서요.

팀장님이 빼먹은 지적은 없나요?

음... 있을지도요.

일단 밥이라도 먹고 생각해 보죠.

네... 점심시간도 빼먹고 있었네요....

◆ 코드 리뷰의 목적

P 소스 코드의 공동 소유

필자는 코드 리뷰의 제일 큰 목적이 '소스 코드를 작성한 사람의 소유물에서 팀 공동 소유물로 전환한다' 2-15 라고 생각합니다. 소스 코드의 공동 소유는 '리포지터리(repository, 저장소)의 어떤 부분도 팀원 모두가 거부감 없이 수정할 수 있습니다. 또한 모든 소스 코드에 대한 책임은 전원이 진다'는 것을 의미합니다.

구성 관리 시스템이 진화하여 편리해지면서 코드 리뷰는 빈번하게 실시되게 되었습니다. 하지만 생각의 차이로 인해 의견 교환이 길어지고, 이로 인해 분위기가 나빠지거나 때로는 싸움으로 번지기도 합니다. '눈을 크게 뜨고 로직을 조사해 버그가 없는지 확인하는' 코드 리뷰를 실시하는 사람도 있지만, 코드 리뷰에서 버그를 찾는 것은 비용이 많이 드는 어려운 작업입니다. 또한 코드 리뷰에서 버그를 찾아내기 위해서는 높은 기술력이 필요하기 때문에 담당할 수 있는 사람들이 한정돼 있습니다. 그러한 사람에게 코드 리뷰가 집중되면 업무 부담이 가중되고 의도치 않게 리포지터리의 문지기가 되어 버릴 수 있습니다. 버그가 없는지 확인하고 싶다면 테스트 코드를 제대로 작성해야 합니다. 설령 테스트 코드를 작성하기 어려운 부분이라 하더라도, 개발자가 제대로 동작 확인을 해야 합니다.

그림 2-28 긍정적이고 건설적인 리뷰를 한다

건설적인 토론을 실시한다.　　　　　　　말싸움이 되어 버림

　소스 코드를 팀에서 공동 소유하려면 리더나 관리자 등 한정된 대표자만이 허가/승인하는 방식에서 벗어나야 합니다. 한정된 사람만이 허가/승인을 하면 책임 소재가 명확해진다든지, 책임자의 코드 리뷰 지적이 쉽게 통과된다든지, 의견이 나뉘어도 다툼이 적어집니다. 이것이 장점으로만 보일 수 있지만 사실은 양날의 검입니다. 팀이 '소스 코드는 책임자가 관리하는 것'으로 생각해 버리면 공동소유라고 말할 수 없습니다.

　사람이 아닌 소스 코드를 바라보는 의식이 중요합니다. '소스 코드의 이 부분이 좀 이해하기 어려웠다'라고 솔직하게 이야기하는 것이 좋습니다. 잘 모르는 설계나 기술이 도입됐을 때에도 팀으로써 함께 배우고 운영할 수 있도록 교육 및 학습의 기회로 활용해 갑시다.

Q&A 이해하기 어려운 소스 코드의 기준

루키 씨가 '이해하기 어려워요'라는 코멘트를 주셨는데요. 설계에 대한 이해가 부족하기 때문이라고 생각합니다.

 루키 씨에게 구두로 설명할 수 있는 기회를 만들면 어떨까요? 구두로 설명해도 좀처럼 이해하기 어렵다면 정말로 의도를 알기 어려운 코드일지도 모릅니다. 'The minutes explanation or refactor' `2-16` 에서 '10분 동안 설명해도 모른다면 리팩터링의 기회로 삼자'라는 아이디어가 소개되어 있습니다.

◆ 코드 리뷰의 실시 방법

코드 리뷰는 소스 코드를 읽고 지적 사항을 피드백하여 수정/개선하는 간단한 과정으로 구성되어 있지만, 고려해야 할 점과 고안할 수 있는 점이 몇 가지 있습니다.

P 코드 리뷰에도 적극적으로 참가한다

프로그래밍, 코드 리뷰, 테스트 모두 제품을 릴리스하기 위해 필요한 작업의 하나입니다. 코드 리뷰도 개발에 있어서 중요한 일이며, 코드 리뷰가 빨리 진행되면 그만큼 빨리 납품할 수 있는 가능성이 높아집니다. 전원이 리뷰어로서 코드 리뷰에 참여합시다.

또한 코드 리뷰는 성과물을 개선하는 프로세스지만 새로운 성과물을 만들어 내는 것은 아닙니다. 코드 리뷰에만 힘을 쏟는다고 해서 제품 가치가 향상되는 것은 아닙니다. 긍정적이고 건설적인 피드백을 주되, 지나치게 집착하여 너무 많은 시간을 쓰지 않도록 주의합시다. 코드 리뷰에서 주의해야 할 내용은 다음과 같습니다.

- 리뷰어(리뷰를 하는 사람, reviewer)가 코드 리뷰에 들이는 시간
- 병합의 승인에 필요한 리뷰어의 수
- 리뷰이(리뷰를 받는 사람, Reviewee)가 피드백을 바탕으로 소스 코드 개선에 투자하는 시간

109

- 리뷰어와 리뷰이의 정신적인 피로와 돌봄

P 소스 코드 전체를 보며 코드 리뷰를 한다

풀 리퀘스트에서 코드 리뷰를 진행할 경우 '수정한 소스 코드의 주변'도 보도록 합시다. 풀 리퀘스트는 수정한 소스 코드의 차이를 중심으로 한정된 범위가 표시됩니다. 풀 리퀘스트에서 보여지는 범위에서 문제가 없어 보여도 조금 범위를 넓혀서 보면 수정이 잘못됐다는 것이 보이는 경우도 있습니다. 수정 후의 소스 코드를 로컬 개발 환경에 표시하고 주변의 소스 코드와 함께 확인합시다. 에디터와 Git 호스팅 서비스를 연결하여 풀 리퀘스트를 에디터에서 표시하고 코멘트를 적는 도구가 있습니다(표 2-4). 반대로 Git 호스팅 서비스 위에서 에디터를 기동할 수 있는 'GitHub Codespaces' 같은 서비스도 있습니다. 에디터의 기능을 활용하여 소스 코드 전체를 보면서 코드 리뷰를 합시다.

표 2-4 에디터와 Git 호스팅 서비스의 연계 도구

에디터	Git 호스팅 서비스	도구 이름
Visual Studio Code	GitHub	GitHub Pull Requests and Issues
Visual Studio Code	GitLab	GitLab Workflow
IntelliJ Idea	GitHub	GitHub Plugin
IntelliJ Idea	GitLab	GitLab Merge Requests Plugin

P 리뷰어는 그룹에 배정

리뷰어를 결정할 때는 다음과 같은 이유로 소정의 규칙을 바탕으로 결정하거나 팀원들 중에서 몇 명을 무작위로 선택하여 배정하는 경우가 있습니다.

- 리포지터리에 소유주 / 기술책임자 / 책임 팀이 있다
- 코드 리뷰의 양이 많기에 전원이 분담하고 싶다
- 코드 리뷰를 의뢰해도 보지 않는 사람이 많다
- 항상 같은 사람이 담당하기 때문에 담당을 자동으로 결정하고 싶다

무작위로 리뷰어를 결정하면 책임을 명확히 할 수 있어서 언뜻 보기에는 효과적입니다. 그러나 다음과 같은 단점이 있습니다. 담당자의 상황에 따라 코드 리뷰를 수행하므로 며칠을 기다려야 할 수도 있습니다. 담당자가 큰 작업을 하고 있거나 다른 일정이 잡혔을 수도 있습니다. 더군다나 담당이 아닌 팀원은 적극적으로 리뷰하려고 하지 않을 것입니다.

납기를 단축하려면 작업에 여유가 있는 팀원이 적극적으로 코드 리뷰를 실시하는 것이 바람직합니다. 팀이나 그룹에서 리뷰 담당을 배정할 수 있다면 담당자를 명확히 할 수 있지만 코드 리뷰를 실시하는 사람이 한정되므로 주의합시다. 코드 리뷰를 하지 않는 사람이나 바쁘다는 이유로 거절하는 사람을 설득하며 다니는 것보다 WIP 제한을 설정하는 것이 효과적입니다. 코드 리뷰를 하지 않으면 다음 프로그래밍을 시작하지 못하도록 규칙을 정해 모두가 협력해 끝내는 분위기를 조성합시다.

P 코드 소유주의 설정

리포지터리에 소유주나 책임자가 있어 특정한 누군가의 코드 리뷰가 필수라면 Git 호스팅 서비스의 기능을 사용할 수 있습니다. 예를 들어 GitHub에서는 'CODEOWNERS'라는 파일을 사용하여 브랜치를 병합할 때의 체크 항목에 코드 소유자의 리뷰를 필수항목으로 설정할 수 있습니다. 프로그래밍 언어나 디렉터리 패스(시스템의 기능)별로 담당을 변경할 수도 있습니다. 자세한 사용법은 GitHub의 문서 **2-17** 를 참조하세요.

◆ 도구로 할 수 있는 지적은 도구에 맡긴다

P linter, formatter의 활용

도구로 발견할 수 있는 지적은 도구에 맡기고, 도구로 지적할 수 없는 관점에 리뷰어의 시간을 사용합시다. 소스 코드를 해석해서 가이드라인에 맞는지를 지적해주는 정적 해석 도구(linter)와 소스 코드의 포맷을 맞춰주는 포매터(formatter)는 여러 프로그래밍 언어나 도구에 존재합니다. 현장에서 사용하는 프로그래밍 언어나 도구에 맞춰 도입합시다. 참고로 이 책에는 주로 사용되는 도구를 표로 정리했습니다(표 2-5, 표 2-6).

GitHub Actions에서 제공되는 여러 linter의 모음인 'super linter'에서는 위에서 소개한 것보다 더욱 많은 linter가 지원되고 있습니다. 프로그래밍 언어나 도구에 따라서는 더 좋은 것들이 등장해서 주류가 바뀌기도 합니다. 소개한 것은 이 책의 집필 시점에서의 한 예로 참고로 사용해 주세요.

linter와 formatter를 도입할 때의 과제

linter와 formatter는 편리한 도구지만 도입할 때는 다음 사항을 고민하게 됩니다.

- linter / formatter의 설정을 어떻게 결정하면 좋을지 모르겠다
- 처음 도입할 때는 대규모의 소스 코드 변경이 발생한다
- 도구를 실행하는 것을 잊어버린다

먼저 linter / formatter의 설정을 어떻게 결정할까입니다. linter와 formatter는 정해진 가이드라인에 따라 동작하며, 도구에서 규정한 설정 파일 등을 통해 그 동작을 세세하게 커스터마이징할 수 있습니다. 그러나 자신들이 처음부터 가이드라인을 만드는 것은 대부분의 경우 불가능합니다. 도구의 기본 설정이나 널리 공개된 가이드라인은 커뮤니티나 기술력을 가진 기업이 비용을 들여 작성한 것이며 그것보다 더 좋은 것을 스스로 작성하는 것은 힘듭니다. 다소 마음에 들지 않는 점이 있더라도 기존 설정을 바탕으로, 정말 맞지 않는 것만 제외하거나 비활성화하여 사용하면 됩니다.

다음으로 소스 코드에 도구를 처음으로 적용한 결과, 소스 코드의 상당 부분이 변경되는 문제도 있습니다. 도구를 나중에 도입하는 것은 힘들기 때문에 개발의 맨 처음부터 참여하는 경우에는 도구를 먼저 도입합시다.

프로그래밍 언어별 linter와 formatter

프로그래밍 언어	linter	formatter
C++	cpplint / clang—tidy	clang—format
C#	StyleCopAnalyzer / Roslyn Analyzer	dotnet—format
Go	golangci—lint · Staticcheck · go vet · revive	go fmt / go imports
Java	checkstyle	google—java—format
JavaScript / TypeScript	ESLint	Prettier
Kotlin	ktlint	ktlint
PHP	PHP CodeSnifer / PHP Mess Detection	PHP Coding Standards Fixer
Python	flake8 · pycodestyle · pyflakes	black / yapf / isort
Ruby	RuboCop	RuboCop
Swift	SwiftLint	swift—format

그 외의 linter와 formatter

대상	linter	formatter
CSS	stylelint	prettier
Dockerfile	hadolint	dockfmt
HTML	HTMLHint	prettier
Markdown	markdownlint	prettier
Protocol Buffers	buf	buf / clang—format
Shell	Shellcheck	shfmt
SQL	sql—lint / sqlfluff	sqlfluff
Terraform	tflint	terraform fmt
YAML	yamlfmt	yamlfmt
자연언어	textlint	—

아키텍처 결정	ArchUnit / ArchUnitNet / deptrac / arch-go	-
접근성	ASLint	-
비밀 키	git-secrets / secretlint	-
취약성	trivy	-

그러나 대부분은 기존의 리포지토리에 도중부터 넣는 경우가 많을 것입니다. 대규모의 소스 코드를 변경할 때 다음과 같은 검토 사항이나 우려가 발생합니다.

1. 도구의 적용 결과를 어떻게 코드 리뷰 할지 막막하다
2. 도구의 지적은 맞지만, 바로 수정할 수 없는 것들도 있다
3. 소스 코드의 변경 이력 추적이 어려워진다

1.은 도구의 보급률이나 과거 사용경험을 바탕으로 결정합니다. 일부만 골라서 확인하고 나머지는 도구를 신뢰해 변경하는 대응은 흔히 있는 일입니다. 2.는 대부분의 도구에서 특정 규칙을 제외한다든지, 소스 코드의 특정 부분을 무시하는 기능이 있으니 이를 활용합시다. 3.은 git에서 행별로 최종 갱신을 확인하는 **git blame** 명령의 결과가 도구에 의해 변경으로 덮어 쓰여져 작동하지 않기 때문에 발생합니다. 사실 **git blame**에는 특정 커밋을 제외하고 최종 갱신을 확인할 수 있는 기능이 있어 이를 통해 해결할 수 있습니다. 사용법은 **.git-blame-ignore-revs** 파일에 제외할 커밋 해시를 기재하면 됩니다. GitHub에서도 같은 방식의 대응이 들어가 있어서 과거에 도구를 도입해 이력을 추적할 수 없게 된 리포지터리라도 나중에 대처할 수 있습니다(그림 2-29, 그림 2-30).

그림 2-29 .git-blame-ignore-revs 파일의 기재

```
#.git-blame-ignore-revs
#formatter 도입으로 자동변환에 의한 수정 커밋
13dd1269eb70ee03a4f86b981473988b6633cc2
#linter의 규칙 변경에 따른 일괄 변환 커밋
73faefa1d487f44bace5a0b8e04dd9b32b17bd9
```

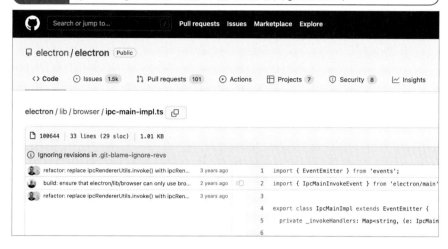

마지막으로 도구의 실행을 잊어버리는 문제입니다. 지속적 통합(CI)이나 커밋을 할 때 혹 스크립트로 도구를 실행할 수도 있지만, 먼저 에디터나 IDE로 파일을 저장할 때 linter나 formatter가 자동으로 실행되도록 설정합시다. 이 설정은 처음에 한번만 하면 계속해서 쓸 수 있습니다. 팀원 모두가 쓸 수 있도록 개발 초기나 새로운 팀원이 합류한 직후에 설정해 주세요. 에디터와 도구의 조합에 따라서는 확장 기능이나 플러그인 설치만으로 끝납니다.

linter / formatter와는 조금 틀린 역할이지만, 문자 코드나 줄바꿈 코드, 들여쓰기 등 보다 범용적인 형식을 통일시키는 것이 목적인 'EditorConfig'라는 도구도 있습니다. EditorConfig는 리포지터리에 **.editorconfig** 파일을 배치하는 것만으로 설정됩니다. 대부분의 에디터, IDE에 대응되기 때문에 개발 초기에 설정해 둡시다.

P   도구의 출력 결과를 풀 리퀘스트에 코멘트한다

linter의 실행 결과를 바탕으로 풀 리퀘스트에 자동으로 코멘트를 적어주는 'Danger JS'나 'Reviewdog' 같은 도구도 있습니다. 도구를 사용함으로써 자동과 수동의 코드 리뷰 결과를 합쳐 풀 리퀘스트 위에 통합할 수 있습니다.

◆ 작업을 확인할 수 있는 자리를 조기에 마련한다

P 프로그래밍의 시작과 동시에 풀 리퀘스트를 만든다

　프로그래밍 시작 단계부터 소스 코드를 공유하고 작업을 확인하는 자리를 마련해 봅시다. 그러면 인식의 차이를 방지할 수 있고 소스 코드를 보면서 그때그때 상의하거나 토론할 수 있게 됩니다. 프로그래밍 시작 전에 방침을 논의했더라도 다른 사람에게 작업을 공유하는 과정이 늦어질수록 인식의 차이가 생기므로 주의합시다 (그림 2-31).

| 그림 2-31 | 작업이 확인되지 않으면 모두 자신만의 상상을 이야기한다 |

　완성의 이미지, 작업의 진행상황의 인식, 체크 항목의 대응상황 등 프로그래밍 중에 주의해야 할 점은 여러 가지가 있습니다. 작업이 수시간에서 반나절 정도에 끝난다면 문제 없을지도 모르겠지만, 수일 단위가 되면 작업이 끝난 후에 확인해서는 지적이 늦어집니다. 작업 중의 상황이라도 확인할 수 있는 자리를 조기에 준비하도록 합시다(그림 2-32).

풀 리퀘스트를 사용해 작업을 확인할 수 있는 자리를 마련한다 해도, 풀 리퀘스트는 뭔가 수정 차이(커밋)이 없으면 작성할 수 없습니다. 그러나 Git에서 커밋할 때 **--allow-empty**를 인수에 붙이는 것으로 파일을 수정하지 않고 '빈(empty)' 커밋을 만들 수 있습니다. 이 빈 커밋을 사용해 프로그래밍을 시작하기 전부터 풀 리퀘스트를 준비할 수 있습니다(그림 2-33).

그림 2-32 작업을 확인할 수 있는 자리를 조기에 마련한다

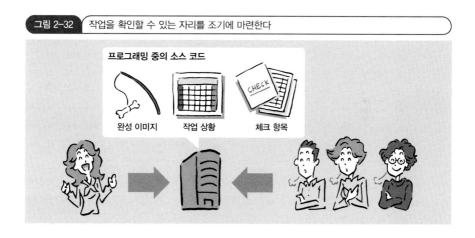

그림 2-33 프로그래밍의 시작과 동시에 풀 리퀘스트를 만든다

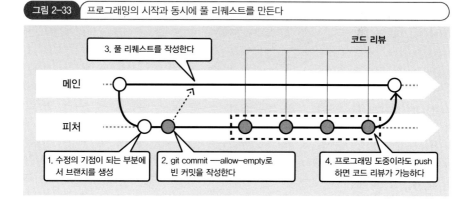

117

P 부모 브랜치를 사용한 코드 리뷰와 병합

빈 커밋을 사용해 풀 리퀘스트를 조기에 작성하는 기법은 여러 사람이 협력하는 개발에서 메인 브랜치에 병합을 일괄적으로 처리하고 싶을 때에도 사용할 수 있습니다. 최초에 부모 브랜치를 빈 커밋으로 준비하고, 부모 브랜치에 대한 작은 풀 리퀘스트를 만들어 코드 리뷰의 단위를 작게 나눌 수 있습니다. 차이값이 크거나 단위가 큰 풀 리퀘스트에서는 코드 리뷰도 힘들기 때문에 작은 단위로 나누어 수정하는 방법을 기억해 두는 것도 좋습니다. 메인 브랜치에 병합을 하나로 합침으로써 나중에 병합을 취소하게 되었을 때도 도움이 됩니다(그림 2-34).

| 그림 2-34 | 부모 브랜치를 사용한 코드 리뷰와 병합의 흐름 |

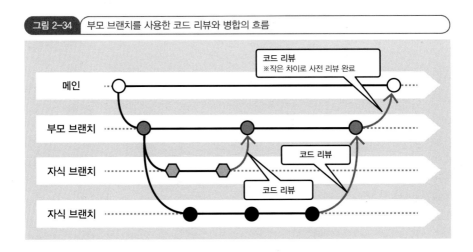

◆ 건설적인 커뮤니케이션을 위한 마음가짐

코드 리뷰는 소스 코드를 더 좋게 하기 위한 작업입니다. 설계나 기술의 바람직한 형태에 대한 건설적인 논의를 쌓아가기 위해서는 몇 가지 주의점이 있습니다.

P 리뷰어 혹은 리뷰이를 이해시키려는 노력

리뷰어와 리뷰이 모두 자신이 생각하는 것을 정중한 언어로 전달하기 위해 노력해야 합니다. 생각하는 것을 서로 소통하지 않으면 아무리 대화를 해도 의견이 합쳐지지 않습니다.

이를 위해 리뷰어는 리뷰이에게 이해할 수 있게 피드백을 합시다(그림 2-35). '지적을 해야 한다'는 강박 때문에 코드 리뷰가 부담스럽다면, 소스 코드를 읽고 느낀 점을 솔직히 전달하는 것부터 시작해 봅시다. 읽기 어렵거나 의도를 잘 모르겠는 소스 코드가 있다면 '이 부분은 읽기 어려워요', '이 부분은 잘 모르겠어요'라고 솔직하게 말해 보세요. 혹은 '좋아요', '한 수 배웁니다', 'LGTM(좋은 것 같아요)' 같은 긍정적인 피드백을 주는 것도 좋습니다. 리뷰를 긍정적인 분위기로 만드는 데 도움이 될 것입니다. 만약 피드백으로 지적한 내용이 상대방에게 잘 전달되지 않았다면 다른 표현법을 사용해 봅시다. 이때 '상대방이 기술에 대한 이해가 부족해서 내 피드백을 이해하지 못한다'는 등의 표현으로 상대방을 비난하지 않도록 주의합시다.

그림 2-35   리뷰어가 리뷰이에게 소통하려는 노력

리뷰이도 현재의 작업 상황이나 자신의 생각을 리뷰어에게 표현합시다(그림 2-36). 프로그래밍 도중에 코드 리뷰를 받는 경우에는 아직 프로그래밍 도중인 것을 알리세요. 풀 리퀘스트 제목에 WIP(Work In Progress)를 포함하여 작업 중임을 표시하거나, GitHub와 같이 특정 풀 리퀘스트에 대해 드래프트(draft) 상태임을 표시할 수 있는 Git 호스팅 서비스도 있습니다.

그림 2-36 | 리뷰이가 리뷰어에게 소통하려는 노력

Ⓟ 풀 리퀘스트 템플릿

코드 리뷰에서 확인 받고 싶거나 우려되는 점이 있다면 미리 알려줍시다. 풀 리퀘스트의 설명란에 적거나 풀 리퀘스트에 소스 코드에 대한 코멘트를 작성할 수도 있고, 풀 리퀘스트 템플릿을 정비하여 요청 사항을 적을 수도 있습니다(그림 2-37).

그림 2-37 | 풀 리퀘스트 템플릿 사용

```
[GitHub의 예]
.github/pull_request_template.md

# 부탁하고 싶은 리뷰의 관점
<!-- 필요한 것을 남겨주세요 -->
- 스타일 및 템플릿 변경 사항이 있다는 것을 공유
- 컴포넌트 설계
- 상태 관리 및 데이터 설계
- 구현 내용에 대한 조언을 원합니다

<!-- 그 밖에 확인해 주길 원하는 곳, 이렇게 보면 보기 편하다 등이 있으면 적습니다 -->

# 고민하고 있는 포인트
<!-- [optional] -->
<!-- 코드가 마음에 들지 않고 상담하고 싶은 점 등이 있으면 작성 -->

# 리뷰 실시의 긴급도
<!-- 필요한 것을 남겨주세요 -->
- XX/XX에는 승인까지 받고 싶습니다
- 비즈니스 요구 사항으로 인해 서두르고 있습니다
- 시책이니 최대한 빨리 봐주셨으면 좋겠습니다
- 다른 작업을 막고 있기 때문에 빨리 보고 싶어요
- 개발 프로세스 개선에 서두르지 않습니다
```

Ⓟ 협업 작업으로 소스 코드 개선

코드 리뷰는 리뷰어가 리뷰이에게 작성한 소스 코드를 일방적으로 비평/평가/승인하는 것이 아니라, 양자가 협력/협업하여 소스 코드를 개선하는 작업입니다. 비평/평가/승인 의식이 있으면 리뷰어의 지적은 소스 코드가 아닌 상대(리뷰이) 개인에 대한 지적이 되기 쉽습니다. 다음은 협업 작업에서 소스 코드를 개선하는 의식을 키우기 위해 리뷰어가 피해야 할 행동입니다.

- 불명확한 표현
- 거친 말투
- 개인에 대한 공격이나 비난
- 기타 상대방이 코드 리뷰를 받고 싶지 않게 만드는 행동

이러한 행동이 코드 리뷰에서 취해지면 리뷰이의 심리적 부담을 가중시키고, 코드 리뷰에 소요되는 시간도 길어지게 됩니다.

그렇다고 해서 지적을 하지 말라는 의미는 결코 아닙니다. 코드 리뷰를 가볍게 하는 것은 아무런 도움이 되지 않습니다. 건설적인 제안이라고 상대방이 받아들이게 하려면 주장의 근거와 배경을 제대로 제시하는 것이 좋습니다. 막연하게 '이 소스 코드 작성 방식이 좋다'고 말하는 것보다 '이 부분은 코딩 규칙을 따르지 않았다' 또는 '읽기 쉬운 소스 코드를 설명한 이 책에 따르면…'이라고 구체적으로 말해야 합니다.

또한 잘못된 소스 코드를 지적할 때 구체적인 수정안을 제시하면 좋습니다. Git 호스팅 서비스에 따라서는 풀 리퀘스트의 댓글로 수정안을 제시하는 기능이 제공되어 리뷰이가 버튼 하나만 누르면 수정 사항을 반영할 수 있습니다.

누가 보더라도 불명확하거나 딱딱하게 느껴지는 표현이 있는 반면, 사람에 따라 받아들이는 방식에 차이가 있을 수 있습니다. 리뷰어에게 그런 의도가 없더라도 상대방에게 상처를 주거나 불안하게 만들 수도 있습니다. 피드백은 가능한 정중하게, 설명을 생략하지 않도록 주의해야 합니다.

Ⓟ 코드 리뷰 방식 재검토

한 번의 코드 리뷰에서 수십 개의 지적 사항이 나오고, 아무리 정중하게 대화를 나누어도 리뷰이에게 압박감을 줄 것 같다면, 한 번에 진행하는 코드 리뷰의 분량을 재검토하는 것이 좋습니다. 코드베이스[*2-8]에 대한 이해와 익숙함, 리뷰어/리뷰이의 기술 수준에 따라 적절한 코드 리뷰의 규모는 달라집니다. 코멘트가 많고, 리뷰가 잘 수렴되지 않을 것 같다면, 코드 리뷰를 작은 단위로 나눠서 진행할 수 있을지 검토해 보시기 바랍니다.

또는 리뷰어와 리뷰이가 나란히 앉아서 (또는 원격으로 얼굴을 맞대고) 동시에 리뷰를 진행하는 것도 부담을 더는 데 도움이 됩니다. 코멘트의 의도가 전달되지 않은 부분을 쉽게 파악할 수 있고, 전달 방식을 바꿔 대응할 수 있습니다. 코멘트의 교환이 계속되어 코드 리뷰가 장기화되는 경우에도 동기식 코드 검토를 시작하기에 좋은 타이밍입니다. 코드 검토가 장기화되는 징후는 다음과 같은 것들이 있습니다.

- 코멘트가 일정 수 이상일 경우
- 지적을 받고 수정한 커밋 수가 일정 수치를 넘었다
- 풀 리퀘스트가 생성된 후 일정 기간이 경과했다

Ⓟ 코멘트에 피드백의 뉘앙스 포함하기

코드 리뷰에 올라오는 코멘트는 꼭 고쳐야 하는 것부터 사소한 지적, 리뷰어가 느낀 애매한 점 등 다양합니다. 코드 리뷰는 모든 코멘트와 지적에 대응할 필요는 없습니다.

코멘트에 피드백의 뉘앙스를 담아두면 피드백을 받는 사람이 대응 여부를 판단할 수 있습니다. 코드 리뷰에서 짧은 단어를 접두어로 부여하여 느낌을 담는 경우가 많습니다. 다음은 자주 사용되는 단어와 그 의미를 정리한 것입니다(표 2-7).

(*2-8)   코드베이스(codebase)는 특정 소프트웨어를 빌드하기 위해 사용되는 소스 코드의 모임입니다. 일반적으로 코드베이스는 사람이 쓴 소스 코드 파일만 포함합니다.

코드 리뷰에서 자주 사용하는 단어와 의미

단어	원래 단어	의미
ASK	–	질문
FYI	For Your Information	참고 정보
IMO	In My Opinion	개인적인 의견
IMHO	In My Humble Opinion	정중한 IMO
LGTM	Looks Good To Me	좋다고 생각한다
MUST	–	반드시 수정해야 할 것
NIT / NITS	pick nits	세세한 부분이지만
PTAL	Please Take Another Look	다시 한번 확인해 주세요
SHOULD	–	수정해 주세요
TYPO	–	맞춤법 오류
WIP	Work In Progress	진행 중

◆ 코드 리뷰 코멘트가 생각나지 않는 상태를 극복하는 방법

'풀 리퀘스트의 댓글이 생각나지 않는다'고 말하는 사람들이 있습니다. 주된 이유는 다음과 같습니다.

- 새로운 회사에 입사
- 새로운 팀으로 옮겼다
- 기술/도메인(시스템 적용 대상 사업영역이나 업무)에 대해 잘 알지 못한다

모두 '도메인에 익숙해지면 금방 코멘트를 달 수 있을 것'이라고 생각하지만, 실제로는 3개월이 지나도, 6개월이 지나도 코멘트를 달지 못하는 경우가 있습니다. 반면, 입사한 지 얼마 되지 않았거나 팀을 옮긴 지 얼마 되지 않았는데도 적극적으로 코멘트를 달아주는 사람도 있습니다. 기술/도메인에 대해 잘 모른다는 것은 표면적인 이유일 뿐이고 실제로는 자신감이 없다, 지적을 받을까 두렵다, 자신의 기술 부족이 알려질까 두렵다는 배경이 있는 것 같습니다.

코드 리뷰에서 직접적인 커뮤니케이션을 피하고, 다른 사람들이 풀 리퀘스트를 통해 주고받는 모습을 훔쳐보며 따라잡는 방식으로는 얻을 수 있는 기술이나 도메인 지식이 제한적일 수밖에 없습니다. 팀 입장에서는 약간의 교육이나 설명의 부담이 있더라도, 합류한 초기 단계부터 적극적으로 코멘트를 해 주고, 빨리 개발에 익숙해지고 도메인을 익히기를 원할 것입니다.

🅿 질문을 통해 배우는 자세를 가져라

질문을 통해 끊임없이 배우는 자세를 가져야 합니다. 실수해도 용납하는 환경임을 믿고, 자신의 부족한 점을 드러내는 것에 대한 두려움을 극복하고 적극적으로 질문합시다. 그렇게 함으로써 더 빠른 피드백과 배움을 얻을 수 있습니다. 가르치는 쪽도 질문의 교환을 통해 어떤 부분을 모르는지 이해하고, 상대방의 지식과 이해도에 맞춰 지원할 수 있습니다. 조기에 피드백을 받고 배우는 것이 본인에게도, 팀과 회사에도 도움이 될 것입니다.

한편, 정신적 불안이나 두려움이 없어도 리뷰의 코멘트가 생각나지 않는 경우도 있습니다. 다른 사람의 코멘트를 보고 이해와 공감은 할 수 있지만, 자신이 먼저 코멘트를 작성할 수 없는 상태입니다. 다른 사람보다 코멘트 작성 속도가 느린 것이 아니라, 시간을 들여도 코멘트를 작성해야 할 관점을 찾지 못하는 것이 특징입니다. 필자는 이 문제를 좋은 설계나 좋은 프로그래밍에 대해 생각하는 습관이 없기 때문이라고 생각합니다. 이런 사람들은 다음 조건에 해당되는 경우가 많습니다.

- 전통적인 코드베이스로, 어디에 어떤 처리를 할 것인지 정해져 있다
- 좋은 설계로 개선하는 습관이 개인이나 팀에 없다
- 본인이 작동하는 프로그램을 작성하느라 좋은 설계를 생각할 여유가 없다
- 설계를 지속적으로 개선할 수 있는 기술력이 부족하다

어떤 기능을 추가하거나 수정하는 데 정답이 하나만 있는 것은 아닙니다. 중복되거나 복잡하거나 애매하게 느껴지는 처리나 설계를 감지하고, 이를 불편하다고 표현하는 것부터 시작합시다. 혼자서 개선까지 할 수 있는 기술력은 없더라도 코드 리

뷰의 상호작용을 통해 아이디어를 찾을 수 있을지도 모릅니다. 만약 아이디어만이라도 발견할 수 있다면 소스 코드를 개선할 수 있는 계기를 만들었다고 볼 수 있고, 그것이 기여가 될 수 있습니다. 그렇지 않더라도 팀에서 논의할 수 있는 계기를 만들 수 있다면 충분히 공헌했다고 할 수 있습니다.

이처럼 소스 코드나 대상 시스템을 몰라도 공헌할 수 있는 방법이 있습니다. 적극적으로 코드 리뷰에 참여하여 전달할 수 있는 피드백이 있는지 찾아봅시다. 오랫동안 같은 소스 코드를 다루다 보면 관점이 편향되어 잘 보이지 않는 부분이 생길 수 있습니다. 팀에 새로 합류한 사람의 피드백은 언제나 소중하고 귀중한 것입니다.

개발은 소스 코드 작성 외에도 다음 작업들을 포함합니다.

- 개발의 진행 방법을 고민한다
- 작업의 분담을 생각한다
- 설계를 생각한다
- 개발환경을 구축한다
- 소스 코드를 리뷰한다
- 테스트 항목을 생각한다
- 테스트를 실행한다

혼자서 작업하다 보면 모르는 부분에서 막히거나 집중력이 떨어지기 십상입니다. 반면에 여러 사람이 함께 작업하면 자주 소통하면서 모르는 것을 배울 수 있고 작업 속도가 빨라집니다. 또한 항상 결과물을 리뷰하면서 개발하기 때문에 리뷰가 필요 없어지고 리뷰 대기나 리뷰 후에 수정작업 또한 필요 없어집니다. 여러 사람이 각각 작업을 진행하는 것보다 협력해서 하나씩 작업을 끝내는 것이 효율이 좋을 수도 있습니다. 주니어 엔지니어나 도메인에 익숙하지 않은 사람에게 교육의 기회가 되기도 하고 여러 사람이 각각 하나의 작업을 완성하면 달성감이나 즐거움이 비교할 수 없을 정도로 커집니다.

반면 '여러 사람이 하나의 작업을 하는 건 효율이 나쁠 것 같고 작업 성과물도 줄어들 것 같아 매니저로서는 받아들이기 힘들어'라는 말도 자주 듣습니다. 그러나 병행 작업을 효율적으로 진행하더라도 그 다음 단계에서 성과물의 통합이나 동기에 의외로 시간이 소요됩니다. 여러 사람이 같이 작업하면 분담/통합/동기의 시간이 불필요하기 때문에 플로우 효율이 높아져 변화하는 비즈니스 환경에 빠르게 대응할 수 있을지도 모릅니다. 먼저 실험적으로 시작해 봅시다.

◆ 하나의 사용자 스토리에 많은 관계자를 끌어들인다

P 스워밍(Swarming)

최우선으로 해야 할 일이나 과제에 대해 관계자 모두가 하나 되어 협력하는 것을 '스워밍'이라고 부릅니다(그림 2-38). 작업을 분담하거나 팀 외부에도 협력을 부탁하여 더 빨리 끝낼 수 있는 수단이 있는지 생각합니다.

그림 2-38 　스워밍

　　예를 들어 두 팀이 어떤 개발을 협력해서 진행한다고 합시다. 가장 중요한 작업이 늦어졌을 때 기술적인 어려움에 직면했을 때 다른 한 팀이 진행 중인 작업을 멈추고 도와주면 상황이 개선될 수 있습니다. 어려움을 겪는 팀에 도와줄 사람을 보낸다든지, 작업에 참가하는 사람을 늘린다든지, 작업의 분담이나 진행 방법을 수정한다든지, 여러 해결책을 동시에 시도한다든지 등 먼저 끝내야 할 작업을 조금이라도 빨리 끝낼 수 있는 방법을 여러 가지 생각할 수 있습니다. 스워밍은 하나의 중요한 사용자 스토리에 팀의 시선을 맞춰 팀 전체가 집중해서 작업할 수 있는 기법입니다. 팀원들에게 있어서는 진행 중인 작업을 중단하고 빠르게 도와주는 것이 구체적인 행동이 됩니다. 스워밍을 추진하기 위해서는 하나의 우선할 개발 작업에 집중할 수 있는가에 주의하는 것뿐만 아니라 개인의 성과보다 팀의 성과를 최대화하는 것에 대해 평가하고 중요시하는 마음가짐도 필요합니다.

　　스워밍을 실시할 시기는 일상적인 개발에서도 많이 보여집니다. 예를 들어 4명이 두 개의 사용자 스토리를 병행해서 개발할 때 각각의 사용자 스토리를 두 명씩 담당한다고 합시다. 그림 2-39의 왼쪽에서 제일 우선할 사용자 스토리의 진행 상황이 좋지 않고 당초 계획보다 완료 시기가 늦어질 것으로 예상됩니다. 그래서 그림

2-39의 오른쪽에서는 두 번째로 우선하는 사용자 스토리를 담당하던 한 명이 제일 우선하는 사용자 스토리의 개발을 도와주는 형태로 했습니다. 그 결과 두 번째로 우선하는 사용자 스토리의 완료 예정이 연장되었지만 제일 우선할 사용자 스토리는 완료까지의 예상 시간을 줄일 수 있습니다. 팀이 최우선의 사용자 스토리에 주력하고 있는지 또는 더 좋은 개발의 진행 방법이 있는지 고려하여 스워밍의 기회를 발견합니다.

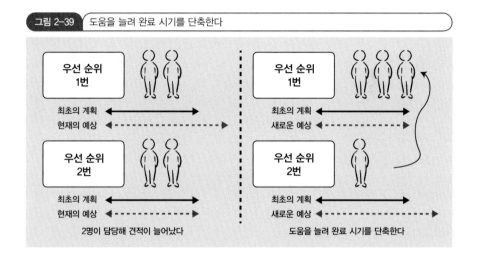

그림 2-39   도움을 늘려 완료 시기를 단축한다

이외에도 스워밍은 다음 상황에서 이용할 수 있습니다.

- 아키텍처 설계나 테스트의 고민을 여러 사람들의 티켓에 투고해서 상담한다
- 새롭게 참가한 팀원의 작업환경을 함께 구축한다

반면, 스워밍으로 작업을 하고 있을 때 어느 시점에서는 단독작업으로 변환하는 것이 효율이 좋아질 수 있습니다. 맹목적으로 스워밍에만 집착하지 말고 어느 쪽이 알맞을지 확인하고 판단하는 것이 필요합니다. 단독작업 쪽이 좋을 경우에는 스워밍에서 진행하던 작업을 한명에게 위탁하고 다른 팀원은 다른 작업을 스워밍으로 도와줄 수 있는지 검토합니다. 스워밍을 중단하고 단독작업으로 변환하는 시기는 다음과 같은 관점에서 판단할 수 있습니다.

- 토의 결과, 설계나 테스트 방침이 결정됐다
- 모르던 부분이 해소됐다
- 재작업이 발생하지 않을 정도로 남은 작업이 적다

◆ 두 명이 협력하여 개발을 진행한다

P 페어 프로그래밍

페어 프로그래밍(Pair programming) 2-18 은 두 명이 협력하여 개발을 진행하는 방법입니다(그림 2-40). 당초 익스트림 프로그래밍의 기법으로 등장해 디스플레이/PC/키보드를 두 명이 공유하고 교대하면서 개발했습니다. 원격 근무도 보급된 현재는 개발자가 각각의 개발 환경에서 화면을 공유하면서 진행하는 등 구체적인 실행방법은 바뀌었습니다. '프로그래밍'이란 이름이 들어가 있지만 소스 코드를 작성하는 것뿐만 아니라 개발의 진행 방법/작업의 분담 방법/설계의 논의/코딩/테스트 항목의 검토와 수정/릴리스 등 개발에 관련된 모든 공정을 짝으로 실시합니다.

그림 2-40 | 페어 프로그래밍

페어 프로그래밍에서 두 명의 역할은 '드라이버'와 '내비게이터'입니다. 드라이버는 소스 코드를 작성하는 역할을 담당합니다. 내비게이터는 드라이버가 작성한 소스 코드를 바로 리뷰하면서 드라이버의 어려움이나 고민을 이해하고 조언합니다. 수시로 역할을 교대하면서 진행하고 두 명이 공동작업의 목표에 대한 책임을 집니다.

페어 프로그래밍 진행 방법

페어 프로그래밍 진행 방법은 다음과 같습니다.

1. 작업의 목표를 확인한다
2. 작업 단위와 순서를 확인한다
3. 드라이버와 내비게이터의 역할을 결정하고 개발을 시작한다
4. 역할을 10~15분 정도에 교대한다

먼저, 페어 프로그래밍의 목표를 확인합시다. 개발 전체의 목표가 아니라 페어 프로그래밍을 끝내는 시점에 '있어야 할 상태'를 이야기합니다. 페어 프로그래밍은 매우 지치기 때문에 처음엔 2시간 정도로 나누어 그 시점에 어떤 상태가 되어 있어야 하는지 인식을 공유합니다. 다음으로 작업 단위와 순서를 확인합니다. 할 일 목록을 항목별로 두 명이 볼 수 있는 곳에 준비합니다. 페어 프로그래밍 중에는 내비게이터가 목록을 확인하는 것이 좋습니다. 개발이 진행되어 해야 할 것이 바뀌면 즉시 수정해 갑니다. 목표와 진행 방법에 대한 인식이 일치되면 각각 드라이버와 내비게이터로 나누어 역할을 교대하면서 공동으로 개발해 나갑니다. 최초의 작업으로 74 페이지에 소개한 '코멘트로 프로그래밍 가이드라인을 마련하는 작업'을 하면 세부적인 진행 방법까지 인식이 정리되어 페어 프로그래밍의 도입에 잘 작동할 수 있습니다. 드라이버는 생각하는 것을 적극적으로 표현하면서 작업을 진행하여 서로 인식이 맞는지 세세하게 확인합니다. 내비게이터는 다음과 같이 드라이버와 의사소통하면서 여러 가지 지원을 합니다.

- 드라이버와 인식이 맞는다는 것을 대답으로 전달합니다
- 드라이버가 모르는 것을 조사하여 알려줍니다
- 드라이버가 고민하는 사항을 함께 생각합니다
- 드라이버의 발언에 의문점이 있으면 질문합니다

드라이버와 내비게이터의 역할은 10~15분 주기로 교대합니다. 짧은 시간에 역할을 바꾸기 위해서는 상대가 무엇을 하고 있는지 항상 이해하고 있어야 합니다. 이는 빈번한 대화와 상호 간에 긴장감을 발생시켜 집중력을 발휘하게끔 합니다.

페어 프로그래밍의 장점

페어 프로그래밍에는 다음과 같은 장점이 있습니다.

1. 작업이나 성과물의 품질 개선 및 향상
2. 기술력 향상, 교육 효과
3. 달성감, 즐거움

하나씩 살펴보겠습니다. 먼저 페어 프로그래밍을 진행하는 과정의 여기저기에 작업 품질을 높이는 구조가 있습니다. 예를 들면 다음과 같은 것들이 있습니다.

- 목표/작업 단위/작업의 진행 방법을 작업 시작 전에 논의하여 생각을 정리할 수 있습니다
- 드라이버가 생각하는 것을 말로써 설명함으로써 생각을 정리할 수 있습니다
- 읽기 어려운 곳이나 이해하기 어려운 곳을 바로 고치면서 소스 코드의 가독성과 유지보수성이 개선됩니다
- 페어 작업자가 옆에서 체크함으로써 테스트나 리팩터링을 나중에 한다든지 깜박 잊어버리는 경우가 줄어듭니다

페어 프로그래밍을 하지 않고 혼자서 프로그래밍한 소스 코드를 다른 사람이 코드 리뷰하는 경우와 비교해 봅시다. 소스 코드를 작성한 사람은 작성 도중에 어떠한 피드백도 받지 않습니다. 리뷰어는 수정 사항을 자세히 살펴보고 발견한 사항을 지적합니다만 분량이 많아지면 지적하는 것도 지쳐버립니다. 어쩌면 지적해야 할 사항인지 고민한 결과, 지적하지 않고 넘어갈 수도 있습니다. 코드 리뷰를 받는 쪽도 한꺼번에 많은 지적을 받으면 수정하는 것이 힘듭니다. 작성할 때 옆에서 바로 피드백을 받아 둘이서 논의해 가면서 수정하는 것이 작업하기 쉽습니다.

또한 두 명이 서로 가르쳐 주고 배움으로써 기술력의 향상을 기대할 수 있습니

다. 예를 들면 코딩 과정을 보면서 소스 코드의 작성 방법뿐만 아니라 에디터나 도구의 사용 방법도 옆에서 관찰할 수 있습니다. 그 밖에 여러 가지 방법이 가능한 설계나 구현 방침의 취사선택, 테스트 관점의 정리 조사가 어려운 버그의 수정법 등 혼자서 작업을 진행할 때는 배울 수 없는 암묵적 지식을 두 명이 자연스럽게 공유할 수 있습니다. 지식이나 노하우뿐만 아니라 짝을 이룬 시니어 엔지니어가 드라이버로서 작업하는 속도를 목격함으로써 주니어 엔지니어에게 자극이 됩니다.

마지막으로 짝을 지어 소통하며 진행하는 개발은 어려움을 함께 나누고, 즐거움을 공유하며 서로 성취감을 느낄 수 있습니다. 원격 근무가 늘어나고 대화의 기회가 줄어든 현장에서는 하나의 목적을 함께 달성하는 페어 프로그래밍이 팀과 조직에 일체감과 소속감을 부여합니다.

페어 프로그래밍의 주의점

페어 프로그래밍의 이점을 얻으려면 다음을 주의해야 합니다.

- 정기적으로 교대한다
- 제대로 휴식을 취한다
- 개발 환경을 정비한다
- 목적을 명확히 한다
- 상대방의 말에 귀를 기울인다

드라이버와 내비게이터의 역할은 짧은 간격으로 교대합시다. 역할 교대 시간을 정하지 않으면 사전에 정한 범위까지만 진행하려 하거나 주니어 엔지니어가 드라이버 역할을 꺼리거나 시니어 엔지니어가 드라이버로 교대하지 않는 등 역할이 고정화되기 쉽습니다. 역할 교대 시간이 길어지는 것 또한 문제가 됩니다. 내비게이터가 드라이버의 작업에 흥미를 쉽게 잃고 소스 코드를 그저 지켜보고만 있게 되기 때문입니다. 이를 방지하려면 서로 강한 의지를 가지고 짧은 간격으로 역할을 교대해야하며 타이머로 교대 시간을 설정하는 것도 좋은 방법입니다.

또한 페어 프로그래밍은 혼자 개발하는 것보다 쉽게 지치게 됩니다. 빈번한 대화와 높은 집중력이 필요하기 때문에 교대할 때 적절한 휴식 시간을 가집시다. 휴식 시간에 목표를 다시 확인해보고 작업 항목의 수정, 작업 누락(리팩터링, 테스트 등)

이 없는지 되돌아 보는 것도 좋습니다.

두 명의 능력이 잘 발휘될 수 있도록 개발 환경을 정비해 둡시다. 같은 장소에서 작업한다면 큰 모니터를 준비한다든지, 에디터나 IDE를 맞추는 것이 효과적입니다.

P | 실시간 공동 편집 기능이 있는 개발 환경을 사용한다

페어 프로그래밍을 할 때, 실시간 공동 편집 기능이 있는 개발 환경을 사용하는 것도 좋습니다(표 2-8). 에디터나 소스 코드의 수정이나 커서가 실시간으로 동기되어 짝이 동시에 편집할 수 있으며 작은 오류를 내비게이터가 직접 수정하는 것도 가능합니다. Zoom/Goole Meet/Slack(허들 미팅)/Teams/Discord 등 상시 음성 통화가 가능한 다른 도구와 조합해 페어 프로그래밍을 실시합시다. 또한 세부적인 인식 공유를 위해 전자 칠판을 준비하는 것도 효과적입니다. 온라인이라면 miro 또는 MURAL을 이용할 수 있습니다.

표 2-8 실시간 공동 편집 기능이 있는 개발 환경	
도구 이름	**비고**
Live Share	Visual Studio, Visual Studio Code에서 사용 가능. 에디터 상의 동기뿐만 아니라 공동 디버그 작업도 가능. Direct 모드를 사용하면 사내 네트워크나 인터넷에 연결되지 않은 환경에서도 이용할 수 있음
Code with me	IntelliJ에서 사용 가능. 중계용 서버를 자체적으로 준비하면 사내 네트워크나 인터넷에 연결되지 않은 환경에서도 이용할 수 있음
Code Together	Visual Studio Code, IntelliJ, Eclipse에서 사용 가능. 다른 IDE에서 동작을 지원함. 중계용 서버를 자체적으로 준비하면 사내 네트워크나 인터넷에 연결되지 않은 환경에서도 이용할 수 있음
GitHub Codespaces	클라우드에서 호스트된 개발 환경. Visual Studio Code의 Web판에서 사용할 수 있음
AWS Cloud9	브라우저만으로도 소스 코드를 작성, 실행, 디버깅할 수 있는 클라우드 기반 통합 개발 환경

페어 프로그래밍을 할 때는 목적을 명확히 한 후 시작해야 합니다. 페어 프로그래밍은 개발자가 '무엇을 해야 하는지', '어떻게 해야 하는지'가 명확하지 않은 경우에 적합합니다. 새로운 팀원이 합류하거나 불명확한 작업(신규 설계, 디버깅 등)을

할 때, 또는 속인적인 작업을 다른 사람에게 가르칠 때 특히 추천합니다. 주니어 엔지니어나 도메인 지식이 부족한 사람끼리만 짝을 이루면 불명확한 부분을 극복하기가 어렵습니다. '어떤 작업이 짝을 이룰 수 있는 작업인가'를 생각하기보다는 '혼자 하는 것이 더 효율적인 작업은 무엇인가', '여러 사람이 공유해야 할 지식은 무엇인가'를 고민하는 것이 판단하기 쉽습니다(표 2-9).

표 2-9	짝에 알맞은 작업과 혼자서가 좋은 작업
짝에 알맞은 작업의 특징	**혼자서가 좋은 작업의 특징**
업무 지식의 공유가 필요	모든 팀원이 업무 지식을 숙지하고 있다
작업의 불확실성이 높고, 논의가 필요함	과거와 같은 작업, 틀에 짜인 업무

페어 프로그래밍에서는 상대의 말에 귀를 기울여야 한다는 점을 잊어서는 안 됩니다. 발언량이나 작업량의 균형이 맞는지를 항상 신경 쓸 필요가 있습니다. 짝을 이루는 두 명이 지식이나 능력에 차이가 있는 것은 당연합니다. 한쪽이 너무 앞서나가거나 악의 없는 행동으로 상대방이 힘들어하지 않도록 서로 배려합시다.

마지막으로 모든 사람이 페어 프로그래밍을 선호하는 것은 아니라는 점을 명심해야 합니다. 소스 코드를 작성하는 모습을 다른 사람이 보는 것에 압박감, 불안감, 답답함을 느끼는 사람도 분명히 있습니다. 페어 프로그래밍은 플로우 효율을 높이기 위한 한 방편 중 하나로, 효과적인 상황에서 사용해야 합니다.

 페어 프로그래밍 중에 소스 코드를 어떻게 공유할까요?

 드라이버를 교체할 때 기능 추가 도중의 소스 코드는 어떻게 공유하면 좋을까요?

 트렁크 기반 개발을 채용하여 작성한 곳까지 푸시하는 것이 하나의 방법입니다. 페어 프로그래밍용의 브랜치를 준비하는 것도 좋겠죠. mob 명령 2-19 이라는 드라이버의 교체를 지원하는 도구를 사용하는 것도 좋은 방법입니다.

P 몹 프로그래밍, 몹 워크

짝(2인)이 아니라 여러 사람(3인 이상)으로 프로그래밍을 실시하는 것을 '몹 프로그래밍(Mob programming)'이라고 합니다(그림 2-41). 몹 프로그래밍은 하나의 디스플레이/PC/키보드를 여러 사람이 교대로 사용하면서 작업을 진행합니다. 페어 프로그래밍과 같이 각각의 작업자가 개발 환경을 준비하여 화면을 공유하면서 진행하는 경우도 있습니다. 또한 페어 프로그래밍과 같이 소스 코드를 작성하는 것 뿐만 아니라 모든 공정을 여러 사람이 같이 진행합니다.

몹 프로그래밍에서는 더욱 많은 사람이 노하우와 경험을 가지고 협업합니다. 때문에 '이 사람만 잘 알고 있어', '이 사람이 아니면 진행 방법을 몰라' 같은 속인화의 해소는 페어 프로그래밍보다 빨리 진행됩니다. 속인화가 해소됨으로써 휴식을 취하기 쉽게 된다든지 팀원의 교체가 있어도 기술이나 경험을 계속 가져갈 수 있는 장점도 있습니다.

그림 2-41 ┃ 몹 프로그래밍

몹 프로그래밍의 진행 방법

몹 프로그래밍의 진행 방법은 페어 프로그래밍과 동일합니다. 다만 참가 인수가 늘어남에 따라 다음 사항을 주의해야 합니다.

1. 역할은 10분 정도에 교환한다
2. 몹 프로그래밍을 실시하는 사람 수는 3~5명 정도로 한다
3. 내비게이터의 공헌이 모호하지 않도록 한다

내비게이터가 많아지기 때문에 짧은 시간에 역할을 교대하지 않으면 드라이버와 가장 숙련된 내비게이터와의 페어 프로그래밍이 되어 버립니다. 'Mobster' 같은 타이머 앱을 활용하여 잊어버리지 말고 교대합시다. 사람 수가 너무 많아지면 드라이버가 잘 움직이지 않게 됩니다. 또한 발언이 겹치거나 누가 누구에게 어떤 이야기를 하는지 파악하기 어렵다든지 소통에 문제가 생깁니다. 그러므로 사람 수가 너무 많아지지 않도록 주의합시다. 드라이버가 작업하는 모습을 보고만 있는 전시회가 되지 않도록, 내비게이터는 모르는 것이 있으면 제대로 질문해야 하며 몰래 숨어서 다른 작업을 해서는 안 됩니다. 작성된 소스 코드를 리뷰하고 조사를 한다든지 여러 사람이 담당하는 내비게이터에서 누가 어떤 지원을 담당할지 역할을 미리 결정해 두는 것이 좋습니다.

몹 프로그래밍의 기술은 실전에서 습득하는 것이 가장 좋습니다. 간단한 개발에서 시험 삼아 해보는 것보다 실제 현장에서 직면하는 어려운 문제 해결에 적용하고 개선하면서 팀에서 습득해 갑시다. 다른 사람이 몹 프로그래밍에 참가하는 모습을 관찰하는 것도 참고가 됩니다.

다음의 동영상에서 몹 프로그래밍의 진행 방법과 분위기를 더 깊게 이해할 수 있습니다.

- 【일본어판】 A day of Mob Programming Subtitles by Joe Justice [No Audio]
  URL: https://www.youtube.com/watch?v=HEaz71juXiM
- 【몹 프로】 함께 온라인 몹 프로그래밍을 해봤다
  URL: https://www.youtube.com/watch?v=3g5pG4zaxKA

페어 프로그래밍과 몹 프로그래밍의 차이점

페어 프로그래밍의 인원수만 늘어난 것처럼 보이는 몹 프로그래밍이지만, 페어 프로그래밍에는 없는 장점과 차이점도 있습니다.

1. 개발자 이외의 팀원이 개발자와 함께 프로그래밍을 할 수 있다
2. 도중에 참가/이탈이 가능하다

역할이 짧게 바뀌는 몹 프로그래밍은 평소 개발에 참여하지 않는 프로젝트 매니저, 제품 매니저, 디자이너, 테스터 등이 참여할 수 있습니다. 개발자가 아닌 다른 역할의 사람이 적극적으로 참여함으로써 인식의 불일치를 방지하고, 재작업을 줄일 수 있습니다.

또한 페어 프로그래밍은 한 명이 빠지면 거기서 끝이지만, 여러 명이 참여하는 몹 프로그래밍은 계속 자리가 존재하기 때문에 중간에 참여하거나 휴식을 취하기 위한 중도 이탈이 가능합니다. 단, 중도 참여나 이탈 시 방해가 되지 않도록 주의합시다. '어디까지 진행됐나요?'와 같은 사소한 질문도 팀원들의 집중을 방해할 수 있습니다.

몹 프로그래밍은 Hunter Industries사에서 정리되어 Agile 2014 Conference에서 소개되면서 세상에 널리 알려지게 되었습니다. 아래 기사에서 Hunter Industries사의 노력과 일상이 소개되어 있습니다. 작성자의 다소 엉뚱해 보이는 몹 프로그래밍의 배경이 되는 생각과 다년간 몹 프로그래밍을 진행해 온 현장의 분위기를 생생하게 느껴볼 수 있을 것입니다.

- **'몹 프로그래밍 – 팀 전체의 어프로치' Woody Zuill (가와구치 야스노부 역)**
  URL: https://github.com/kawaguti/mobprogramming-woodyzuill-ja/blob/master/mobprogramming-ja.md

- **'몹 프로그래밍의 성지 Hunter Industries에서 배운 것' 가와구치 야스노부 (2019, kawaguti의 일기)**
  URL: https://kawaguti.hateblo.jp/entry/2019/05/04/004855

몹 프로그래밍의 진행 방식을 프로그래밍 이외의 작업에 적용하는 것을 '몹 워크'라고 합니다[*2-9]. 보다 광범위한 작업을 여러 사람이 함께 진행함으로써, 몹 프로그래밍과 같은 이점을 얻을 수 있습니다. 프로그래밍 이외의 작업 예는 다음과 같습니다.

- 디자인의 검토
- 개발 환경의 구축
- 문제 해결
- 서포트 / 조사
- 인프라 설계 / 변경 작업
- 튜토리얼 학습
- 문서 집필

 페어 프로그래밍/몹 프로그래밍에서 개인의 작업을 어떻게 하나요?

 메일의 답장이나 사내 업무 등 개인이 해야 할 일도 있습니다. 어떻게 하는 게 좋을까요?

 모든 시간을 몹 프로그래밍에 쏟을 필요는 없습니다. 급한 건이면 몹 프로그래밍에서 빠져서 처리할 수도 있습니다. 다른 해결책으로는 '개인의 작업도 같이 한다'라는 방법도 있습니다. 개별 담당자가 있는 작업도 창구를 팀으로 하면 실제로는 전원이 담당할 수도 있습니다.

(*2-9) 해외에서는 Mobbing(모빙)으로 불립니다.

애자일 코치

얏토무(야스이 츠토무)
Yasui Tsutomu

페어 프로그래밍의 효과와 영향

페어 프로그래밍에 대해서는 2000년 유타 대학의 실험으로 알려진 논문[1]이 있습니다. 실험을 통해 페어 프로그래밍의 정량적 효과와 비용을 측정했습니다.

페어 프로그래밍을 시행할 때 비용이 자주 거론됩니다. '같은 일을 2명이 하면 공수가 2배로 늘어나는 것이 아닌가'라는 문제입니다. 논문에 따르면 공수는 2배가 아니라 15% 증가했을 뿐이라고 합니다. 그림 A를 봐 주세요. 첫 번째 과제(프로그램 1)에서는 두 사람이 서로 방법을 맞추는 데 시간이 걸렸지만, 두 번째 이후(프로그램 2와 프로그램 3)에서는 15% 정도 증가에 그쳤습니다[2].

이는 페어 프로그래밍 도입 장벽을 낮추고 더 매력적으로 보이게 합니다. 특히 2명이 함께 하면 실시간(경과 시간)으로는 짧아지는 것입니다. 플로우 효율을 고려하면, 하나의 개발 항목을 2명이 분담하는 것보다 페어 프로그래밍으로 함께 진행하는 것이 소요 시간을 단축할 수 있는 경우도 있

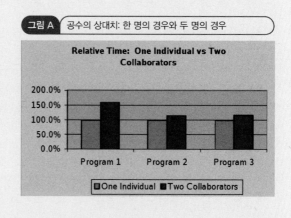

그림 A 공수의 상대치: 한 명의 경우와 두 명의 경우

습니다. 반면, 처음 짝을 이루는 사람이라면 시간이 더 걸리기에 짝을 고를 때 주의가 필

---

1. 「The Costs and Benefits of Pair Programming」Alistair Cockburn, Laurie Williams 2000
   https://www.researchgate.net/publication/2333697_The_Costs_and_Benefits_of_Pair_Programming
   이 내용은 "XP 익스트림 프로그래밍 검증편"(피아손 에듀케이션 2002년)에 논문의 저자가 설명하고 있습니다.

2. 서적에서 이 증가는 통계적으로 의미가 없으며, 페어 프로그래밍이 공수가 늘어난다고는 말할 수 없다고 결론지었습니다. PDF로 공개된 것에는 그 내용이 없습니다.

요합니다.

제 경험으로 페어 프로그래밍을 하면 시간이 단축되기보다는 소요 시간이 안정화되는 경우가 많습니다. 그 이유는 몇 가지를 생각해 볼 수 있습니다.

- 처음 방침을 확인할 때 자연히 문제점을 파악할 수 있다
- 작업 중에 모르는 점이 있어도 어느 한 명은 아는 경우가 많다
- 둘 다 모를 경우, 서로 확인하고 바로 다른 사람에게 물어볼 수 있다
- 조사할 때 분담이 되어 효율이 높아진다

이러한 효과로, 고민 때문에 작업이 중단되거나 계속 조사만 하고 있다거나 처음 예상보다 시간이 많이 소요되는 일은 줄어듭니다. 페어 프로그래밍을 하면 '모르는 것'을 바로 공유할 수 있다라고 말합니다.

짝을 바꾸는 것도 실천할 때 생각해야 할 포인트입니다. 역할을 교대하는 것만이 아니라 짝을 바꿉니다. 같은 짝으로 계속 고정하면 지식의 교환이 팀 전체에 확산되지 않습니다. 같은 짝으로 작업하는 기간을 1주일 정도로 하면 요령이 생겨서 효율적으로 일을 할 수 있고 서로 깊게 알아갈 수도 있습니다(그림 B). 과제 단위로 짝을 편성하는 방법도 있습니다(그림 C). 함께 작전을 생각해 함께 과제를 해 나가는 분위기가 되어 집중과 몰입도가 높아지는 것 같습니다.

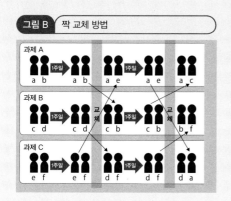

그림 B   짝 교체 방법

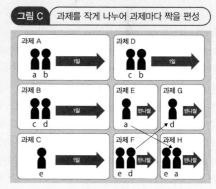

그림 C   과제를 작게 나누어 과제마다 짝을 편성

그림 D	과제를 작게 나누어 과제마다 짝을 편성

```
[1.5시간]→[1.5시간]→[1.5시간]→[1.5시간]   │   [1.5시간]→[1.5시간]

과제              과제       │   과제
 a b   a f   a d  d c       │   d f   a c   a d

과제   과제               1   │
 c d   b c   b f   b a   일   b a   b d   b f
                        종
과제                     료   과제   과제
 e f   e d   e c   e f       │   e c   f e   e c
```

90분마다 빈번하게 짝을 바꾸는 방법도 꽤 인상에 남았습니다(그림 D). 90분으로 나누기 때문에 매우 집중할 수 있습니다. 90분이 지나면 한 사람은 그 일에 남고 나머지 한 사람이 바뀝니다. 남은 사람이 지금까지의 경위나 방침을 설명하지만, 설명 자체가 자신의 이해를 높이는 계기가 되기도 하고, 새로운 사람은 백지상태에서 좋은 아이디어를 떠올린다든지, 설명한 사람이 놓친 점을 발견할 수 있습니다. 또한, 하나의 일에 여러 기술 요소가 있어(화면, API, 데이터베이스 등) 짝의 교체로 각각의 기술을 잘하는 사람이 편성되어 빠르게 작업을 끝낼 수 있는 방법도 있습니다. 짝의 교체를 전략적으로 사용하면 페어 프로그래밍으로 공수가 늘어나는 것이 아니라 문제를 빠르게 해결할 수 있는 선택지가 늘어나게 됩니다.

논문을 보면 페어 프로그래밍의 즐거움을 정량적으로 평가하고 있습니다. 그림 E에서는 페어 프로그래밍이 즐겁습니까라는 질문의 답변으로 80% 이상이 동의하는 압도적인 결과가 나왔습니다. PROF는 프로 프로그래머의 답변인데 90%를 넘었습니다. SUM1~3과 FALL1~3은 학생의 답변입니다.

그림 E	짝의 즐거움의 정도

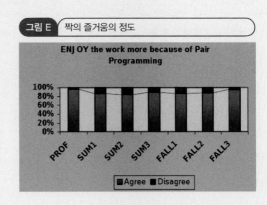

ENJOY the work more because of Pair Programming

논문에서는 품질면의 효과도 측정했습니다. 개발 후에 테스트를 해본 결과 한 명이 작성한 프로그램에서는 테스트 항목의 30% 정도가 실패했습니다. 그 정도로 버그가 있었던 것입니다. 짝으로 작성한 프로그램에서는 15% 정도로, 혼자보다 페어 쪽이 버그가 적었습니다(그림 F).

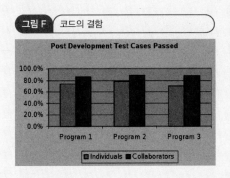

그림 F 코드의 결함

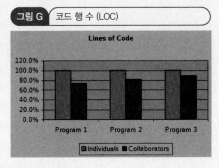

그림 G 코드 행 수 (LOC)

이러한 효과는 개발하는 제품이나 기술에 의해 크게 변합니다. 꼭 여러분의 현장에서도 페어 프로그래밍을 시험해 보고 그 효과나 영향을 관찰하여 자신들이 원하는 효과를 볼 수 있도록 알맞은 방법을 찾아 보세요.

테스트를 더 많이 작성하죠!

테스트 작성하는 게 잘 적응이 안 돼서...

테스트를 어렵게 느끼는 이유가 뭘까요?

보통의 코드와 작성법이 다르다고나 할까요.

이것저것 생각하다 보면 머리가 터져요~

지금은 테스트하기 어려운 설계라서 리팩터링이 필요해요!

먼저 어떤 테스트 코드를 준비해야 좋을지 정리해 봅시다.

네~

◆ 검증(Verification)과 확인(Validation)의 관점

Ⓟ 검증(Verification)과 확인(Validation)

기능 추가를 하고 나면 시스템이 의도한 대로 동작하는지 테스트를 합니다. 하지만 막연하게 확인 항목을 준비해 놓고 작업을 진행해서는 충분한 테스트가 이루어졌는지 보장할 수 없습니다. 테스트를 실행하기 전에 먼저 관점을 정리하는 것부터 시작합시다. 테스트의 관점은 크게 검증(Verification)과 확인(Validation)으로 나눌 수 있습니다(그림 2-42).

ISTQB[*2-10]에 의한 검증의 정의는 '객관적 증거를 제시함으로써 규정 요구사항이 충족되었음을 확인하는 것'입니다. 이는 의도한 동작을 그대로 보여주는지 확인하는 것으로, 단위 테스트나 통합 테스트로 확인하는 항목이 검증에 적합합니다. 정상적인 동작이 무엇인지 이미 알기 때문에 개발자가 테스트 코드를 작성하여 테스트를 자동화하기에 알맞습니다.

ISTQB에 의한 확인의 정의는 '검사 또는 특정한 사용법이나 적용에 대해 요건을 만족하는지 객관적인 증거로 확인하는 것'입니다. 이는 시스템의 동작이 타당성과 유효성을 만족하는지 확인하는 것으로, 유스케이스 테스트(Use case test), 사용성 테스트(Usability test), 탐색적 테스트로 확인하는 항목이 확인에 적합합니다. 확인 관점의 테스트는 이용자의 상황에 의존하는 부분이 많다 보니 방법이나 내용을 유형화하기 어렵습니다. 따라서 자동화에는 알맞지 않으며 수동으로 확인하는 경우가 많습니다.

(*2-10) ISTQB: International Software Testing Qualification Board, 국제 소프트웨어 테스팅 자격 협회

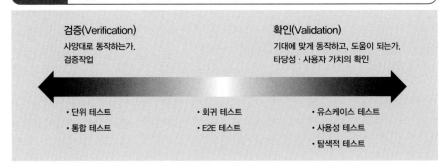

그림 2-42 　검증(Verification)과 확인(Validation)의 관점 차이

검증(Verification) 관점의 테스트는 정상적인 동작을 이미 아는 상태에서 개발자가 주체가 되어 작업을 진행합니다. 추가한 처리나 모듈의 역할을 정리해 사양대로 동작하는지 테스트 코드를 작성해 검증합니다. 다만 다음 사례처럼 테스트 코드를 작성하는 과정에서 개발자가 해야 할 역할이나 사양 이외의 부분에 신경 써서 주의가 분산될 수 있습니다. 이 점을 주의합시다.

- 목(*2-11)이나 스텁(*2-12) 등의 기법을 너무 의식한다
- 모든 코드를 대상으로 목표를 세우고 추가된 기능의 상세를 의식한 테스트 코드를 작성한다
- 어떤 경우에 테스트가 실패할지 예상하지 않고 테스트 코드를 정리한다

테스트 코드를 제대로 준비해 놓아도, 소스 코드를 조금 변경한 것만으로도 테스트 코드를 여기저기 고쳐야 한다면 개발자는 안심할 수 없습니다. 대상 코드를 넓게 잡거나 추가 기능의 상세를 고려한 테스트 항목도 중요하지만 어떤 문제를 발견해야 하는지 상정하고, 소스 코드의 어떤 처리에 대해 어떤 테스트를 실시해야 할지, 테스트 대상의 역할과 사양을 확인하면서 항목을 추가해 나가는 것이 좋습니다. 소스 코드를 수정하면 자동적으로 검증이 반복해 이루어져, 생각하지 못했던 곳에서

(*2-11) 목: 테스트 대상이 의존하는 처리를 대체하여 올바르게 호출하고 있는지 확인하기 위한 대용품을 말합니다.

(*2-12) 스텁: 테스트 대상이 의존하는 처리를 대체하여 테스트에 편리한 값을 반환하는 대용품을 말합니다.

문제가 생긴 경우에도 바로 발견할 수 있습니다. 이 상태에서 기존 테스트와 새로운 테스트가 모두 통과하도록 수정하면 소스 코드가 사양대로 동작하는 상태를 유지할 수 있습니다. 프로그래밍 언어별로 단위 테스트와 통합 테스트의 실현/실행을 지원하는 프레임워크가 있으니 이를 활용합시다.

ⓟ 확인(Validation)은 이해관계자와 함께 진행한다

한편, 확인(Validation) 관점의 테스트에서 확인하는 항목은 한번에 결정하는 것이 어렵습니다. 개발자마다 시스템의 정상적인 동작에 대한 생각이나 관점이 다르기 때문입니다. 그러므로 이 테스트는 개발자만 실시하는 것이 아니라 이해관계자를 포함하여 진행합시다(그림 2-43). 혹자는 개발 계획을 세우는 단계 또는 개발 방침을 정리하는 단계에서 시스템이 만족시켜야 할 사양과 역할이 명확히 정해져, 확인 (Validation) 관점의 테스트를 개발자만 가능하다고 생각할 수도 있습니다. 그러나 필자의 경험상, 고객이나 이해관계자와 함께 테스트를 진행하면 예외적인 시스템 동작으로 인해 예상치 못한 문제를 발견한다든지, 기대와 다른 제품의 동작에 대해 지적을 받을 수 있는 이점도 있습니다. 초기 단계부터 고객이나 이해관계자를 참가시켜서 기대에 맞는, 제 역할을 하는 제품이 만들어졌는지 확인할 수 있습니다.

그림 2-43 　 확인은 개발자와 이해관계자가 함께 진행합니다

◆ 테스트 자동화 관련 기술 프랙티스의 차이

'테스트 코드를 작성해 테스트를 자동화합시다'라고 했을 때 쓸 수 있는 기술 프랙티스가 있습니다. 여기서는 '자동 테스트', '테스트 우선', '테스트 주도 개발'의 역할과 목적을 소개합니다.

P 자동 테스트

'자동 테스트'는 테스트 코드를 준비하여 테스트를 자동으로 실행하는 기술 프랙티스입니다(그림 2-44). 자동 테스트를 '자기 검증 가능'하며 '반복 가능'한 형식으로 준비해 빈번하게 실행할 수 있습니다. '자기 검증 가능'이란 사람을 통하지 않고 테스트의 성공/실패를 판단할 수 있는 것을 의미합니다. 예를 들어 테스트 결과를 파일이나 화면에 출력하여 사람이 보고 확인하는 형태는 '자기 검증 가능'이 아닙니다. 테스트를 자기 검증 가능한 형식으로 준비하면 사람을 거치지 않고 끝낼 수 있기 때문에 테스트를 자주 실행할 수 있습니다. 그리고 '반복 가능'은 테스트를 실행하는 사람이나 동작하는 환경에 관계 없이 테스트를 반복해서 실행할 수 있다는 것을 의미합니다. 예를 들어 테스트 실행을 위한 테스트 데이터나 테스트 환경을 그때그때 사람이 준비하는 것은 '반복 가능'이 아니다. 개발자의 PC에서도 서버에서도 똑같이 동작함으로써 누구든 간단히 테스트를 실행할 수 있습니다.

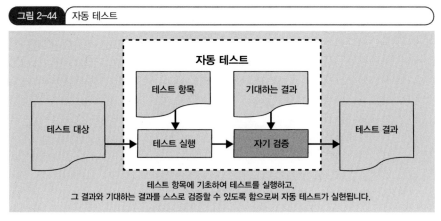

그림 2-44 자동 테스트

테스트 항목에 기초하여 테스트를 실행하고,
그 결과와 기대하는 결과를 스스로 검증할 수 있도록 함으로써 자동 테스트가 실현됩니다.

자동 테스트를 자주 실행하면, 직전에 수정한 소스 코드에 대한 테스트 결과를 바로 얻을 수 있습니다. 테스트 결과가 실패인 경우에는 수정한 내용을 고칩니다. 그런데 이때, 기능을 추가한 시점부터 다시 수정하는 시점까지의 간격이 길어지면 문제가 생깁니다. 개발자는 여러 업무에 참여하기에 기능 구현의 세세한 부분을 잊어버릴 수 있기 때문입니다. 이러한 경우에 개발자는 다시 세세한 부분이나 경위를 생각해야 해서 수정을 완료하는 데 시간이 오래 걸립니다. 또한 다른 개발자가 변경을 추가한 경우, 문제의 원인 발견이 더 어려워집니다. 바로 테스트가 실패한 것을 알고 수정할 수 있으면 개발이 편해집니다. 같은 테스트를 여러 번 실행할 수 있기 때문에 오류를 놓치는 일도 줄어들고, 서비스에서 오류가 발생하는 비율도 낮출 수 있습니다.

자동 테스트를 실행하려면 테스트 코드를 작성하는 데 시간을 들여야 합니다. 다만 'Experiences of Test Automation: Case Studies of Software Test Automation' 2-20 에 의하면 테스트를 4번 실행한다면 수동보다 자동화하는 편이 테스트에 걸리는 총 시간이 짧아진다고 합니다. 여러 번 실행하는 테스트는 자동화합시다.

P 테스트 우선

테스트 우선 2-21 은 소스 코드의 추가보다 테스트 코드의 작성을 우선하는 기술 프랙티스입니다(그림 2-45). 사전에 테스트 코드를 설계/작성하기 때문에, 이 프랙티스는 앞으로 추가할 처리에는 어떤 동작이 필요한지 잘 이해한 후 시작해야 합니다. 테스트 우선의 이점은 다음과 같습니다. 테스트 대상이 되는 소프트웨어의 사양/역할/움직임 등 API나 인터페이스를 기능 추가보다 먼저 생각해봄으로써, 보다 좋은 설계 방안을 찾아내기 유리합니다. 또한 기능 추가할 때 이미 자동 테스트가 존재하기에 테스트에 의한 피드백을 간단하면서 자주 얻을 수 있습니다. 반복해서 실행 가능한 테스트가 준비되어 있기에 추가한 소프트웨어에 문제가 없는지 파악하는 것이 쉬워져 리팩터링도 적극적으로 시행할 수 있게 됩니다.

그림 2-45 | 테스트 우선

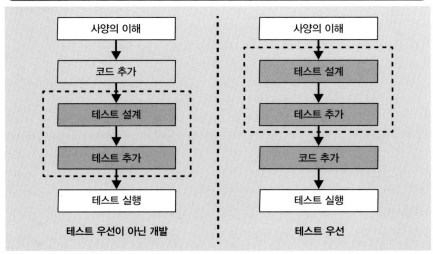

테스트 우선이 아닌 개발 · 테스트 우선

테스트 관점에 대한 정확성을 추구하다 보니, 당장 추가할 예정이 없는 부분까지 너무 깊게 생각하지 않도록 주의합시다. 또한 테스트 관점 정리에 불필요하게 많은 시간을 할애하여 코드 추가를 미루지 않는 것도 중요합니다. 실제로 코드 작성을 진행해야만 알 수 있는 부분이나 사전 정리에서 누락된 테스트 관점은 반드시 있기 마련입니다. 테스트 관점 정리와 테스트 추가에 할애할 수 있는 시간을 미리 정해 두어야 합니다.

P 테스트 주도 개발

테스트 주도 개발은 '테스트 코드를 작성하고 실행하여 실패시킨다' → '소스 코드를 작성하여 테스트를 성공시킨다' → '테스트 성공을 유지하면서 소스 코드의 리팩터링을 실시한다'라는 사이클을 반복하여 테스트를 통해 기능 추가를 진행하는 프랙티스입니다(그림 2-46). 테스트 주도 개발의 상세 내용이나 실행 방법은 『테스트 주도 개발』 2-22 를 참조해 주세요.

그림 2-46 | 테스트 주도 개발

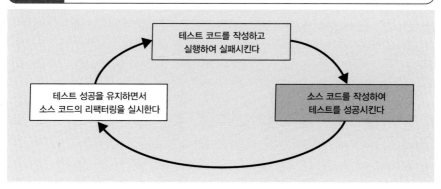

소스 코드를 추가하고 나서 테스트 코드를 작성할 때까지 시간이 비어버리면 검증해야 할 사양을 잊어버리거나 테스트 코드를 작성하는 단계에서 비로소 설계가 잘못됨을 알아채서 공수가 늘어나 버립니다. 또는 테스트하기 어려운 설계를 무시한 채 추가적인 수정이나 가공을 하는 경우, 소스 코드와 테스트 코드가 긴밀하게 결합되어 테스트 코드의 유지보수가 어려워질 수 있습니다.

테스트 주도 개발은 테스트 코드와 소스 코드를 동시에 작성하기 때문에, 직전 추가 사항을 잊어버리지 않고 설계의 약점을 바로 알아차릴 수 있습니다. 또한 테스트 코드와 소스 코드를 조금씩 추가해 나감으로써 소스 코드와 테스트 코드의 과잉 작성을 피할 수 있습니다. 무엇보다 자동 테스트가 빈번하게 실행되므로 버그가 발견되리라는 걱정을 덜 수 있습니다.

자동 테스트를 정비하려고 하면, 테스트 주도 개발을 생각하는 사람도 적지 않습니다. 그러나 테스트 주도 개발은 습득하는 데 시간이 필요하고 높은 기술력도 필요합니다. 테스트 주도 개발까지 하지 않더라도 테스트 우선으로 자동 테스트를 준비하는 것만으로도 조기에 피드백을 얻을 수 있습니다.

소스 코드와 테스트 코드는 서로 다른 사람이 작성을 담당하는 것이 좋을까요?

 '기능 추가'와 '테스트'로 업무를 나눠, 두 명이 따로따로 진행하면 보다 빨리 완료할 수 있다고 생각합니다.

 같은 사람이 계속 진행하거나 아니면 페어 프로그래밍이나 몹 프로그래밍으로 같이 진행하는 것을 추천합니다. 서로 다른 사람이 담당하면 테스트 코드를 작성하기 어려워서 설계의 문제를 발견하기 어렵습니다.

◆ 테스트 코드를 오래 운영하기 위해 할 수 있는 일

P 읽기 쉬운 테스트 코드를 작성

테스트 코드는 읽기 쉽게 작성해야 하며 테스트 코드를 테스트하기 위한 코드를 작성해서는 안 됩니다. 읽기 쉽게 작성된 테스트 코드는 테스트 대상 소스 코드의 동작과 움직임을 파악하기 좋습니다. 또한 테스트 코드에서 잘못된 확인을 하는 등 테스트 코드의 수정이 필요한 경우에 빠르게 보수할 수 있습니다.

그럼 읽기 쉬운 테스트 코드는 어떤 코드일까요? 읽기 쉬운 테스트 코드의 요구 사항은 읽기 쉬운 소스 코드와는 다릅니다. 다음은 읽기 쉬운 테스트 코드를 작성하기 위한 주의 사항입니다.

- 과도하게 공통화하지 않는다
- 정교한 테크닉을 활용하지 않는다
  - 예 공통의 테스트 셋업 처리나 목(Mock)을 과도하게 사용하는 등
- 테스트 코드를 처음부터 읽고, 이해할 수 있도록 테스트 코드를 작성한다
- 하나의 테스트는 하나의 동작을 검증한다

읽기 쉬운 테스트 코드는 테스트의 목적이 명확하고, 테스트 데이터와 처리 결과의 관계도 알기 쉽게 작성되어 있습니다. 테스트 코드가 가독성이 떨어지면 테스트

가 어떻게 진행되는지 금방 이해하기 어렵고 테스트가 실패해도 그 이유를 바로 알수 없어, 테스트 코드 수정이나 보수가 어려워집니다. 과도한 공통화나 정교한 기법을 남용하여 테스트 코드의 라인 수를 줄이는 것보다는 단순하고 읽기 쉬운 테스트코드를 작성하는 것이 유지보수에 도움이 됩니다.

무엇을 테스트하고 있는지 이해하기 어려운 테스트를 만났다면, 본래 읽는 이에게 전달해야 할 전후 관계나 부수적인 정보가 생략되지는 않았는지, 테스트의 목적이나 조건을 테스트 코드만으로 표현하려고 하지는 않았는지를 확인해 봅시다.

P 테이블 주도 테스트

테스트 코드를 읽기 쉽게 만드는 기법 중 하나로 **테이블 주도 테스트**(Table Driven Test) **2-23** 가 있습니다(리스트 2-10). **테스트 조건(입력)과 기대하는 결과(출력)의 조합을 여러 가지 준비한 테이블을 만들어, 테이블에 기재된 데이터를 사용하여 테스트를 수행합니다.** 테이블 주도 테스트는 테스트 데이터와 테스트 로직이 분리되어 이해하기 쉽다는 장점이 있습니다. 데이터 주도 테스트(Data Driven Test)나 파라미터화 테스트(Parameterized Test)라고 부르기도 합니다. 테이블 주도 테스트를 채택하면 새로운 테스트 케이스를 쉽게 추가할 수 있고, 입력과 출력에 대해무엇을 기대하는지 명확하게 표현할 수 있습니다. 입력/출력 조합이 늘어날수록 테스트 중인 사항을 파악하기 어려워지므로 코멘트를 포함해 보충 설명을 추가합니다.

이 밖에도 테스트 코드를 읽기 어렵게 만드는 패턴이 있습니다. Stackoverflow 의 'Unit testing Anti-patterns catalogue' **2-24** 에서 몇 가지를 발췌해 소개하니테스트 코드 작성 시 참고하여 주의하시길 바랍니다(표 2-10).

```
tests := map[string]struct {
  input string
  result string
} {
  "empty string": {
    input: "",
    result: "",
  },
  "one character": {
    input: "x",
    result: "x",
  },
  "one multi byte glyph": {
    input: "🎉",
    result: "🎉",
  },
  "string with multiple multi-byte glyphs": {
    input: "🐱🎉🐨",
    result: "🐨🎉🐱",
  },
}

for name, test := range tests {
  t.Parallel()
  test := test
  t.Run(name, t.Run(t *testing.T) {
    t.Parallel()
    if got, expected := reverse(test.input), test.result; got !=
expected {
      t.Fatalf("reverse(%q) returned %q; expected %q", test.input, got,
expected)
    }
  })
}
```

문자열을 역순으로 하는 테스트

문자열에 빈칸이 있는 경우

문자열이 한 문자의 경우

멀티 바이트 한 문자인 경우

멀티 바이트 복수 문자의 경우

표 2-10 나쁜 테스트 코드의 패턴 예

안티패턴	개요
Second Class Citizens (이급 시민)	테스트 코드가 소스 코드만큼 유지 관리되지 않음. 테스트 보수가 곤란하다
The Free Ride / Piggyback (무임승차 / 업히기)	관점이 다른 테스트 항목을 추가할 때 기존의 테스트 항목이 추가된다
Happy Path(행복한 경로)	정상값만 테스트하여 경곗값이나 예외 테스트가 없다
The Local Hero / The Hidden Dependency (로컬 히어로 / 숨은 의존)	테스트 실행이 특정 개발 환경에 의존하고 다른 환경에서는 실패한다. 테스트 실행 전에 테스트 데이터가 미리 정해진 위치 · 상태에 있을 것으로 예상한다.
Chain Gang (서로 사슬에 묶인 죄수들)	테스트가 글로벌 변수, 데이터베이스의 데이터 등 시스템의 글로벌 상태를 변경하고 다음 테스트도 이에 의존한다
The Mockery (희극)	많은 목과 스텁이 포함되어 있으며, 목이 반환하는 값을 테스트하고 있다. 실제 소스 코드의 동작을 테스트하지 못한다
The Silent Catcher (사일런트 캐처)	발생한 예외가 의도한 결과와 틀려도 테스트가 성공한 것으로 간주해버린다
The Inspector(조사관)	커버리지를 높이려고 하여 소스 코드에 대해 너무 많이 알고 있다
Excessive Setup(과도한 셋업)	테스트를 시작하기 위해 방대한 설정이 필요하다
Anal Probe (대장내시경)	private/protected 필드, 메서드 테스트를 위해 좋지 않은 테스트 코드 설계가 이루어진다
The Test With No Name (이름 없는 테스트)	버그 보고 번호를 그대로 테스트 이름으로 붙이는 등 적절한 이름을 붙이지 않는다
The Slow Poke(굼벵이)	테스트 실행이 매우 느리다
The Butterfly(나비의 날갯짓)	날짜 등 변화하는 데이터를 테스트하지만, 테스트 결과를 고정하는 방법은 없다

◆ 테스트 코드의 분량을 적절하게 유지

Ⓟ 필요한 만큼의 테스트 코드 준비하기

필요한 테스트 코드가 없는 것도 문제지만, 반면 지나치게 많은 테스트 코드를 작성하는 것도 문제입니다. 필요한 만큼의 테스트 코드를 준비합시다. 테스트 코드가 과도하게 작성되는 이유는 다음과 같습니다.

- 테스트 관점이 정리되어 있지 않고, 즉흥적으로 테스트 코드가 추가된다
- 커버리지(*2-13)가 수치 목표가 되어 수치를 맞출 목적으로 필요 없는 테스트 코드가 추가된다
- 너무 높은 커버리지가 목표가 되어 소스 코드의 세세한 처리까지 의식한 테스트 코드가 추가된다
- 모든 부분에 테스트 코드를 작성하는 것이 목표가 되어, 값의 교체 등 실패할 일이 없는 간단한 처리에도 테스트 코드가 추가된다

테스트 코드의 분량을 적절히 유지하려면 이와는 반대로 해야 합니다. 즉, 테스트 코드를 작성하기 전에 테스트 관점을 정리하고 테스트 설계를 합니다. 그런 다음 커버리지를 수치적 목표로서 막연히 추종하는 것이 아니라, 테스트 대상 소스 코드의 사양과 임무에 따라 테스트 코드를 작성합니다. 그리고 테스트가 실패할 가능성을 고려하여 리스크가 높은 부분을 우선적으로 작성합니다. 고민이 된다면 '이 테스트 코드는 실제 가동 환경에서 발생하는 어떤 상황을 테스트하고 있는가'를 자문해 보는 것이 좋습니다. 조건이 잘 설명되지 않거나, 메서드/함수/클래스의 입출력 데이터 조건으로만 설명할 수 있다면 의미 없는 테스트일 가능성이 높습니다.

한편 분량뿐만 아니라 테스트 코드가 유지보수 가능한 상태로 유지되는 것도 중요합니다. 테스트 코드의 작성이 소스 코드 작성 시점과 떨어져 있거나, 테스트가 시작되면 기능 추가로 되돌아갈 수 없다면 테스트 대상 소스 코드의 동작이나 설계에 문제가 있더라도 피드백이 되지 않고, 그때의 프로그램을 기반으로 테스트 케이스가 추가됩니다. 동작이나 설계에 문제가 있는 소스 코드에 테스트 코드를 추가하면 테스트 코드가 원인이 되어 리팩터링이 어려워집니다. 이를 방지하기 위해서는 테스트 코드와 소스 코드의 추가 시기를 가깝게 하거나 동일하게 하고, 테스트 코드를 추가할 때 피드백이 소스 코드 작성자에게 전달될 수 있도록 합니다(그림 2-47).

(*2-13) 커버리지: 테스트 대상에 포함된 망라 조건을 실행한 비율. 명령 망라(C0, Statement Coverage)나 분기 망라(C1, Branch Coverage)를 지표로 사용하는 경우가 많다.

그림 2-47   테스트 코드 코딩의 피드백은 작성자에게 전달될 필요가 있다

P 돌연변이 테스트

테스트 코드의 확인 항목이 충분히 갖추어졌는지, 테스트의 품질을 평가하는 방법으로 '돌연변이 테스트(Mutation test)' 2-25 가 있습니다. 돌연변이 테스트는 소스 코드의 일부를 변경하여 의도적으로 결함을 삽입한 후 자동 테스트를 실행하여 테스트가 실패하는지 확인합니다. 자동 테스트가 실패한다면 테스트 코드는 결함을 검출할 수 있는 능력이 있다고 볼 수 있습니다. 수정할 부분을 바꿔가며 테스트가 실패하는지 여러 번 확인하고, 실패를 검출할 수 있는 비율로 테스트 코드의 확인 항목이 충분한지 여부를 판단할 수 있습니다. 결함을 검출할 수 있는 비율로 테스트 코드의 확인 항목이 충분한지의 판단기준이 됩니다. 평소 개발에서 이 정도까지 신경 쓸 여력이 있을지는 모르겠지만, 필요 충분한 테스트 코드를 준비한다는 개념을 의식하는 데에는 유용할 것입니다(그림 2-48).

그림 2-48 | 돌연변이 테스트

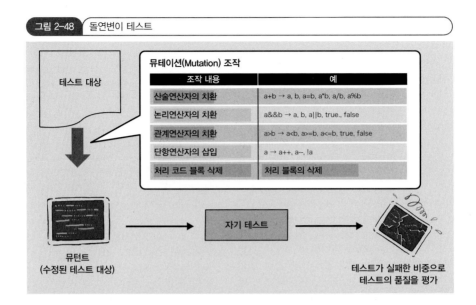

테스트 대상

뮤테이션(Mutation) 조작

조작 내용	예
산술연산자의 치환	a+b → a, b, a=b, a*b, a/b, a%b
논리연산자의 치환	a&&b → a, b, a||b, true., false
관계연산자의 치환	a>b → a<b, a>=b, a<=b, true, false
단항연산자의 삽입	a → a++, a--, !a
처리 코드 블록 삭제	처리 블록의 삭제

뮤턴트
(수정된 테스트 대상)

자기 테스트

테스트가 실패한 비중으로
테스트의 품질을 평가

마지막으로 '얼마나 테스트를 하나요?'라는 Stack Overflow의 질문에 대해 『테스트 주도 개발』의 창시자인 켄트 벡(Kent Beck)이 답한 글을 소개합니다 2-26 . 필자가 직접 번역한 것입니다.

저는 테스트가 아닌 동작하는 코드에 대해 보상을 받고 있습니다. 그래서 제 철학은 정해진 신뢰 수준에 도달하기 위해 가능한 한 적은 테스트를 하는 것입니다 (저는 이 신뢰 수준이 업계 표준에 비해 높다고 생각하지만, 과신일 수도 있습니다). 만약 내가 보통 어떤 종류의 실수를 하지 않는다면(예를 들어 생성자에 잘못된 변수를 전달하는 것과 같은), 나는 그것을 위한 테스트를 하지 않습니다. 나는 테스트 오류의 의미를 이해하는 경향이 있기 때문에 복잡한 조건부 로직에서 더 주의 깊게 테스트하는 경향이 있습니다. 팀에서 코드를 작성하는 경우, 우리 모두가 실수하기 쉬운 코드를 주의 깊게 테스트하도록 전략을 수정합니다.

 커버리지의 목표

 '커버리지가 높을수록 좋은 것은 아니다'라고 하는데 의문이 듭니다. 지표로 널리 쓰이기 때문에 유용한 지표이고, 높으면 높을수록 좋은 것 아닌가요?

 낮은 커버리지(50% 이하 등)는 테스트가 작성되지 않았다는 징후입니다. 다만, 높은 커버리지(80%이상 등)는 결과일 뿐으로 테스트 코드나 테스트 품질에 관해서 아무것도 증명해 주지 않습니다.

스플렁크
수석 영업 엔지니어
관찰가능성

오타니 카즈노리
Otani Kazunori

테스트 주도 개발에서는 TODO 리스트가 테스트보다 먼저

책 『테스트 주도 개발』에 소개된 TDD의 프랙티스에 대해 '테스트 코드보다 먼저 써야 할 것'이 있다는 사실을 기억하는 사람이 얼마나 될까요? 바로 '무엇을 할 것인가, 그리고 어떻게 될 것인가'라는 시나리오를 자연어로 표현한 'TODO 리스트'를 먼저 작성해야 한다는 것입니다. 이 또한 중요한 프랙티스입니다.

예를 들어 음료 자판기 도메인을 생각해 봅시다. 이 경우 TODO 리스트는 다음과 같이 생각할 수 있습니다.

- 1000원을 넣고 반환 버튼을 누르면 1000원이 반환된다
- 1000원을 넣고 1500원짜리 상품 버튼을 누르면 아무 일도 일어나지 않는다
- 1000원을 넣고 1000원짜리 상품 버튼을 누르면 해당 상품이 1개 나온다

물론 이외에도 다양한 시나리오가 있고, 이 시나리오들도 충분히 상세하다고 할 수는 없습니다. 하지만 테스트 코드를 작성하는 데 충분하다면 그것으로 괜찮습니다.

TODO 리스트가 어느 정도 쌓였다면 이제 드디어 테스트 코드를 작성해야 하는데, 어떤 항목부터 손을 대야 할까요? 이 역시 '사용자가 무엇을 원하는지'를 기준으로 생각하는 것이 좋습니다. 예를 들어 반납 작업은 필요할 수도 있지만, 반납을 위해 자판기에 돈을 넣는 사용자는 없을 것입니다. 돈을 넣는 사용자는 모두 상품을 얻고 싶어할 것입니다. 따라서 위의 세 가지 항목이라면 '해당 상품을 하나 얻을 수 있다'라는 항목의 테스트를 작성하게 됩니다.

이에 대해 조금 의아해하는 분들도 있을 수 있습니다. 상품을 얻는다는 일련의 동작은 투입 금액을 관리한다든지, 상품 목록을 관리한다든지, 어쩌면 재고를 관리하는 공정까지 포함될 수도 있기 때문입니다. 또한 처음 시작하기에 너무 큰 시나리오로 느껴질 수도 있습니다. 만약 그렇게 느껴진다면 다음과 같이 TODO 리스트에 항목을 추가해 봅시다.

- 1000원을 넣으면 투입 금액이 1000원이라는 것을 알 수 있다
- 사용자는 1500원짜리 상품 혹은 1000원짜리 상품을 선택할 수 있다는 것을 알 수 있다
- 상품이 품절된 경우, 해당 상품의 버튼을 눌러도 아무 일도 일어나지 않는다

TODO 리스트가 6개로 늘어났습니다! 이 안에서 다시 한번 우선순위를 생각하며 테스트 코드와 제품 코드를 작성해 나가게 됩니다.

필요한 TODO 리스트를 만들고, 그 안에서 테스트 코드와 제품 코드를 작성하고, 어느 정도 진행되면 다시 TODO 리스트를 작성하는 것이 테스트 주도 개발의 진행 방법입니다. TDD의 T는 TODO의 T일지도 모릅니다.

으음~ 시간도 없는데
이전 캠페인 때의
소스 코드를 복사해서
수정해야겠다.

됐다.

점점 소스 코드를
수정해 가는 게
어려워지네…

그래서 소스 코드를
손댈 수 없게 됐어요.

그렇다고 해서…
다시 만드는 게
해법은 아니잖아?

◆ 평소 개발부터 소스 코드 품질에 신경을 쓴다

P 장기적인 개발/운용이 가능한 소스 코드

소스 코드를 처음부터 다시 작성하고 싶다는 이야기는 팀에 새로운 팀원이 들어올 때마다 자주 듣게 되는 요구사항입니다.

소스 코드는 그 품질을 가리켜 깨끗하다/지저분하다는 표현이 자주 쓰이지만, 그 평가 관점은 가독성, 테스트의 용이성(테스트 가능성), 일관성 있는 설계 등 다양합니다. 단순한 아름다움보다 더 많은 의미를 내포하고 있습니다. 장기적으로 개발/운용할 수 있는 소스 코드는 속도를 유지하면서 개발을 지속하는 데 필수적인 요소입니다. 하지만 '우리 소스 코드가 장기적으로 개발/운용 가능한 상태를 일관되게 유지하고 있다'고 자신 있게 대답할 수 있는 경우는 얼마나 될까요? 코드 베이스는 다음과 같은 이유로 인해 장기적으로 개발/운용 가능한 상태에서 점차 멀어지게 됩니다.

- 문제가 있는 소스 코드가 코드 리뷰를 통과하는 경우가 있습니다
- 프로그래밍 언어나 프레임워크가 버전업되어, 모범 사례나 설계 개념이 변경됩니다
- 조금씩 추가한 소스 코드 수정이 분수령을 넘어 큰 설계 왜곡을 유발합니다

우리는 '장래에 여유가 생기면 소스 코드를 장기적으로 개발/운용할 수 있는 소스 코드로 다시 작성할 수 있다', '마음만 먹으면 생각을 바꿔 장기적으로 개발/운용할 수 있는 소스 코드를 작성할 수 있다'는 생각을 하지만, 실제로 소스 코드를 전체적으로 다시 작성할 시기는 오지 않고, 작성되는 소스 코드의 품질은 언제까지나 변하지 않습니다. 『클린 아키텍처』 2-27 에서는 다음과 같이 설명합니다.

앞서 말한 개발자들의 거짓말은 지저분한 코드를 작성하면 장기적으로는 느려지지만, 단기적으로는 속도가 빨라진다는 생각에 근거하고 있다. 이를 믿는 개발자들은 지저분한 코드를 재작성하는 모드에서 언젠가는 클린 코드를 작성하는 모드로 전환할 수 있다는 토끼 같은 자신감을 가지고 있다. 하지만 그것은 잘못된 생각이다. 사실 단기적으로나 장기적으로나, 지저분한 코드를 재작성하는 것이 클린 코드를 작성하는 것보다 항상 느리다.

'소스 코드가 장기적으로 개발/운용이 가능하다'는 것은 상대적인 평가입니다(그림 2-49). '여기서부터 장기적으로 개발/운용이 가능한 소스 코드, 여기서부터 지저분한 소스 코드'라는 명확한 구분은 나눌 수 없으며, 모인 팀원들의 능력에 따라 기준도 달라질 수 있습니다. 시간을 투자한다고 해서 누구나 최고의 소스 코드를 작성할 수 있는 것도 아닙니다. 장기적으로 개발/운용할 수 있는 소스 코드를 작성할 수 있는 사람은 어떤 상황에서도 그 조건을 충족하는 소스 코드를 작성할 수 있으며, 서두른다고 해서 품질이 극단적으로 떨어지지는 않습니다.

장기적으로 소스 코드의 품질은 가장 숙련도가 낮은 팀원의 기준으로 맞춰져 갑니다. 그렇기 때문에 각 팀원이 계속해서 좋은 소스 코드를 작성할 수 있도록 코드 리뷰를 통한 조언, 독서회나 스터디 모임의 개최, 제품 설계 토론 등 상호 학습할 수 있는 기회를 마련하고, 매일매일 스킬업에 힘써야 합니다.

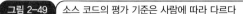

그림 2-49 | 소스 코드의 평가 기준은 사람에 따라 다르다

◆ 소스 코드를 장기적으로 개발/운용할 수 있도록 한다

소스 코드를 장기적으로 개발/운용하는 데 도움이 되는 프랙티스가 두 가지 있습니다. 두 프랙티스의 차이는 '규모'인데 어떻게 다른지 살펴봅시다.

P 리팩터링

리팩터링 2-28 이란 '프로그램의 외부에서 보는 동작을 바꾸지 않고 소스 코드 내부 구조를 정리하는' 작업입니다. 외부에서 보는 동작이 변하지 않는다는 것을 보장할 수 있다면, 수정 범위와 상관없이 리팩터링이라고 부르기도 하지만, 현실적으로는 함수나 메서드, 클래스 정도로 구체화된 개선을 가리키는 경우가 많습니다.

여러 사람이 소스 코드를 작성하다 보면, 프로그래밍 기술이나 도메인 지식의 차이로 인해 소스 코드의 품질에 편차가 생깁니다. 중장기적으로 안정적인 성과를 내기 위해서는 틈틈이 작은 리팩터링을 통해 소스 코드의 품질이 낮은 부분을 고쳐나가야 합니다. '리팩터링을 자주 하자'는 말은 자주 하지만, 정작 자신은 깨닫지 못하거나, 지적을 받아도 수정할 부분이 너무 많아서 포기하거나, 다른 우선순위 작업이 있어 미루게 되는 경우가 많습니다. 소스 코드의 좋고 나쁨에 대한 명확한 기준이 없기 때문에 시작할 때와 끝낼 때를 판단하기 어렵고 생각과는 반대로 리팩터링이 이루어지지 않는 경우가 많습니다.

또한 '리팩터링할 시간이 없다'는 이야기를 자주 듣게 됩니다. 개발 계획에 리팩터링 항목을 넣어놓고도 우선순위가 낮아서 착수하지 못하는 상황이 계속되고 있습니다. 여기서 당신이 함께 일했던 가장 뛰어난 개발자와의 작업을 떠올려 봅시다. '리팩터링 해도 되나요?'라고 누군가에게 허락받는 모습을 본 적이 있나요? 아마 없을 겁니다. 소스 코드에 손을 대기 전이나 손을 댄 후, 개발자의 작업이 비었을 때, 문제를 발견했을 때, 잠깐의 틈을 이용해 일상적으로 리팩터링을 진행했을 것입니다. 소스 코드를 리팩터링 해야 할 타이밍은 기다린다고 해서 찾아오지 않습니다. 소스 코드를 작성하다가 발견했을 때, 혹은 필요할 때 수시로 리팩터링을 실시합시다.

Ⓟ 리아키텍처

리팩터링이 아닌 컴포넌트나 모듈 등 좀 더 큰 단위로 다시 작성하는 '리아키텍처' 2-29 가 필요할 때도 있습니다. 큰 단위의 재구축은 몇 개월에서 몇 년이 걸리는 매우 큰 개발입니다. 그 사이에도 비즈니스 환경은 계속 변화합니다. 재작업을 하는 동안 시스템이나 제품의 사양을 변경하지 않겠다는 약속을 하더라도, 제품의 성장이나 생존을 위해 그 약속이 지켜질지는 또 다른 차원의 이야기입니다. 한번 합의가 이뤄져도 어느 순간 약속이 깨졌다는 이야기를 자주 듣습니다.

시간을 들여 한꺼번에 대대적인 재구성을 하는 리아키텍처는 완수하지 못할 가능성이 높습니다. 현실적으로 어디서든 중단할 수 있도록 부분적인 리아키텍처로 나눠서 이를 반복해 시행하게끔 됩니다. 리아키텍처는 준비하는 것도, 완성하는 것도 힘듭니다. 이를 방지하기 위해 평소에 리팩터링을 자주 실시합시다.

◆ 원본 소스 코드보다 더 깔끔하게 만들기

[P] 보이스카우트 규칙

『프로그래머가 알아야 할 97가지』 **2-30** 에는 로버트 C. 마틴의 **보이스카우트 규칙**을 같이 소개했습니다.

> 보이스카우트에는 중요한 규칙이 있습니다. 그것은 '왔을 때보다 더 아름답게'
> 입니다. 설령 자신이 왔을 때 캠프장이 더러웠더라도, 그리고 설령 자신이 더럽힌
> 것이 아니더라도, 깨끗하게 청소하고 떠나라는 규칙입니다. 그래야 다음에 오는 사
> 람들이 기분 좋게 캠핑을 즐길 수 있기 때문입니다.

수정할 때마다 원래보다 더 깔끔한 소스 코드로 만듭니다. **커밋할 때, 코드 리뷰할 때, 병합할 때마다 원래의 소스 코드보다 조금이라도 더 개선하는 습관을 쌓아간**다면, 장기적으로 개발/운용할 수 있는 소스 코드를 언젠가는 얻을 수 있습니다. 그렇다고 해서 소스 코드를 개선하는 데 오랜 시간을 들일 필요는 없습니다. 변수나 함수의 이름을 바꾸고, 처리 위치를 정리하고, 더 이상 사용하지 않는 소스 코드를 삭제하는 등 작은 수정이 쌓이는 것만으로도 충분합니다.

리팩터링하는 것 자체를 작업으로 만들어 보는 것이 좋습니다(그림 2-50). 리팩터링에 소요되는 시간을 제한하고, 실제로 리팩터링이 이루어지도록 작업 분해할 때 계획합니다. 기능 추가나 버그 수정 전에 리팩터링을 하면, 앞으로 진행할 프로그래밍이 한층 수월해집니다. 기능 추가나 버그 수정 후에 리팩터링을 하더라도 더 나은 설계를 검토할 수 있는 기회가 될 수 있습니다.

그림 2-50 작업 분해할 때 리팩터링 작업을 기재한다

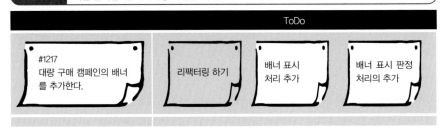

(P) 기능 삭제하는 방법 익히기

기능을 삭제하는 방법을 익히는 것도 중요합니다. 기능을 추가할 때의 테스트나 릴리스 절차는 많이 경험하지만, 기능을 삭제할 때의 테스트나 릴리스는 의외로 경험이 없는 경우가 많습니다. 우선 사용하지 않는 소스 코드나 누가 봐도 불필요한 기능을 삭제하는 것부터 시작해 봅시다. 몇 줄 정도라도 상관없습니다. 삭제하려고 시도하면서 누구의 확인이 필요한지, 누구의 승인이 필요한지, 어디까지 테스트와 동작 확인을 해야 하는지, 어디까지 신경을 써야 하는지 알 수 있습니다. 여러 번 삭제를 해나가다 보면 불필요한 소스 코드나 기능을 자연스럽게 삭제할 수 있게 됩니다.

누군가 개인의 강한 의지가 없어 불필요한 소스 코드나 기능의 삭제에 이르지 못할 것 같으면 삭제 메커니즘을 마련하는 것도 한 방법입니다. 예를 들어 기능 제거를 위한 부모 브랜치를 만들어 개발자에게 주지시키고, 거기에 소스 코드 제거를 병합할 수 있도록 합니다. 릴리스 전 확인, 테스트 등 번거로운 작업과 통합하여 개발자의 심리적 장벽을 낮출 수 있습니다. 또는 몹 프로그래밍을 통해 기능 삭제를 진행하면 심리적 장벽을 낮출 수 있습니다. 서로 대화를 통해 각자의 지식을 공유하면서 진행합시다.

◆ 소프트웨어 의존관계를 검토한다

수정 사항을 자주 통합하고 주기적으로 배포를 하면서도 뒷전으로 밀리기 쉬운 것이 바로 의존관계의 정기적인 갱신입니다. 소프트웨어를 개발할 때 사용하는 라이브러리, 프레임워크, 프로그래밍 언어 버전, OS 버전 등을 자주 갱신할 필요가 있습니다. OS나 프로그래밍 언어, 프레임워크의 주요 버전업은 몇 개월에서 몇 년 단위로 비정기적으로 발생하며, 라이브러리 업데이트는 더 작은 단위로 매월 또는 매주 업데이트될 수 있습니다.

의존관계를 주기적으로 검토하고 변경 사항을 따라잡기 위해 소프트웨어를 수정해야 합니다. 이러한 의존관계 중 일부는 수정작업의 규모가 큰 경우가 많습니다.

하지만 대부분의 현장에서는 가장 쉽게 할 수 있는 작은 라이브러리 버전 갱신도 제대로 이루어지지 않는 경우가 많습니다. 한 번의 라이브러리 업데이트에 포함되는 내용은 작고, 동작 확인도 바로 할 수 있습니다. 그럼에도 대응을 미루는 이유는 시스템 중단의 위험성 고려, 기능 개발이나 버그 수정 등 다른 우선순위 작업의 존재 등 다양한 요인이 있습니다. 하지만 라이브러리 갱신이 쌓이면 버전업이 어려워지고, 한 라이브러리를 갱신하지 못하면 다른 라이브러리도 갱신할 수 없게 됩니다. 그렇게 되면 리포지터리의 종속관계가 유지보수 불가능한 상태가 되고, 언젠가 다가올 OS/프레임워크/라이브러리 지원이 중단되는 시점에 큰 문제가 됩니다. 필자는 작은 것이라도 의존관계 갱신을 한 번 중단하면 거기서부터 빚이 늘어난다고 생각합니다.

그렇다면 의존성을 갱신하려면 어떻게 해야 할까요? 자동화나 팀의 규칙을 만드는 것부터 시작하고 싶겠지만, 우선 의존관계 중에서 갱신할 것을 하나 선택해서 의존관계를 갱신하는 경험을 쌓는 것을 추천합니다. 작은 라이브러리의 작은 업데이트라 할지라도 어느 정도까지 확인이 되면 릴리스해도 되는지 처음에는 지침이 없습니다. 아무런 경험이나 실적 없이 결정하기는 어려우므로 우선 영향 범위가 비교적 작다고 생각되는 라이브러리부터 갱신하고 배포까지 해보고, 버그 등의 문제를 발견한 후 점차적으로 문제 발생을 예방하는 체계를 마련하는 것이 좋습니다. 확인 절차가 마련되면 프레임워크나 OS 등 영향 범위가 큰 의존관계 갱신을 시도해도 문제를 놓칠 위험을 줄일 수 있습니다. 의존관계 업데이트 작업을 여러 번 반복하면서 자신에게 맞는 방식을 찾을 수 있습니다.

의존관계 갱신 작업을 정착시키는 데에도 요령이 있습니다. 먼저 테스트 계통의 라이브러리나 빌드 시 사용하는 도구 등 제품 동작 환경에서의 동작과 관련이 없는 것부터 시작해야 합니다. 또한 의존관계 갱신이 필요한 리포지터리가 여러 개라면 영향 범위가 작은 리포지터리부터 작업하여 경험과 자신감을 쌓습니다. 버전업을 통해 문제가 발생했을 때를 대비해 원상태로 안전하게 되돌릴 수 있는 절차를 미리 확인해 두는 것도 필요합니다. 한꺼번에 버전을 올리고 싶지만, 조금씩 올리는 것이 문제를 파악하기에 더 쉽습니다. 방금 출시된 최신 버전은 버그가 있을 수 있으므로 며칠 동안 지켜본 후 버전을 올리는 것도 효과적입니다. 한편, 버그 보고도 오픈소스에 대한 훌륭한 기여입니다. 적극적으로 버전을 올리고, 동작하지 않는 원인을 조사해 버그를 보고하는 것은 자신의 실력 향상에도 도움이 됩니다.

P 의존관계의 자동 갱신

의존관계의 갱신을 잊어버리는 원인 중 하나는 갱신을 인지하지 못하는 경우입니다. 갱신을 감지하고 수정 풀 리퀘스트를 자동으로 작성하는 메커니즘이 있으면 갱신 관리에 도움이 됩니다. 예를 들면 'Dependabot'이나 'Renovate'와 같은 의존관계 갱신 자동화 서비스를 사용할 수 있습니다(그림 2-51).

의존관계 갱신 자동화 서비스는 리포지터리 내 버전이 기재된 파일을 정기적으로 체크해, 새로운 버전이 있으면 버전 번호를 갱신한 수정 사항을 포함한 풀 리퀘스트를 자동으로 생성해 줍니다. 버전 번호를 하나하나 수정하는 것은 단순 작업이지만, 그 수가 많아지면 손이 많이 가는 작업입니다. 또한 자동 테스트를 수행하도록 설정해 두면 의존관계 갱신으로 인해 동작이 멈추는 것을 테스트로 감지할 수 있습니다. 또한 자동 테스트가 성공할 때 의존관계 갱신 풀 리퀘스트를 자동으로 병합하도록 설정해 두면 번거로움도 줄일 수 있습니다. 자주 의존관계 갱신을 하면 한 번의 갱신 차이가 작아져, 어디서 문제가 발생했는지 쉽게 찾아낼 수 있습니다.

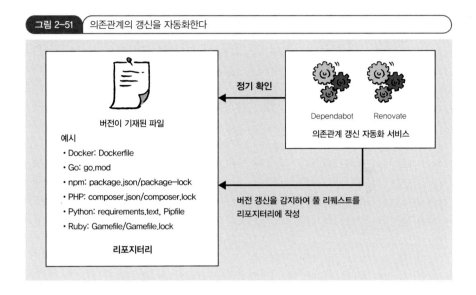

그림 2-51　의존관계의 갱신을 자동화한다

Dependabot과 Renovate는 다음과 같은 광범위한 의존관계 갱신을 대상으로 하며, Renovate는 온 프레미스 환경에 직접 서버를 구축할 수도 있기 때문에 갱신 대상만 커버한다면 폭넓게 적용할 수 있습니다.

 한꺼번에 갱신하는 것이 더 효율적이지 않나요?

 '3개월 또는 6개월에 한 번씩 일괄적으로 갱신한다'는 규칙을 정하는 것이 더 효율적이지 않을까요?

 갱신 시기가 개발 중 바쁠 때와 겹치면 '지금은 의존관계 갱신보다 개발이 더 중요하다'고 건너뛰게 됩니다. 갱신을 미루면 미룰수록 필요한 공수도 늘어나니 평소에 자주 의존관계를 갱신합시다.

2장에서는 팀이 협업하여 기능을 구현하기 위한 기술 프랙티스를 소개했습니다. 제품이나 시스템의 복잡성이 커질수록 설계/변경 용이성/응집력 등 소프트웨어 개발 지식도 중요해집니다. 참고할 만한 책 몇 권을 소개합니다.

- 『소프트웨어 아키텍처 101』
  마크 리처즈, 닐 포드 (2021, 이일웅 역, 한빛미디어)
- 『Secure By Design』
  Daniel Deogun, Dan Bergh Johnsson, Daniel Sawano (2019, Manning)
- 『진화적 아키텍처』
  닐 포드, 레베카 파슨스, 패트릭 쿠아, 프라모드 사달게이 (2023, 정병열 역, 한빛미디어)
- 『현장에서 유용한 시스템 설계의 원칙 – 변화를 쉽고 안전하게 만드는 객체지향의 실천 기법』
  (원제: 現場で役立つシステム設計の原則 ～ 変更を楽で安全にするオブジェクト指向の実践技法)
  増田亨 (2017, 기술평론사)

REFERENCE

2-1 『Toolbox for the Agile Coach - Visualization Examples』 Jimmy Janlén (2015, Leanpub)
https://leanpub.com/agiletoolbox-visualizationexamples

2-2 「Ready-ready: the Definition of Ready for User Stories going into sprint planning」
Richard Kronfält (2008)
http://scrumftw.blogspot.com/2008/10/ready-ready-definition-of-ready-for.html

2-3 「스크럼 가이드」 켄 슈와버, 제프 서덜랜드 (2020)
[한국어판 링크] https://scrumguides.org/docs/scrumguide/v2020/2020-Scrum-Guide-Korean.pdf

2-4 「Everything You Need to Know About Acceptance Criteria」 SCRUM ALLIANCE
https://resources.scrumalliance.org/Article/need-know-acceptance-criteria

2-5 『Large-Scale Scrum: More with LeSS』 Craig Larman, Bas Vodde (2016, Addison-Wesley Professional)

2-6 『Code Complete 코드 컴플리트 2』 스티브 맥코넬 저, 서우석 역 (2017, 위키북스)

2-7 「Patterns for Managing Source Code Branches」 Martin Fowler (2020)
https://martinfowler.com/articles/branching-patterns.html

2-8 「A successful Git branching model」 Vincent Driessen (2010, nvie.com)

https://nvie.com/posts/a-successful-git-branching-model/

2-9 「GitHub Flow」 Scott Chacon (2011, A little space for Scott)

http://scottchacon.com/2011/08/31/github-flow.html

2-10 「Trunk Based Development」 Paul Hammant

https://trunkbaseddevelopment.com/

2-11 「FeatureToggle」 Martin Fowler

https://martinfowler.com/bliki/FeatureToggle.html

2-12 「Feature Toggle Types」 (Unleash)

https://docs.getunleash.io/reference/feature-toggle-types

2-13 「git-commit(1) Manual Page」

https://mirrors.edge.kernel.org/pub/software/scm/git/docs/git-commit.html#_discussion

2-14 「Write Better Commits, Build Better Projects」 Victoria Dye (2022, TheGitHub Blog)

https://github.blog/2022-06-30-write-better-commits-build-better-projects/

2-15 『익스트림 프로그래밍』 (2판) 켄트 벡/신시아 안드레스 저, 김창준/정지호 역 (2006, 인사이트)

2-16 「Ten minutes explanation or refactor」 Urs Enzler (2017, 101 ideas for agile teams)

https://medium.com/101ideasforagileteams/ten-minutes-explanation-or-refactor-2679fccfeeaa

2-17 「코드 소유자 정보」 (GitHub Docs)

[한국어판 링크] https://docs.github.com/ko/repositories/managing-your-repositorys-settings-and-features/customizing-your-repository/about-code-owners

2-18 『익스트림 프로그래밍』 (2판) 켄트 벡/신시아 안드레스 저, 김창준/정지호 역 (2006, 인사이트)

2-19 「Fast git handover with mob」

https://mob.sh/

2-20 『Experiences of Test Automation: Case Studies of Software TestAutomation』 Dorothy Graham・Mark Fewster (2012)

2-21 「자동화 테스트와 테스트 주도 개발의 개요」 (원제: 「自動テストとテスト駆動開発、その全体像」) 和田卓人 (2022, Software Design 2022년 3월호, 기술평론사)

2-22 『테스트 주도 개발』 켄트 벡 저, 김창준/강규영 역 (2014, 인사이트)

2-23 「TableDrivenTests」 (TableDrivenTests·golang/go Wiki)

https://github.com/golang/go/wiki/TableDrivenTests

2-24 「Unit testing Anti-patterns catalogue」 (Stack Overflow)

https://stackoverflow.com/questions/333682/unit-testing-anti-patterns-catalogue

2-25 「State of Mutation Testing at Google」 Goran Petrovic・Marko Ivankovic (2018)

2-26 「How deep are your unit tests?」 (Stack Overflow)

https://stackoverflow.com/questions/153234/how-deep-are-your-unit-tests

2-27 『클린 아키텍처』 로버트 C. 마틴 저, 송준이 역 (2019, 인사이트)

2-28 『리팩터링』(2판) 마틴 파울러 저, 개앞맵시/남기혁 역 (2020, 한빛미디어)

2-29 『Re-Engineering Legacy Software』 Chris Birchall (2016, Manning)

2-30 『프로그래머가 알아야 할 97가지』 케블린 헤니 저, 손영수/김수현/최현미 역 (2012, 지앤선)[*2-14]

(*2-14) 국내 번역본이 나왔지만 지금은 절판인 상태입니다. 원서 정보가 필요한 분은 아래 정보를 확인해 참고해 보시길 바랍니다.
『97 Things Every Programmer Should Know: Collective Wisdom from the Experts』 Kevlin Henney (2010, O'Reilly Media)

아길레르고 컨설팅 주식회사
시니어 애자일 코치

가와구치 야스노부
Kawaguti Yasunobu

기술적 부채
- 문제 발견까지의 시간과 리스크를 경영 부문에 설명한다

기술 프랙티스와 관련된 비용에 대해 이야기하다 보면 '개발자들은 알고 있지만 경영 부문에 설명하기 어렵다'는 의견을 들을 때가 있습니다. 바로 그런 경우에 알맞은 용어가 '기술적 부채'입니다. 경영자나 재무 담당자는 부채는 필요할 때는 감수해야 할 위험이고, 쌓이면 회사를 위기로 몰아넣는 것으로 생각합니다. 이 부채를 은유적으로 사용하여 엔지니어가 안고 있는 과제를 설명하고자 했습니다. 예를 들어 '문제 발견까지 시간이 걸리는 것'은 현재로서는 리스크에 불과하지만, 긴급한 장애가 발생하면 그 비즈니스를 위기로 몰아넣을 수 있습니다. '당장은 문제가 없어 보이지만 사실은 큰 리스크가 있다'는 것을 경영 부문에도 공유하고, 그 리스크를 줄이기 위한 투자로 기술 프랙티스를 조사/적용하는 비용을 지금 당장 감수하는 것에 대한 공감대를 형성하려고 노력해야 합니다. 애자일 개발을 만들어 온 선배들도 엔지니어이면서도 상대방에게 잘 전달될 수 있도록 설명을 잘하고 관련 비즈니스의 성공을 위해 노력해 왔습니다.

하지만 단순히 '기술적 부채가 있어서 갚고 싶다'라고 말해도 경영 부문에 잘 전달되지 않습니다. 구체적인 에피소드를 통해 구체적으로 전달해야 합니다. 문제를 발견하고 고치는 데 걸리는 시간을 몇 가지 사례를 통해 생각해 보겠습니다.

1. 릴리스 전 수동 테스트에 의존하고 있습니다

초기에 프로토타입으로 만든 애플리케이션이 좋은 평가를 받아 실제 제품으로 성장하는 과정에서 자동 테스트는 뒤로 미루고, 직접 실행해 보고 확인한 후 다른 사람에게 넘기는 경우가 종종 있습니다. 자동 테스트를 실시하는 것보다 새로운 기능을 고객에게 빨리 보여주고 싶다고 판단하는 경우가 이에 해당합니다. 릴리스 후 문제가 발견되어 몇 주 전에 만든 부분 어딘가에 있을, 문제의 원인을 찾아야 하는 경우가 이에 해당합니다. 보고자의 착각으로 문제가 아닐 가능성도 고려해야 하고, 상당히 넓은 범위의 추측을 머릿속에 그리면서 문제를 파악하는 데 머리를 사용해야 합니다. 이는 스트레스도 많은 작업입니

175

다. 그리고 대응을 릴리스하면, 그 변경으로 인해 비슷한 문제가 또다시 발생할 수도 있습니다. 서비스가 정상적으로 동작하는 상태로 되돌리려면 릴리스 전 상태로 되돌려야 합니다. 만약 이 시점에 꼭 릴리스해야 할 기능이 있다면, 상당히 어려운 결정을 내려야 합니다.

2. 테스트를 자동화하여 매일 빌드와 테스트를 수행한다 (데일리 빌드)

예전에는 매일 빌드를 하는 것을 데일리 빌드, 밤에 하는 것을 나이틀리 빌드라고 불렀습니다. 빌드를 자동화해서 매일 자동으로 체크하도록 하면 다음 날이면 문제가 발견될 수 있습니다. 단, 테스트 케이스의 범위 내에서는 적어도 빌드할 수 없는 치명적인 문제들은 발견할 수 있습니다. 어제 수행한 작업의 어딘가에 문제가 있다는 것을 알 수 있기 때문에, 우선 해당 커밋을 취소하고 전날의 '작동 중'으로 되돌릴 수 있습니다. 하루 분량의 작업을 일시적으로 되돌리기 때문에 큰 영향은 없을 수 있습니다. 그런 다음, 그 이후 실시한 커밋을 확인하여 의심스러운 부분을 찾아내면 됩니다.

3. 커밋을 훅(Hook)[*2-15] 하면 자동으로 테스트가 실행된다 (지속적인 통합)

코드 수정 사항을 메인 브랜치에 푸시하면 자동으로 테스트가 실행되도록 하는 것을 지속적 통합이라고 합니다. 개발자들에게는 작업이 완료될 때마다 다양한 피드백을 얻을 수 있게 됩니다. 그때까지 '동작하던 코드'와 '문제 없던 테스트' 중 하나가 '방금 전 작업'으로 인해 동작하지 않는다는 것을 알 수 있습니다. 원인을 찾기 위해 검토해야 할 범위가 매우 좁아집니다. 만약 제품을 만든 지 10분 만에 문제가 발견되었다면, 먼저 10분 동안 한 작업을 의심하면 되고, 그 부분은 일단 버리는 것도 쉬울 것입니다.

(*2-15) [역주] 훅(Hook): 운영체제나 다른 소프트웨어의 동작을 가로채서 원래 기능에 덧붙이거나 교체하는 행위

애자일 개발에서는 '알려진 결함이 없는' 상태를 유지하는 것을 목표로 합니다. 즉, 알려진 문제에 대한 테스트를 자동화해 두어, 사람은 그 외의 부분을 제대로 검색하도록 하자는 것입니다. 이를 '제로 버그 톨러런스(Zero Bug Tolerance)'라고도 합니다. 물론 우리는 전지전능한 존재가 아니기 때문에 알려지지 않은 문제를 발견할 수는 없지만, 이 상태를 최대한 높은 빈도로 확인할 수 있는 상황을 만들고 유지함으로써 '다음에 문제가 발견되었을 때' 반응 속도가 빨라지고, 장애 대응 시 심리적 부하가 낮아집니다. 그리고 '지금은 심각하지 않지만, 언젠가는 큰 문제가 될지도 모른다는 우려'에 대해 조기에 검토할 수 있게 됩니다. 마음의 여유를 가지면서도 검토를 잊지 않는 신중함이 생깁니다. 코드의 품질이 좋지 않은 팀일수록 다음 문제 발생에 대한 여력이 적어지고, 심지어는 명백히 존재하는 문제에도 대응하지 못하는 경우가 많습니다.

'이해는 하지만 경영 부문에서 지속적인 통합이나 테스트 작성을 위한 시간을 허락하지 않는 상황입니다'라는 상담을 받은 적이 있습니다. 이럴 때 '기술적 부채'의 아이디어를 활용하여 경영 부문도 이해할 수 있도록 설명할 수 있을 것입니다. 다음과 같이 설명해 보면 어떨까요?

버그가 적고 문제 해결이 빠르다는 것은 '민첩성', 즉 '가까운 미래의 비즈니스 변화를 따라잡을 수 있는 속도'를 향상시킬 수 있습니다. 기술 프랙티스를 자신의 선택으로 사용할 수 있도록 하는 것은 비즈니스 가치를 높이는 것으로 이어집니다. 아직 그렇지 못한 것은 지금까지 대응 비용을 지불하지 않았기 때문일 수 있습니다. 그 부분을 '기술적 부채'로 생각하면 미래에 대한 투자라는 것을 알 수 있습니다. 물론 갑자기 큰 시간을 들여 시스템 전체를 커버하는 자동 테스트를 작성하는 것은 불가능하며, 우선 눈앞에 있는 하나의 변경 사항부터 자동 테스트의 디딤돌로 삼을 수 있습니다.

구체적인 예를 들어 설명하면 경영 부문에도 리스크를 전달할 수 있습니다. 기술적 부채를 해소하는 것은 비즈니스적으로 가치가 있습니다. '왜 그런 것도 몰라!'라고 말하기 전에 차근차근 설명할 수 있는 용기를 가져 봅시다. 심각한 문제가 발생하기 전에 이런 점을 말할 수 있는 용기를 가져야 합니다. 오늘부터라도 늦지 않았습니다.

3장

'디 / 디'에서 활용할 수 있는 프랙티스

제품의 품질은 개발 프로세스 전반에 걸쳐 유지/개선해 나가야 합니다. 테스트나 릴리스 때만 노력하는 것이 아니라, 개발 초기 단계부터 제품의 품질을 만들어 가는 것입니다. 이를 위해 필요한 핵심적인 기술 프랙티스가 지속적 통합(CI: Continuous Integration) /지속적 배포(CD: Continuous Delivery) / 지속적 테스트입니다.

Agile

하지만 체크가 금방 끝나는 것도 있고 시간이 오래 걸리는 것도 있잖아요?

그렇죠.

전체 체크 시간이 너무 많이 걸리지 않도록 방법을 생각해야겠네요.

그 다음에는 테스트 환경에 자주 반영하는 것이 중요합니다.

사람 손으로 하려면 어려울 텐데요.

잊어버리거나 귀찮아지거나 하니까요~

후우...

자동화는 품질 향상을 위해서도 중요하군요.

구체적으로 어떤 노력을 할 수 있는지 알려주세요!

맡겨주세요!

P 지속적 통합

지속적 통합 3-1 은 개발자의 수정(커밋/병합)을 수시로 리포지터리에 저장하고, 이를 기반으로 자동화된 빌드와 테스트 등의 처리를 수행하는 기술 프랙티스입니다(그림 3-1). 빌드와 테스트를 자주 실시함으로써 커밋/병합을 통해 유입되는 문제를 조기에 발견하고, 개발자에게 빠르게 피드백할 수 있습니다. 처리 실패를 계기로 팀이 소통하며 대응하면, 개발 속도의 저하도 방지할 수 있습니다. 자동화를 통해 일련의 작업 실행 명령이 내려지고, 수작업으로 인한 오류를 방지할 수 있습니다. 지속적 통합은 현재 소프트웨어 개발에 필수적인 기술 프랙티스입니다.

| 그림 3-1 | 지속적 통합의 방법 |

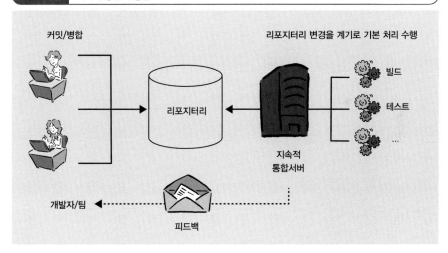

연속적 통합에서 수행하는 작업은 현장에 따라 다르지만, 주로 다음과 같은 작업을 수행합니다.

- 소프트웨어 빌드[*3-1], 아티팩트 생성[*3-2]
- 자동 테스트
- linter, formatter 실행
- 문서 생성/갱신
- 메트릭 수집

지속적 통합 서버에서 실행하는 처리가 많을수록 피드백을 받기까지 걸리는 시간이 길어집니다. 자동 테스트와 빌드 작업이 오래 걸릴수록 개발자는 통합 작업을 꺼리게 되어 통합 빈도가 낮아집니다. 그러면 한 번의 통합 작업으로 확인해야 할 수정사항이 늘어나고, 통합 후 빌드가 실패한다든지 테스트가 작동하지 않는 등의 문제가 발생했을 때 원인을 조사하는 시간이 길어집니다. 지속적 통합 서버에서 몇 분 이내로 처리해야 한다는 규정은 없지만, 개발에 참여하는 모든 사람이 기다릴 수 있는 시간의 상한선에 대해 인식을 공유해야 합니다. 필자의 경험상 10분이 넘어가면 '느리다'고 느끼는 개발자가 늘어납니다. 서버 사양을 높이고, 실행하는 작업을 줄이고, 작업을 병렬로 실행하여, 자동 테스트나 linter/formatter의 처리 대상을 좁히고, 시간이 오래 걸리는 작업은 캐시를 활용하는 등의 방법으로 처리 시간을 단축할 수 있습니다. 한정된 시간 내에 무엇을 해야 할지 고민하고 개선해 나갑시다. 지속적 통합은 처음 준비에 많은 공수가 필요하지만, 개발 프로세스 전반의 효율화를 통해 빠르게 본전을 뽑을 수 있는 기술 프랙티스입니다. 나중에 도입하면 공수가 늘어나서 어려움을 겪을 수 있으므로 개발 초기부터 준비합시다.

지속적 통합에서 가장 중요한 것은 처리가 계속 실패하는 상태를 방치하지 않는 것입니다. 아무리 주의를 기울여도 문제가 있는 수정 사항이 반영될 위험은 항상 있습니다. 따라서 문제가 발견되는 즉시 신속하게 수정합시다. 메인 브랜치는 언제든지 배포할 수 있는 상태를 유지하는 것이 지속적인 통합을 성공시키는 가장 큰 비결입니다.

(*3-1) 빌드: 소스 코드를 실행 가능한 형태로 변환하거나 배포 패키지를 생성하는 과정을 말한다.

(*3-2) 아티팩트: 빌드에 의해 생성되는 파일을 말한다.

◆ 로컬 환경에서 자주 실행한다

P 훅 스크립트

지속적 통합에서 실행하는 자동 테스트/linter/formatter는 자주 실행할수록 더 빠른 피드백을 얻을 수 있습니다. 이를 개발자의 로컬 개발 환경에서도 자주 실행할 수 있다면 더 빠른 피드백을 얻을 수 있습니다. 버전 관리 시스템에는 '훅 스크립트(Hook Script)'라는 조작에 연결하여 처리를 끼워 넣는 방법이 있습니다. 훅 스크립트를 사용하면 커밋할 때 자동으로 소스 코드를 정형화하거나, 검사에서 오류가 발생하면 커밋을 중단하는 등의 처리를 할 수 있습니다. 이 절에서는 Git을 예로 들어 훅 스크립트의 종류와 활용 사례를 소개합니다.

표 3-1	Git 훅의 종류와 용도	
훅의 종류	**동작 시기**	**용도**
pre-commit	커밋 전	· 테스트를 실행한다. · linter / formatter 실행한다. · 특정 브랜치에서 커밋을 금지한다. · 충돌이 해결되지 않은 파일이 있으면 커밋을 금지한다. · 변경 금지 파일 수정 금지한다.
prepare-commit-msg	커밋 메시지를 입력하는 에디터를 열기 전	커밋 메시지 템플릿 준비하기
commit-msg	커밋 메시지 입력 후	· 빈 커밋 메시지 금지하기 · 특정 커밋 메시지 형식 강제하기
post-commit	커밋 후	· 어떤 알림을 호출한다. · 지속적 통합 서버 처리 실행한다.
pre-push	푸시 전	특정 브랜치로 푸시할 수 없도록 하기
pre-receive	서버 측에서 refs 갱신이 시작되기 전	서버 측에서 개발 정책을 강제한다. 푸시한 사람의 확인, 커밋 메시지 포맷, 수정한 파일에 대한 적절한 접근 권한이 있는지 확인 등.
update	서버 측에서 refs가 갱신될 때마다	· pre-receive와 동일하게 사용할 수 있다. · 한 번의 푸시로 4개의 브랜치가 푸시된 경우, pre-receive는 1회, update는 4회 호출되는 차이가 있다.
post-receive	서버 측에서 refs 갱신이 끝난 후	다른 시스템의 처리 호출 및 사용자 알림을 수행한다.

185

로컬 환경에서 동작하는 훅 스크립트는 .git/hooks 디렉터리 아래에 정해진 이름으로 배치하면 동작합니다. 훅 스크립트의 작성 예는 Git의 리포지터리 안에 있는 샘플 **3-2** 을 참고할 수 있습니다. 그림 3-2는 소스 코드를 수정하고 커밋한 후 원격 리포지터리에 푸시하는 과정에서 훅 스크립트가 동작하는 타이밍을 나타낸 그림입니다. 그림에서 비슷한 타이밍에 동작하는 훅 스크립트가 있는데, 다음과 같은 차이점이 있습니다.

- 블록 여부: 훅 스크립트의 종료 코드로 후속 처리를 멈출 수 있는가
- 스킵 가능 여부: 훅 스크립트 실행을 건너뛸 수 있는가

그림 3-2 Git 조작과 해당 훅 스크립트

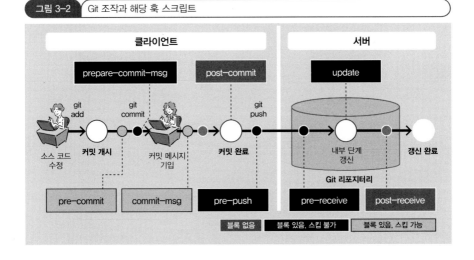

.git 디렉터리 이하의 파일은 Git에서 버전 관리를 할 수 없기 때문에 개발자에게 훅 스크립트를 공유하여 설정하는 복잡한 과정이 필요합니다. 훅 스크립트를 자동으로 설정하는 도구가 있으므로 이를 활용하면 좋을 것입니다.

- Node.js: husky
- Go: Lefthook
- Python: pre-commit

이외에도 팀원들 각자가 자신의 환경에서 다음과 같이 설정하면 Git의 공식 기능만으로 훅 스크립트를 설정할 수 있습니다.

- .githooks라는 디렉터리 안에 공유할 훅 스크립트를 넣는다
- 리포지터리 복제 후 아래 명령어를 실행한다

```
$ git config --local core.hooksPath .githooks
```

이는 복제해 온 리포지터리에서 .githooks 폴더에 배치된 훅 스크립트를 불러오도록 설정을 추가한 것입니다. 어느 쪽을 사용하든, 리포지터리에 넣는 README 파일 등에 개발 환경 설정 방법 중 하나로 훅 스크립트에 대한 설명을 기재해 두는 것이 좋습니다.

편리한 훅 스크립트지만, 과도한 사용은 주의해야 합니다. 예를 들어 커밋할 때마다 자동 테스트가 실행되어 몇 분씩 기다려야 하는 상황은 어느 개발자든 원하지 않을 것입니다. 같은 리포지터리를 다루는 개발자들끼리 대화로 모두가 수용할 수 있는 합의점을 찾아야 합니다.

◆ 문서의 지속적 갱신

P 도구에 의한 문서 자동 생성

소스 코드나 정의 파일에서 문서를 자동 생성하는 도구, 텍스트 데이터에서 그림을 생성하는 도구, 문서 형식을 변환하는 도구, 문서 교정을 지원하는 도구 등 문서의 지속적 갱신을 지원하는 다양한 도구가 있습니다. 지속적 통합을 통해 문서를 자동 생성하고 팀이 최신 문서를 참조할 수 있도록 하는 것이 편리합니다. 현장에서 사용하는 프로그래밍 언어와 플랫폼에 따라 사용 가능한 도구를 도입해 보세요(표 3-2 ~ 표 3-7).

표 3-2 소스 코드에서 문서를 자동 생성하는 도구

도구 이름	프로그래밍 언어
Doxygen	C++, Java, Python, PHP, C#
Javadoc	Java
phpDocumentor	PHP
Sandcastle	C#
YARD	Ruby
godoc	Go
JSDoc	JavaScript

표 3-3 정의에서 API 문서를 자동 생성해 주는 도구

도구 이름	대상
OpenAPI	RESTful API
Protobuffet	Protocol Buffers (gRPC)
proto-gen-doc	Protocol Buffers (gRPC)
Buf	Protocol Buffers (gRPC) (Protocol Buffers 개발을 지원하는 도구의 한 기능으로 문서 생성 기능이 있음)

표 3-4 DB에서 ER 다이어그램을 자동 생성하는 도구

도구 이름	대응 DB	비고
SchemeSpy	PostgreSQL, MySQL, SQLite, Oracle	Java로 만든 오픈소스 도구
MySQL Workbench	MySQL	DB 접속 클라이언트의 한 기능

표 3-5	정해진 포맷을 웹 페이지 및 배포용 콘텐츠로 변환하는 도구	
도구 이름	대응 포맷	비고
AsciiDoc	Asciidoc	경량 마크업 언어 중 하나. AsciiDoc은 형식만 규정되어 있으며, Asciidoctor 등 여러 변환 도구가 존재함
Sphinx	재구성된 텍스트	파이썬으로 만든 오픈소스 도구
Docsaurus	MDX	자바스크립트(Node.js)로 만든 오픈소스 도구
mdBook	Markdown	Rust에서 만든 오픈소스 도구
Pandoc	Markdown, HTML, LaTeX, reStructured Text 등 다수	다양한 입출력 포맷을 지원하는 오픈소스 도구

표 3-6	도표 작성 및 변환 도구	
도구 이름	출력 용도	비고
mermaid	흐름도, 시퀀스도, 클래스도, 상태도 등	mermaid 표기법의 텍스트를 변환하는 오픈소스 도구
PlantUML	UML	PlantUML 기법의 텍스트를 변환하는 오픈소스 도구
diagrams.net	시스템 구성도 등	SaaS형 서비스

표 3-7	교정 도구	
도구 이름	지원 포맷	비고
textlint	자연어(일본어, 영어), Markdown	JavaScript(Node.js)로 만든 오픈소스 도구
RedPen	Wiki, Markdown, AsciiDoc, LaTeX, Re:VIEW, reStructuredText	Java로 만든 오픈소스 도구

QA 팀에 테스트를 의뢰하려고 스테이징 환경을 갱신했는데...

에러가 발생해 동작 하지 않습니다. 혹시 아는 분 계신가요?

으음...

얼마 전 프레임워크 버전을 갱신한 것이 의심쩍은데요.

이번에는 QA 팀의 테스트가 우선이니까 버전은 원래대로 되돌립시다.

제가 할게요.

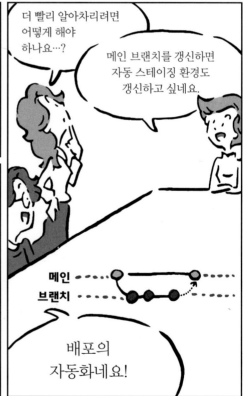

더 빨리 알아차리려면 어떻게 해야 하나요…?

메인 브랜치를 갱신하면 자동 스테이징 환경도 갱신하고 싶네요.

메인
브랜치

배포의 자동화네요!

P 지속적 배포

지속적 배포 **3-3** 는 시스템을 항상 배포 가능한 상태로 유지하는 것을 목표로 하는 기술 프랙티스입니다. 새 버전의 시스템의 동작을 확인하는 환경에 배치할 때까지의 준비를 자동화합니다. 제품 종류에 따라서는 배포를 위해 패키지나 설치 프로그램을 작성하는 경우도 있습니다. 반복적이고 신뢰할 수 있는 배포 자동화를 통해 배포 빈도와 횟수를 늘릴 수 있습니다. 새로운 버전을 더 빨리 시험함으로써 내부 피드백을 더 빠르고 폭넓게 얻을 수 있습니다. 중장기적으로 품질 향상에 기여하는 것은 물론, 나중에 도입할 경우 공수 증가로 인해 어려움을 겪을 수 있으므로 개발 초기부터 준비합시다.

지속적 통합/지속적 배포는 CI/CD로 약칭되며, 품질을 높이기 위한 기술 프랙티스로 소개되는 경우가 많습니다. 지속적 통합은 통합(빌드/테스트)까지를 다루며, 동작 확인이 가능한 환경으로의 배포 및 제품 환경(production)으로의 릴리스는 지속적 배포에 포함됩니다(그림 3-3).

그림 3-3) 지속적 통합/지속적 배포의 역할

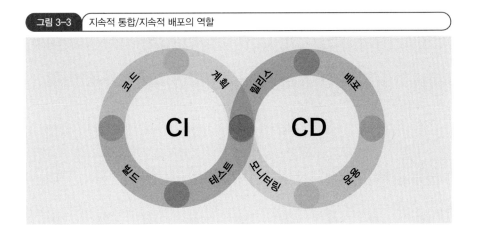

배포를 자동화했다고 해도 통합 시 점검이 부족하여 버그가 많이 발생하거나, 버그 수정으로 인해 제품 릴리스에 시간이 오래 걸린다면 지속적 배포의 목적을 달성했다고 할 수 없습니다. 메인 브랜치를 항상 배포 가능한 상태로 유지하려면 '트렁크 기반 개발'(81 페이지)과 '자동 테스트'(148 페이지)와 같은 기술 프랙티스도 함께 도입해야 합니다 3-4. 반복적이고 신뢰할 수 있는 배포 처리를 자동화하여 품질을 향상시킵시다.

◆ CI/CD 파이프라인 구축

P CI/CD 파이프라인

지속적 통합/지속적 배포에서 실시해야 할 처리에 정답은 없으며, 다루는 기술과 숙련도, 비즈니스 니즈에 따라 현장마다 다르게 설계하고 구현해야 합니다.

대부분의 지속적인 통합 서비스는 빌드/테스트/배포 등 릴리스까지 필요한 개별 처리(작업)와 그 실행 순서나 타이밍(워크플로우)을 정리하고 정의합니다. 정리된 작업과 워크플로우 전체를 가리켜 CI/CD 파이프라인이라고 부릅니다(그림 3-4).

| 그림 3-4 | CI/CD 파이프라인 구성 예 |

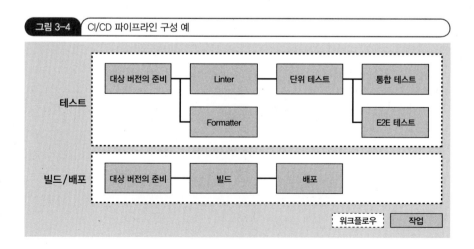

192

CI/CD 파이프라인은 하나 이상의 워크플로우로 구성되며, 워크플로우는 하나 이상의 작업으로 구성됩니다. 워크플로우는 풀 리퀘스트가 생성되거나, 풀 리퀘스트가 병합되거나, 다른 워크플로우가 성공할 때 등 임의의 시점에 실행됩니다. 워크플로우의 실행은 워크플로우에 정의된 작업이 모두 완료되거나 중간에 어느 한 작업이 실패할 때까지 계속되는 것이 일반적입니다.

작업 실행에는 순차적 패턴과 병렬 패턴이 있습니다. 그림 3-5는 모두 5개의 작업을 실행하지만, 모든 작업의 실행 시간이 같다면 병렬 실행 쪽이 빨리 끝납니다. 작업은 처리 내용에 따라 실행 시간이 다릅니다. 또한 작업을 병렬로 실행하려면 각 작업을 독립적으로 실행할 수 있도록 하고, 동시에 실행할 수 있을 만큼의 서버 리소스가 필요합니다. 리소스가 충분하다면 워크플로우의 초기 단계부터 많은 작업을 실행하는 것이 좋습니다. 반면 리소스가 제한적이라면 처리 시간이 짧고 개발자에게 피드백을 줄 수 있는 linter, formatter, 단위 테스트를 먼저 실행하고, 처리 시간이 긴 빌드나 E2E 테스트[*3-3]는 나중에 실행하도록 작업을 배치하는 것이 좋습니다.

그림 3-5 작업 실행 예

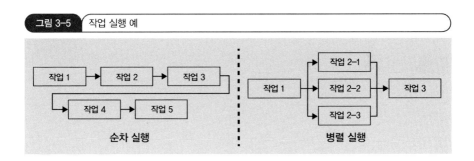

작업으로 실행되는 처리에 제한은 없습니다. 빌드/테스트/배포 등 어느 현장에서나 필요한 것부터 성능 테스트/보안 검사 같은 것까지 적용할 수 있습니다. **소프트웨어 릴리스에 필요한 처리와 확인 사항, 요구사항을 CI/CD 파이프라인에 포함**

시켜 자동화하는 것이 지속적 통합/지속적 배포를 작동시키는 비결입니다. 메인 브랜치에 병합되는 모든 변경 사항에 대해 파이프라인에 정의된 점검을 자주 수행함으로써, 변경으로 인해 품질이 떨어지지 않았는지, 배포할 준비가 되었는지를 시간과 사람에 구애받지 않고 확인할 수 있습니다.

지속적 통합/지속적 배포를 지원하는 도구는 구축한 CI/CD 파이프라인을 특정 조건에 맞게 실행하는 기능을 갖추고 있으며, Git 호스팅 서비스에 포함된 것, 클라우드 플랫폼에서 제공되는 것, SaaS 형태로 설치하여 사용하는 것까지 다양한 종류가 있습니다(표 3-8). 기능, 가격, 통합 용이성 등을 고려해 자신에게 맞는 것을 선택해 사용합시다.

| 표 3-8 | 지속적 통합 및 지속적 배포를 지원하는 도구 |

서비스 이름	비고
CircleCI	SaaS형 CI 서비스
Bitrise	SaaS형 모바일 앱용 CI 서비스
GitHub Actions	GitHub에 부수적으로 제공되는 CI/CD 서비스
GitLab CI/CD	GitLab에 부수적으로 제공되는 CI/CD 서비스
Jenkins	오픈소스 자동화 서버

◆ 이용 환경을 브랜치 전략과 연계하여 자동 갱신한다

소프트웨어 개발에서는 용도별로 여러 가지 사용 환경을 준비하여 릴리스까지 여러 환경에서 동작을 확인하고 버그를 수정하여 품질을 높입니다(그림 3-6). 일반적으로 많이 사용되는 이용 환경과 그 용도는 다음과 같습니다.

로컬 개발 환경(local) / 개발 환경(development)

개발자가 개발 중인 기능을 확인하는 환경입니다. 개발자가 사용하는 PC(로컬 개발 환경) 또는 원격으로 구축한 서버(개발 환경)에서 동작합니다.

그림 3-6　이용 환경 이름과 용도

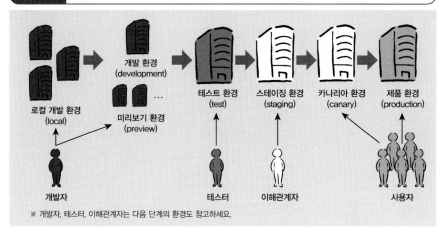

개발 환경
(development)

로컬 개발 환경
(local)

...

미리보기 환경
(preview)

테스트 환경
(test)

스테이징 환경
(staging)

카나리아 환경
(canary)

제품 환경
(production)

개발자

테스터

이해관계자

사용자

※ 개발자, 테스터, 이해관계자는 다음 단계의 환경도 참고하세요.

개발 중인 기능이나 풀 리퀘스트별로 별도의 미리보기 환경(preview)을 구축하기도 합니다. 개발 환경은 제품 환경에 영향을 미치지 않도록 구축합니다.

테스트 환경 (test)

개발이 완료된 기능을 테스트하기 위한 환경입니다. 개발 환경과 분리하여 준비함으로써 테스트를 진행하는 동안에도 개발을 병행할 수 있습니다. '개발자'와 '테스터'로 역할이 나뉘어진 경우에 필요하지만, 양자가 하나가 되어 테스트를 진행한다면 개발 환경과 겸용할 수도 있습니다. 테스트 환경도 제품 환경에 영향을 미치지 않도록 구축합니다.

스테이징 환경(staging)

제품 환경과 조건을 최대한 가깝게 만들어 최종 테스트용으로 사용하는 환경입니다. 제품 환경으로의 배포 작업을 시뮬레이션하거나 실행 환경의 설정과 데이터 차이로 인한 검증 누락을 찾아내거나 이해관계자의 릴리스 전 확인을 실시합니다.

제품 환경에 영향을 미치지 않도록 구축하는 것이 바람직하지만 데이터베이스,

캐시, 파일 저장소 등 복제가 어렵거나 비용이 많이 드는 것은 제품 환경을 사용하기도 합니다. 제품의 특성이나 결함을 놓쳤을 때의 영향을 고려하여 어느 정도의 비용으로 제품에 근접하게 만들지 고려해야 합니다.

카나리아 환경(canary)

제품 환경에 릴리스하기 전에 일부 사용자에게만 공개하여 문제가 없는지 확인하는 환경입니다. 탄광의 카나리아를 모티브로 한 명칭으로, 탄광 노동자들이 카나리아를 새장에 담아 탄광으로 가져가 유독가스 발생 등 위험을 감지하기 위해 사용했다는 에피소드에서 유래되었습니다. 카나리아 환경에서 에러율과 응답 성능을 감시하고, 문제가 있을 것 같으면 제품 환경에 릴리스하기 전에 중단을 결정합니다.

제품 환경(production)

사용자가 이용하는 환경입니다.

Ⓟ 브랜치 전략과 이용 환경과의 연계

이용 환경을 자동 갱신하기 위해서는 브랜치 전략과의 연계도 결정해야 합니다. 몇 가지 연동 사례를 소개하겠습니다.

메인 브랜치에 스테이징 / 제품 환경 연결하기

가장 기본적인 패턴은 메인 브랜치에 스테이징 환경과 제품 환경을 모두 연결하는 방법입니다(그림 3-7). 메인 브랜치에 커밋이나 병합이 발생하면 자동으로 스테이징 환경을 갱신합니다. 검증하고 문제가 없으면 메인 브랜치에 릴리스를 나타내는 태그를 붙입니다. 메인 브랜치에 릴리스 태그가 붙으면 제품 환경을 갱신합니다. 개발 환경은 준비하지 않을 수도 있고, 브랜치에 대해 준비할 수도 있습니다.

관리해야 하는 브랜치를 줄일 수 있다는 장점이 있지만, 메인 브랜치의 최신판이 제품 환경이라는 보장이 없기 때문에 태그에서 릴리스된 내용을 확인하는 데 시간이 많이 걸립니다.

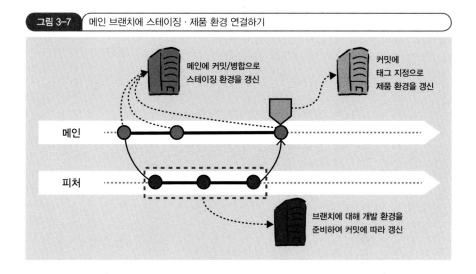

그림 3-7 │ 메인 브랜치에 스테이징 · 제품 환경 연결하기

메인에 커밋/병합으로
스테이징 환경을 갱신

커밋에
태그 지정으로
제품 환경을 갱신

메인

피처

브랜치에 대해 개발 환경을
준비하여 커밋에 따라 갱신

메인 브랜치와 개발 브랜치를 분리하여 연결하기

영향력이 큰 서비스 등 개발 환경에서 충분히 테스트하고 싶은 경우, 메인 브랜치와 개발 브랜치를 분리하는 경우가 있습니다(그림 3-8). 여러 개의 브랜치를 개발에서 운용하는 경우, 수정을 하는 기점이 되는 브랜치를 하나 선택하는데, 이를 기본 브랜치라고 합니다. 이 경우 개발 브랜치가 기본 브랜치가 되며, 수정할 브랜치는 개발 브랜치에서 만듭니다. 개발 브랜치에 커밋/병합하면 개발 환경이 갱신됩니다. 메인 브랜치에 병합하면 스테이징 환경이 갱신되고, 메인 브랜치에서 태그를 붙이면 제품 환경이 갱신되는 것은 앞에서 설명한 것과 같습니다.

그림 3-8   메인 브랜치와 개발 브랜치를 분리하고 스테이징 환경을 메인 브랜치에 연결한다

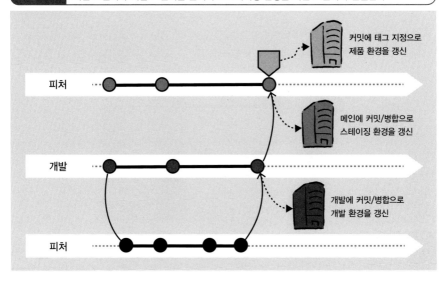

스테이징 환경의 연결을 개발 브랜치 쪽에 맡기는 경우도 있습니다(그림 3-9). 스테이징 환경의 갱신이 잦아지기 때문에 릴리스 전에 버그를 쉽게 발견할 수 있다는 장점이 있습니다. 이 경우에도 기본 브랜치는 개발 브랜치가 되며, 개발 브랜치에 커밋/병합을 하면 개발 환경과 스테이징 환경 모두 갱신됩니다. 제품 환경으로의 반영은 메인 브랜치에 병합되므로 태그 부여도 불필요해집니다.

메인 브랜치의 최신판이 제품 환경과 동일해져 릴리스 내용을 간단히 확인할 수 있습니다. 다만 버그의 긴급 수정 등 메인 브랜치에 수정을 가하려면 개발 브랜치에도 동일한 수정을 넣어야 하기에 운용이 조금 복잡해집니다.

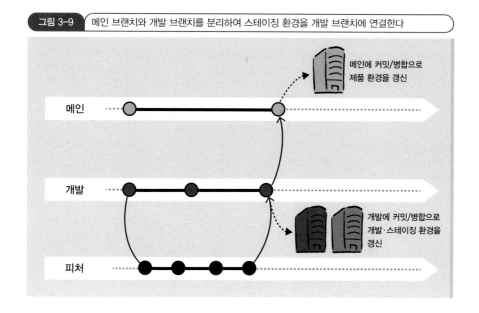

| 그림 3-9 | 메인 브랜치와 개발 브랜치를 분리하여 스테이징 환경을 개발 브랜치에 연결한다 |

메인에 커밋/병합으로
제품 환경을 갱신

메인

개발

개발에 커밋/병합으로
개발·스테이징 환경을
갱신

피처

릴리스 브랜치를 별도로 준비하기

패키지 소프트웨어나 펌웨어, 온프레미스 환경 등 쉽게 갱신할 수 없는 제품에서는 충분한 검증을 거친 후 릴리스하고 싶은 경우가 있습니다. 또한 여러 버전을 지원해야 하는데, 하나의 릴리스 브랜치만으로는 부족한 경우도 있을 것입니다. 이럴 때는 메인 브랜치에서 해당 릴리스 전용 브랜치를 새로 만들 수도 있습니다. 그리고 그 브랜치에서는 해당 릴리스와 관련된 버그 수정 사항만 반영하고, 충분히 검증한 후 임의의 시점에 제품 환경을 갱신합니다(그림 3-10). 이 경우에는 릴리스 버전의 지원이 필요할 때까지 해당 브랜치는 삭제하지 않고 남겨둡니다.

브랜치에 반영하는 수정 사항을 릴리스 전 테스트에서 발견된 버그 수정으로 한정하기 때문에, 릴리스 전에 규정된 테스트 항목이 있는 경우 등에 적합한 방법입니다. 반면, 릴리스 브랜치에서 발견된 결함을 메인 브랜치에 반영해야 한다거나 릴리스 브랜치가 메인 브랜치에서 너무 멀리 떨어져 있거나 여러 릴리스 브랜치에 대한 지속적인 지원이 필요하다는 등 브랜치 관리가 복잡해진다는 단점이 있습니다.

그림 3-10 | 릴리스 브랜치를 별도 준비한다

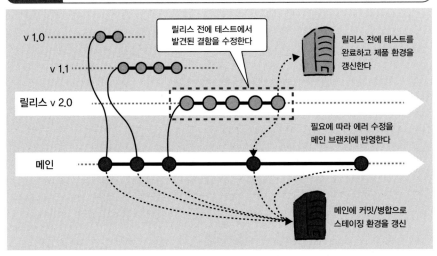

트렁크 기반 개발로 제품 환경에 즉시 릴리스하기

충분한 테스트 자동화와 제품 환경 모니터링을 갖춘 트렁크 기반 개발의 종착역은 스테이징 환경이 없는 적극적인 제품 릴리스입니다(그림 3-11). 하루에 여러 번 배포할 수 있어 릴리스를 자주할 수 있지만, 버그를 놓쳐버리면 불안정한 시스템에 불과하므로 주의해야 합니다. 자동 테스트에서 실패하면 병합을 되돌리고, 제품 환경에서 이상한 동작이 발견되면 자동으로 되돌리기(시스템을 갱신하거나 전환한 후 원래 상태로 되돌리기)를 하는 등 높은 기술력의 활용이 요구됩니다.

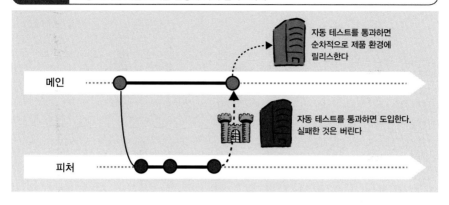

그림 3-11 트렁크 기반 개발로 제품 환경에 즉시 릴리스하기

자동 테스트를 통과하면
순차적으로 제품 환경에
릴리스한다

메인

자동 테스트를 통과하면 도입한다.
실패한 것은 버린다

피처

지금까지 브랜치 전략과 이용 환경의 연계 패턴을 소개했습니다. 자신이 관여하는 제품의 특징과 릴리스 전 필요한 이용 환경을 고려하여 결정하는 데 참고하시기 바랍니다.

◆ 브랜치 보호를 설정하고 릴리스 가능 상태 유지

P 브랜치 보호

현장에서는 종종 메인 브랜치를 배포할 수 없는 상황이 발생합니다. 코드 리뷰에서 문제를 놓쳤거나, 지속적인 통합에서 오류가 발생했는데도 놓치거나, 브랜치에 대한 잘못된 조작을 하는 등 이유는 다양합니다. Git 호스팅 서비스에는 특정 조건이 충족될 때만 푸시나 병합을 허용하는 브랜치 보호 기능이 있습니다. 이 기능을 이용하면 메인 브랜치를 보호하고 앞서 언급한 문제 발생을 방지할 수 있습니다.

일반적인 보호 설정에는 다음과 같은 것들이 있습니다. 개발을 방해하지 않으면서도 브랜치의 품질을 향상시킬 수 있도록 적절한 설정 조합을 찾는 것이 중요합니다.

삭제 금지하기

메인 브랜치나 특정 역할을 가진 브랜치가 실수로 삭제되는 것을 방지합니다.

지속적인 통합 상태 확인하기

지속적 통합에서 수행 중인 테스트가 실패했을 경우 병합을 할 수 없도록 하는 설정입니다. 다음과 같은 항목을 체크합니다.

- linter에서 지적사항이 없을 것
- 자동 테스트가 모두 성공할 것
- 커버리지 등 메트릭이 정해진 범위 내에 있을 것

리모트 브랜치에 직접 푸시를 금지한다

직접 푸시를 할 수 없기 때문에 모든 수정은 풀 리퀘스트 형태로 병합됩니다. 팀 운영으로 '모든 수정은 풀 리퀘스트를 통해 진행한다'고 합의해 두면, 브랜치 전환을 잊어버리고 직접 푸시하는 경우를 방지할 수 있습니다.

풀 리퀘스트 승인을 필요로 한다

풀 리퀘스트가 리뷰되었다는 증거로 다른 팀원의 승인을 받도록 합니다. 리포지터리의 소유자나 코드 소유자가 정해져 있는 경우, 코드 소유자의 승인을 필수로 설정할 수 있습니다.

두 명 이상의 승인이 필요하게 설정하면 리뷰와 병합에 필요한 시간이 길어집니다. 반면, 시스템 전체에 큰 영향을 미치는 중요한 리포지터리에서 이 설정을 사용하면 설계 논의와 확인을 많이 유도할 수 있어 품질 유지에 도움이 됩니다.

커밋 이력을 한 줄로 정리하기

트렁크 기반 개발 항목에서 소개한 것처럼 커밋 이력을 한 줄로 단순하게 유지하고 싶다면, 병합 시 병합 대상 브랜치를 추종(리베이스)하거나 병합 시 변경 내용을 하나의 커밋으로 묶는 '스쿼시 병합'을 강제할 수 있습니다. 병합 후 커밋 이력이 한 줄로 정리되지 않는 조건일 경우, 병합을 할 수 없도록 하는 것이 이 보호 내용입니다. 커밋 이력을 한 줄로 묶으면 변경 이력을 쉽게 파악할 수 있고, 버그가 유입된 시점을 쉽게 조사할 수 있습니다.

 브랜치 보호 규칙을 엄격하게 하는 게 좋지 않나요?

 개발 초기부터 철저하게 브랜치를 보호하면 이상한 수정이 들어올 일도 없고, 좋은 일만 생길 것 같습니다. 브랜치 보호는 철저하게 합시다!

 우선순위가 바뀌어서 쓸데없는 일이 될 수도 있고, 다시 시작할 때 다시 기억해야 하는 시간적 비용이 발생합니다. 개발 초기에는 소스 코드가 많이 변경되는 경우가 많은데, 브랜치 보호를 엄격하게 설정하면 개발 속도를 크게 떨어뜨릴 수도 있습니다. 어느 정도 개발이 안정된 후에 조금씩 규칙을 수정해 나가는 것도 늦지 않아요. 하나씩 하나씩 마무리해 나갑시다.

인프라 구축을 자동화하자

이 책에서는 테스트, 정적 분석, 배포 등의 자동화에 대해 다루는데, 자동화할 수 있는 것은 그 외에도 많이 있습니다. 그중 효과가 좋은 것을 고르라면 인프라 구축 자동화가 있습니다.

애자일 팀이 인프라를 구축할 것인지, 아니면 다른 팀이 만든 인프라를 사용할 것인지는 제품의 규모와 단계에 따라 달라질 수 있습니다. 하지만 팀의 인지적 부담이 크지 않다면 인프라 구축도 애자일 팀에서 하는 것이 다른 팀에 의존하지 않고 일을 진행할 수 있습니다. 지금은 클라우드를 사용하는 것이 당연하며, 기존처럼 먼저 사이징을 하고 하드웨어를 주문하는 것도 아니고, 인프라를 서비스처럼 취급할 수 있기 때문에 개발자에게도 문턱이 높지 않습니다.

그렇다면 애자일 팀에서 클라우드를 활용한 인프라를 구축할 때는 어떻게 해야 할까요?

가장 먼저 떠올릴 수 있는 방법은 설계서 등을 바탕으로 클라우드 서비스 콘솔에서 하나씩 수작업으로 설정하는 방법입니다. 이 방법도 인프라 구성이 간단한 경우나 초기 단계에서는 문제가 되지 않습니다. 하지만 다양한 컴포넌트가 포함된 구성이 되면 인프라 구축에 시간이 오래 걸리거나, 작업 순서가 잘못되거나, 설명서가 관리되지 않아 동일한 환경을 재현할 수 없는 등 다양한 문제가 발생할 수 있습니다.

예를 들어 Amazon Web Services에서 주요 애플리케이션과 관리 화면은 Amazon EC2에 배치하고, 일부 애플리케이션은 서버 없이 AWS Lambda와 Amazon API Gateway를 사용하고, 데이터는 Amazon RDS와 Amazon DynamoDB에 저장하도록 구성해야 한다고 봅시다. 이 경우에는 모든 서비스를 일일이 수작업으로 실행하고, 네트워크와 운영 권한을 포함한 모든 설정을 실수 없이 진행하는 것은 매우 어렵습니다. 더군다나 서비스 성장과 비즈니스 요구사항에 따라 구성요소가 추가되면 더욱 복잡하고 시간이 많이 소요됩니다. 소프트웨어를 고객에게 빠르게 제공하기 위해 애자일 개발을 적용하는 데, 인프라 구축이 병목현상이 되어서는 안 됩니다.

이러한 문제를 해결하기 위해 추천하는 것이 인프라 구축 자동화입니다. 인프라 구성을 코드로 작성하고 이를 실행하여 인프라를 구축하는 것으로 Infrastructure as Code라고 합니다.

코드를 실행하는 것만으로도 인프라를 만들 수 있기 때문에 개발 환경, 스테이징 환경, 제품 환경 등 필요한 환경을 바로 구축할 수 있고, 절차의 실수를 걱정할 필요도 없습니다. 또한 인프라가 제대로 구축되었는지 검증하는 테스트를 작성하면 수작업으로 동작을 확인하는 수고를 줄일 수 있고, 지속적인 통합도 가능합니다. 즉, 인프라를 코드화하면 애플리케이션과 동일하게 취급할 수 있습니다.

이를 위해 사용할 수 있는 범용적인 도구로는 Terraform, Ansible 등이 있으며 클라우드 벤더별로도 도구가 준비되어 있습니다. 조직 내에서 범용화할 수 있다면 그 효과는 더욱 커집니다. 인프라 구축 자동화의 편리성을 경험하면 헤어나올 수 없는 매력을 느끼게 될 것입니다. 꼭 한번 시도해 보시기 바랍니다.

◆ 자동 테스트의 바람직한 테스트 분량

P 테스트 피라미드

품질을 보장하는 테스트는 여러 종류가 있지만, 무엇을 어느 정도까지 수행해야 하는지는 고민이 됩니다. 이 문제를 해소하는 하나의 답이 테스트 피라미드입니다. 이는 효율적인 자동 테스트를 구축하고 실행하기 위한 바람직한 테스트 분량에 대한 사고방식을 제시합니다. 테스트 피라미드는 마이크 콘(Mike Cohn)이 고안한 개념으로 『Successing with Agile』 **3-5** 에 자세히 소개되어 있습니다. 뒤에서 다룰 아이스크림 콘과의 대비를 위해 'Testing Pyramids & Ice-Cream Cones' **3-6** 의 그림을 인용하여 설명하겠습니다(그림 3-12).

| 그림 3-12 | 테스트 피라미드와 아이스크림 콘 |

Ideal Software Testing Pyramid
watirmelon.blog

Manual Exploratory Testing

Automated e2e Tests
Automated API Tests
Automated Integration Tests
Automated Component Tests
Automated Unit Tests

테스트 피라미드

Manual Regression Testing

Automated e2e Tests
Integration Tests
Unit Tests

Software Testing Ice-cream Cone Anti-Pattern
watirmelon.blog

아이스크림 콘

테스트 피라미드의 첫 번째 단계는 자동화된 단위 테스트입니다. 메소드/함수/클래스 등 개별 단위나 컴포넌트에 대한 테스트이며, 주로 개발자가 작성하고 실행합니다. 두 번째 단계는 자동화된 통합/API/컴포넌트 테스트이며, 시스템 간의 상호 작용이나 요청/응답을 테스트합니다. 3단계는 자동화된 E2E(End-to-End) 테스트로, 실제 시스템을 이용하는 최종 사용자 관점에서 시스템을 테스트합니다.

브라우저나 클라이언트 앱을 조작하여 테스트를 진행합니다. 실제 사용 환경에 가장 근접한 테스트를 할 수 있지만, 준비와 실행에 가장 많은 시간이 소요되며, 작은 시스템 수정이나 동작에 영향을 받기 쉽기 때문에 실행이 불안정해지기 쉽습니다. 여기에 수작업에 의한 탐색적 테스트가 추가됩니다.

세 개의 테스트를 자동화한다면 상위 계층일수록 실제 사용 환경에 가까운 테스트를 할 수 있습니다. 하지만 그만큼 테스트 실행 시간이 길어지고 테스트 동작이 불안정해집니다. 또한 테스트를 유지보수하는 비용도 높아지기 쉽습니다. 따라서 테스트 피라미드 형태에서 알 수 있듯이 단위 테스트를 많이 하고 E2E 테스트를 적게 하는 것이 좋습니다.

반대로 자동 테스트 분량으로 좋지 않은 예로 아이스크림 콘을 들 수 있습니다. 단계의 순서는 테스트 피라미드와 같지만, 테스트 분량이 반대로 되어 있습니다. 단위 테스트가 가장 적고, 통합 테스트, E2E 테스트 순으로 비율이 높아지며, 수작업에 의한 회귀 테스트[3-4]가 가장 많은 비중을 차지합니다. 실제 현장에서는 개발 중간에 테스트를 투입할 경우, 단위 테스트 정비에 투입할 수 있는 인력이 부족하거나, 단위 테스트나 통합 테스트를 투입하기 어려운 설계로 되어 있다는 이유로 많은 인력을 투입하여 시스템 전체를 테스트하여 품질을 확보하려고 합니다. 하지만 이렇게 하면 자동화할 수 있는 영역이 좁아지고 효율성이 떨어지므로 시간과 비용이 많이 소요됩니다.

그렇다고 해서 이 글에서 말하고 싶은 것은 단위 테스트의 양을 늘리고 E2E 테스트를 줄이자는 것이 아닙니다. 현장마다 상황과 전제 조건이 다르기 때문에 좋다고 알려진 방식을 그대로 도입하는 것이 정답이 아닐 수 있습니다. 테스트 피라미드를 참고하여 자신의 현장에 맞는 테스트 배분을 구체화해 보시기 바랍니다. 논의는 단위 테스트를 늘리자거나 E2E 테스트를 줄이자는 식의 좁은 범위의 이야기에 그

(*3-4)   회귀 테스트: 프로그램을 수정했을 때, 수정한 부분 외에 다른 부분에서 문제가 발생하지 않았는지 확인하기 위한 테스트

처서는 안 됩니다. 발생해서는 안 되는 결함을 염두에 두고 어떤 테스트에서 어떤 결함을 찾아야 하는지, 그 준비에 얼마나 많은 인력이 필요한지, 그리고 그 테스트를 통한 결함의 발견이 정말 효율적인지 선입견을 버리고 고민하는 것이 중요합니다.

한 가지 더, 자동 테스트 분량을 생각할 때 고려해야 할 사항이 있습니다. 테스트 피라미드와 아이스크림 콘은 '단위 테스트는 만들기 쉽고 깨지기 쉬우며, E2E 테스트는 준비/실행에 비용이 많이 들고 불안정하다'는 전제를 가지고 있습니다. 하지만 E2E 테스트 도구도 나날이 진화하고 있고, 개발자 이외의 사람이 테스트를 추가한다든지 시스템 변경을 감지하여 테스트를 자동으로 수정하는 등의 일을 할 수 있게 되었습니다. 테스트 피라미드의 전제가 여러분의 현장에서도 그대로 적용될 수 있는지 생각해 봅시다.

◆ 사용자 환경에 가까운 시스템 전체 테스트

P E2E 테스트 자동화

E2E 테스트는 실제 사용자와 마찬가지로 브라우저나 클라이언트 앱을 조작해 테스트를 진행합니다(그림 3-13). 사용자가 실제로 경험하는 기능/외관/성능 등 모든 관점을 테스트할 수 있습니다.

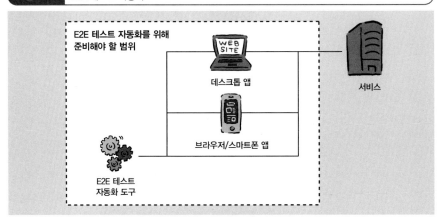

그림 3-13 E2E 테스트 자동화

E2E 테스트 자동화를 위해
준비해야 할 범위

WEB SITE

데스크톱 앱

서비스

브라우저/스마트폰 앱

E2E 테스트
자동화 도구

E2E 테스트 자동화는 바람직해 보이지만, 후순위로 밀리는 경우가 많습니다. 이는 개발 초기에는 확인 항목이 적기 때문에 수동 테스트로 충분하다고 판단하기 때문입니다. 또한 E2E 테스트 자동화 도구의 설정이 단위 테스트 자동화나 지속적 통합/지속적 배포 도구 설정에 비해 어렵고 번거로운 것도 한 요인으로 작용합니다. 디바이스/OS/브라우저 등 서로 다른 여러 환경에서 동작 확인이 필요한 경우, 각각에 맞는 환경을 준비해야 할 필요도 있습니다. 또한 E2E 테스트는 다양한 조건에서 동작하기 때문에 불안정하기 쉽고, 실패했을 때 확인/수정 비용도 커지기 쉽습니다. 도구의 학습 비용과 실행을 위한 서버 비용도 발생합니다. 하지만 수동 테스트에 의존하는 것만으로는 테스트 시간과 테스트 공수가 한계에 도달하게 됩니다. 그러므로 E2E 테스트의 자동화를 도입할 필요가 있습니다.

E2E 테스트를 도입할 때, 수동으로 시행하던 모든 테스트를 자동화하려다 실패하는 경우를 많이 볼 수 있습니다. 모든 수동 테스트를 E2E 테스트로 대체할 수는 없습니다. 검증(Verification)과 확인(Validation)에서 설명한 바와 같이 자동화의 적합성 여부를 고려하여 테스트 항목을 검토해야 합니다. 앞에서 설명한 테스트 피라미드도 고려하면 '중요한 고객 여정에 한정해 지속적으로 E2E 테스트를 실행하는 것'을 추천합니다(그림 3-14).

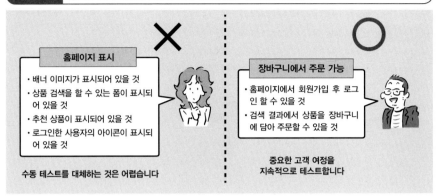

그림 3-14 중요한 고객 여정에 한정해 지속적으로 E2E 테스트를 실행한다

홈페이지 표시

- 배너 이미지가 표시되어 있을 것
- 상품 검색을 할 수 있는 폼이 표시되어 있을 것
- 추천 상품이 표시되어 있을 것
- 로그인한 사용자의 아이콘이 표시되어 있을 것

수동 테스트를 대체하는 것은 어렵습니다

장바구니에서 주문 가능

- 홈페이지에서 회원가입 후 로그인 할 수 있을 것
- 검색 결과에서 상품을 장바구니에 담아 주문할 수 있을 것

중요한 고객 여정을
지속적으로 테스트합니다

먼저 이미 있는 수동 테스트 항목을 그대로 자동화하려고 생각하지 말고, 반복적으로 자동으로 실행하는 것을 전제로 한 E2E 테스트 항목을 준비합니다. '홈페이지가 표시되는 것'과 같은 모호한 확인 항목이 아닌 '홈페이지에서 회원 가입하고 로그인이 가능할 것', '검색 결과에서 상품을 장바구니에 담아 주문할 수 있을 것'과 같은 구체적인 확인 항목으로 대체합니다. E2E 테스트는 단위 테스트나 통합 테스트와 비교해 수행 시간이 길어지기 쉽고, 테스트 대상의 사소한 변경에 영향을 받아 실패하기 쉬운 특성이 있습니다. 확인 항목을 세세하게 많이 설정하는 것이 아니라, 정말로 필요한 것만 한정해 간결하게 만드는 것이 다루기 쉽습니다. E2E 테스트 자동화 도구에는 부품화 및 재사용 구조가 마련되어 있으므로 처리를 공통화하여 적극적으로 활용합시다.

E2E 테스트가 실패하기 쉬운 원인 중 하나는 타이밍입니다. 표시 화면 로딩 대기, 상태변화 완료 등 수동 테스트에서는 무의식적으로 수행하던 작업을 명시적으로 설정해야 합니다. 또한 데이터 준비가 필요한 경우가 있으므로 E2E 실행 단위별로 테스트에 사용할 데이터/설정/환경을 구분할 수 있으면 좋을 것입니다(그림 3-15). 예를 들어 테스트 실행마다 테스트 환경을 준비하고, 테스트가 완료되면 환경을 삭제하는 형식입니다. '확인 항목을 단순하게 만들기', '타이밍을 고려하기', '테스트 환경을 개별적으로 준비하기'를 달성할 수 있다면 E2E 테스트 간의 의존성이

줄어들고, 병렬로 실행해도 테스트가 실패하기 어려워집니다.

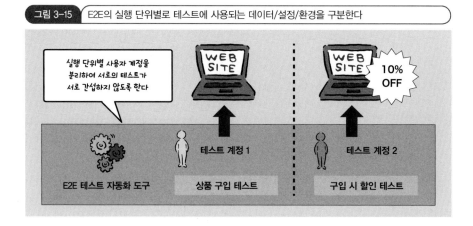

그림 3-15 | E2E의 실행 단위별로 테스트에 사용되는 데이터/설정/환경을 구분한다

E2E 테스트 자동화를 실현하는 도구/서비스도 SaaS 형태부터 설치나 설정해서 사용할 수 있는 것까지 다양한 종류가 있습니다. 그 외의 소프트웨어 테스트 기술진흥협회(ASTER)의 '테스트 도구 바로 알기 가이드' 3-7 에서 사유 소프트웨어를 중심으로 많은 도구 정보를 정리했습니다. 자신들의 현장에 맞는 도구를 사용하면 되지만, 온프레미스에서 운영할 경우에는 운영 공수나 학습 비용도 고려해야 합니다.

- 동작시킬 서버와 PC 설정 작업
- 서버와 PC의 OS 갱신
- 도구의 버전업
- 테스트 실패 시 조사를 위해 서버와 PC에서 로그 추출

SaaS형에서는 설정이나 버전업 작업이 필요 없습니다. 테스트 실행 시 통신 로그와 이미지 캡처가 자동으로 기록되어 테스트 실패 시 조사도 간단합니다.

또한 테스트 설정에 프로그래밍 지식이 필요한 경우도 있습니다. 이러한 어려움을 피하고 싶다면 유료 도구를 고려해 볼 수 있습니다. 프로그래밍 지식이 없는 사람도 테스트를 추가할 수 있도록 앱이나 브라우저 조작을 기록해 간단하게 테스트 설정을 할 수 있습니다. 적절한 E2E 자동화 도구를 선택하면 개발자 이외의 사람도

쉽게 테스트에 참여할 수 있습니다. E2E 테스트 공정만 놓고 보면 추가 비용이 발생하지만, 개발 전체로 봤을 때 비용 대비 효과를 검토해 보면 좋을 것입니다.

◆ 개발과 관련된 모든 공정에서 테스트를 시행한다

P 지속적 테스트

테스트는 릴리스 전 최종 확인이 아닌, 개발의 각 공정에서도 실행할 수 있는 활동입니다. 개발에 필요한 각 공정에서 지속적으로 테스트를 실행하고, 그 구조와 프로세스를 정리하여 효율화하는 방식을 'Continuous Testing in DevOps...' **3-8** 에서는 지속적 테스트라고 소개합니다(그림 3-16).

개발과 관련된 모든 공정에서 테스트를 실행할 수 있습니다. 개발 중인 브랜치를 테스트하고, 프로그래밍 중인 기능이 동작하는지 자동 테스트로 검증하고, 병합 전에 코드 리뷰를 수행합니다. 병합이 완료되면 지속적 통합을 통해 빌드 통과 여부를 테스트하고, 검증 환경에 배포하여 동작을 확인합니다. 4장에서 소개하는 릴리스/모니터링은 릴리스 된 제품이 제대로 동작하는지 확인하는 것입니다. 팀은 소프트웨어 개발 라이프사이클 전반에 걸쳐 다양한 테스트를 지속적으로 수행해야 합니다. 각 공정에서 테스트를 수행할 수 있다면, 개발이 잘 안 된 부분을 더 빨리 파악하고 피드백을 받을 수 있습니다. 하지만 각 공정마다 테스트를 실행하는 것은 많은 인력이 필요합니다. 수동으로 수행할 수도 있지만, 보다 지속적인 노력을 기울이려면 자동화를 적극적으로 도입하여 생산성을 높여야 합니다.

또한 애자일 개발에서는 릴리스에서 얻은 지식을 바탕으로 다음 개발 계획을 수정해 갑니다. 개발은 연속적이며, 일련의 개발 사이클을 반복적으로 진행합니다. 기술 프랙티스를 활용하여 개별 개발 공정의 테스트 결과를 피드백할 수 있도록 하면 개발 사이클에 소요되는 시간도 단축할 수 있습니다. 이로써 고품질의 제품을 빠르게 제공하고 비즈니스 유연성을 높이는 여러 이점(제품 품질 안정화, 배포에 대한 부담 완화 등)을 얻을 수 있을 것입니다.

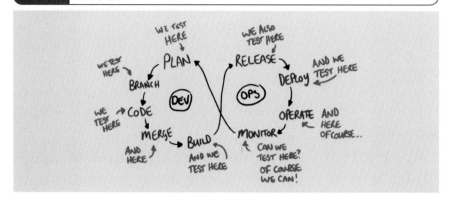

개발을 지속하기 위해서는 배포를 지속할 수 있는 체계를 만드는 것뿐만 아니라 모니터링도 중요합니다. 4장에서는 시스템을 안정적으로 운영하고 애자일 개발을 지속하기 위해 필요한 운영 관련 기술 프랙티스를 소개합니다.

REFERENCE

3-1 『지속적인 통합: 소프트웨어 품질을 높이고 위험을 줄이기』 폴 M. 듀발/스티븐 M. 마티야스/앤드류 글로버 저, 최재훈 역 (2008, 위키북스)

3-2 「git/templates」
https://github.com/git/git/tree/master/templates

3-3 『Continuous Delivery』 제즈 험블/데이비드 팔리 저, 유석문/김은하/설현준 역 (2013, 에이콘출판)

3-4 「10+ Deploys Per Day: Dev and Ops Cooperation at Flickr」 John Allspaw & Paul Hammond (2009)
[slideshare] https://www.slideshare.net/slideshow/10-deploys-per-day-dev-and-ops-cooperation-at-flickr/1628368
[영상] https://www.youtube.com/watch?v=LdOe18KhtT4

3-5 『Succeeding with Agile: Software Development Using Scrum』 Mike Cohn (2009)

3-6 「Testing Pyramids & Ice-Cream Cones」
https://alisterscott.github.io/TestingPyramids.html

3-7 「테스트 도구 바로 알기 가이드」
https://www.aster.or.jp/business/testtool_wg.html

3-8 「Continuous Testing in DevOps…」 Dan Ashby
https://danashby.co.uk/2016/10/19/continuous-testing-in-devops/

4장

'운용'에서 활용할 수 있는
프랙티스

프로그래밍/테스트가 끝나면 완성된 시스템은 제품 환경에 릴리스됩니다. 제품 환경에서는 버그가 발견될 수도 있고, 장애가 발생할 수도 있습니다. 지속적으로 운용하기 위해서는 시스템의 동작 상황을 항상 파악해야 하며, 문제를 빠르게 파악하여 대처할 수 있어야 합니다. 또한 제품 개발 과정에서 새로 팀에 합류한 구성원이 지식을 습득할 수 있도록 문서를 준비하는 것도 중요합니다. 이 장에서는 배포/릴리스, 모니터링, 문서화와 관련된 기술 프랙티스를 소개합니다.

Agile

릴리스나 운용에도 프랙티스가 있나요?

물론이죠!

릴리스할 때 장애가 발견되면 되돌릴 수 있게 한다든지, 릴리스를 최대한 자동화하는 것이 있죠.

끄적 끄적

모니터링 상황을 대시보드에서 알기 쉽게 한다든지 서비스 로그를 한곳에 모으는 것도 들어본 적이 있습니다.

모니터링?

릴리스나 모니터링은 좀 더 고민할 여지가 적을 줄 알았는데요, 그런 건 아니네요.

아자-!!

그럼 주말의 제품 릴리스부터 프랙티스를 적용해 보죠.

함께 극복합시다!

◆ 배포 전략 선택

개발 및 테스트를 마친 서비스는 제품 환경에 배포하여 출시합니다. 사용자에게 가치를 제공하고 개발자의 노력이 결실을 맺는 순간이지만, 제품 환경에 배포하고 나서야 처음으로 결함이 발견되는 경우도 있습니다. 스테이징 환경과 제품 환경의 차이를 아무리 좁히고 꼼꼼하게 테스트를 해도 마찬가지입니다. 수정 사항이 예상치 못한 부분에 영향을 미치거나, 예상치 못한 조건에서 문제가 발생하거나, 제품 환경에서 버그가 발생하는 등의 문제를 완벽하게 방지하는 것은 어렵습니다.

또한 시스템 구성에 따라 배포 시 시스템을 사용할 수 없는 다운타임(Downtime)이 발생할 수 있습니다. 배포나 장애로 인해 시스템을 사용할 수 없는 시간이 자주 발생하면 사용자에게 불편을 초래할 수 있습니다. 다운 타임을 줄이기 위한 배포는 몇 가지 방법이 있습니다. 다음은 배포 전략의 패턴을 소개합니다.

• 인플레이스 배포

'인플레이스 배포'는 이전 환경에 새로운 환경을 덮어쓰는 가장 간단한 방법입니다(그림 4-1). 여러 개의 환경을 준비할 필요가 없어 비용을 절감할 수 있다는 장점이 있습니다. 하지만 하나의 환경을 덮어쓰기 때문에 다운타임 발생을 피할 수 없습니다. 또한 배포에서 문제가 발견될 경우 복구 작업에 시간이 오래 걸립니다.

그림 4-1 인플레이스 배포

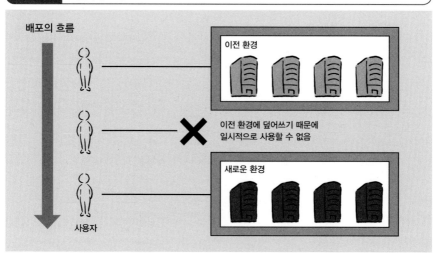

배포 중에 문제가 발생할 경우를 대비해 배포를 시작하기 이전의 상태로 되돌릴 수 있도록 해야 합니다(그림 4-2). 예상치 못한 동작이 발생했을 때 롤백[*4-1]이 가능하도록 소프트웨어를 제작하지 않으면 배포 시 리스크가 커집니다.

그림 4-2 롤백

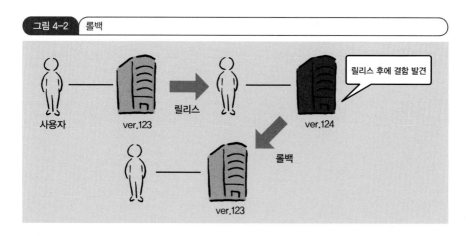

(*4-1)   롤백: 정상적으로 운영되던 어느 시점의 상태로 되돌려 복구를 시도하는 것

P 롤링 업데이트

롤링 업데이트 **4-1** 는 운영 중인 서비스를 조금씩 새로운 것으로 바꾸고 교체하는 방식입니다(그림 4-3). 배포로 인한 다운타임 발생을 최소화할 수 있습니다. 롤링 업데이트를 실현하기 위해서는 롤백뿐만 아니라 하위 호환성 및 상태 확인 기능도 필요합니다. 이러한 기능을 갖추면 업데이트가 실패하더라도 이전 상태로 쉽게 되돌릴 수 있어 시스템 가용성과 신뢰성을 확보할 수 있습니다.

하위 호환성이란 새로운 버전의 서비스가 이전 버전과 동일한 사양과 기능을 제공하는 상태를 말합니다. 하위 호환성을 통해 기존 시스템의 기능을 그대로 유지하면서 부분적으로 시스템을 쇄신해 갈 수 있습니다. 롤링 업데이트 중에는 이전 버전과 새로운 버전의 서비스가 공존하는 상태가 됩니다. 사용자가 조작하는 UI나 클라이언트 부분은 새로운 서비스가 제공되고, 그곳으로부터의 리퀘스트는 이전 서비스가 받는 상황이 발생하게 됩니다.

| 그림 4-3 | 롤링 업데이트 |

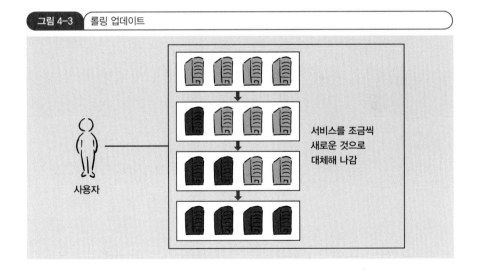

서비스를 조금씩 새로운 것으로 대체해 나감

사용자

이때 서비스를 호출하기 위한 인터페이스가 맞지 않거나, 호출 시 기능이 달라지면 제품이 정상적으로 동작하지 않습니다. 이렇게 되면 롤링 업데이트 중에 제품을 사용할 수 없는 상태가 되어 다운타임이 발생합니다.

상태 점검은 서비스가 정상적으로 작동하고 있는지 확인하는 것입니다. 하위 호환성을 유지하더라도 새로운 버전에 접속할 때 오류가 발생했을 수도 있기 때문에 이를 빠르게 감지해야 합니다.

롤링 업데이트 과정에서 오류율이 높아지는 등 문제가 발견되면 안정적으로 운영되던 이전 버전으로 롤백하여 원상태로 되돌리는 경우도 있습니다. 이를 배포 회로 차단기라고 합니다. 배포 회로 차단기는 롤백/하위 호환성/상태 점검 기능을 갖추고 있기 때문에 가능합니다.

롤링 업데이트는 서비스를 조금씩 교체하기 때문에 배포가 완료되기까지 시간이 오래 걸린다는 단점이 있습니다. 또한 롤백을 할 때도 배포와 동일한 시간이 소요됩니다.

P 블루/그린 배포 (Blue/Green Deployment)

블루/그린 배포 **4-1**는 새로운 환경에 새로운 버전의 서비스 출시를 배포한 후 액세스를 전환하는 방식입니다(그림 4-4). 다운타임 없이 한번에 액세스를 전환할 수 있습니다. 기존 환경도 그대로 유지되기 때문에 전환도 바로 완료됩니다. 다만 현재의 제품 환경 이외에 새로운 제품 환경을 준비해야 하기 때문에 환경 구축에 비용이 많이 든다는 단점이 있습니다.

| 그림 4-4 | 블루/그린 배포 |

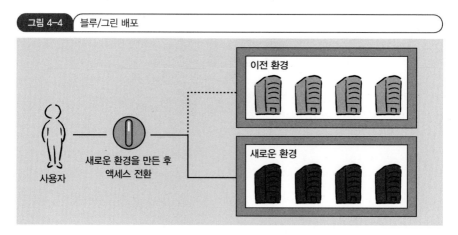

P 카나리아 릴리스

카나리아 릴리스 **4-1** 는 블루/그린 배포와 구성이 유사하지만, 새로운 환경에 대한 액세스를 점진적으로 늘려가는 방식입니다(그림 4-5). 제품 액세스의 일부만 새로운 환경에 유입하거나, 특정 사용자의 액세스 또는 일부 기능의 액세스만 새로운 환경에 유입시켜 업데이트에 따른 영향 범위를 제어합니다. 문제 발생 시 영향 범위를 좁힐 수 있는 반면, 배포가 완료되기까지 시간은 오래 걸립니다.

그림 4-5 카나리아 릴리스

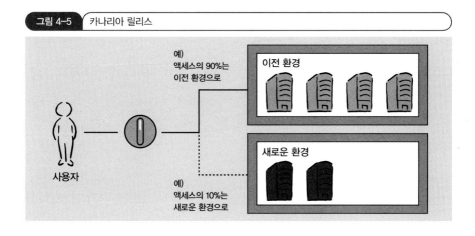

◆ 데이터베이스 스키마 관리 및 마이그레이션

P 데이터베이스 스키마 정의 및 관리

데이터베이스의 설계(스키마, schema)를 임의로 변경하는 것은 피해야 하지만, 제품을 지속적으로 개발하는 과정에서 단 한 번도 스키마를 변경하지 않는 것은 불가능합니다. 제품의 성장, 상황의 변화, 개발을 진행하면서의 경험 등을 바탕으로 스키마를 재검토하는 것이 필요합니다.

데이터베이스의 스키마는 SQL로 변경할 수 있지만, 변경 내용을 도구로 관리하는 것이 일반적입니다. 이 도구를 마이그레이션[*4-2] 도구라고 하는데, 마이그레이션 파일에 기재된 스키마 변경 SQL을 실행하거나 변경 전후의 스키마 정의에서 SQL을 생성하고 실행하여 데이터베이스의 스키마 버전을 변경합니다. 마이그레이션 도구는 다음 세 가지 유형이 있습니다.

[1. 프레임워크에 부속된 마이그레이션 도구]
 • Ruby on Rails　　　　　　 • Django　　　　　　 • Laravel

[2. 마이그레이션 파일을 기반으로 스키마 정의를 관리하는 마이그레이션 도구]
 • Flyway　　　　　　 • sql-migrate

[3. 스키마 정의를 기반으로 기존 DB에 대한 변경 SQL을 생성/실행하는 마이그레이션 도구]
 • sqldef　　　　　　 • ridgepole

　개발 초기 단계에 있고, 제품 개발에 참여하는 인원이 적고, 시스템도 아직 작은 경우에는 프레임워크에 부속된 도구를 활용하는 경우가 많습니다. 그러다 개발 인원이 많아지고, 시스템이 분할되어 데이터베이스를 공유하게 되면 독립적인 마이그레이션 도구로 전환하는 것이 일반적입니다. 마이그레이션 파일을 사용하는 유형의 도구라면 스키마 변경 시 실행되는 SQL의 파악은 쉽지만, 각 버전 시점의 스키마 전체를 파악하기 위해서는 개별 마이그레이션 이력을 추적해야 합니다. 반면, 스키마 정의에서 SQL을 생성/실행하는 타입의 도구는 스키마 전체 파악은 쉽지만, 스키마 변경 시 SQL이 적절한지 확인해봐야 합니다. 현장에 맞게 적절한 도구를 선택해 주세요.

　마이그레이션 도구의 실행은 배포 및 롤백 절차 중에 이루어집니다. 마이그레이션 도구의 조작이 수동이든 자동이든, 레코드 수가 많아지면 시간이 오래 걸리고 시스템 다운타임이 발생하게 됩니다. 따라서 스키마를 변경할 때는 변경 전 스키마와 변경 후 스키마 모두 제대로 작동하도록 소프트웨어를 구현하는 것이 좋습니다.

(*4-2)　마이그레이션(Migration): 데이터를 한 시스템에서 다른 시스템으로 이동, 전송하는 것

224

P 배포 도구

어떤 배포 전략을 선택하든 사람이 직접 배포 작업을 수행하는 한 작업 실수나 기록 누락이 발생하기 마련입니다. 절차서와 실제 절차의 불일치도 그대로 방치하기 쉽습니다. 누구나 쉽게 배포 작업을 할 수 있고, 검증과 개선이 바람직한 주기로 돌아갈 수 있도록 자동화를 시도해 봅시다. 자동화 도구를 표 4-1에 정리했습니다.

표 4-1 배포 도구

도구 이름	비고
Capistrano	웹 애플리케이션 배포 작업을 자동화하는 오픈소스 도구. Ruby로 제작
Ansible	오픈소스 구성 관리 / 배포 도구
Fabric	웹 애플리케이션 배포 작업을 자동화하는 오픈소스 도구. Python으로 제작
Shipit	웹 애플리케이션 배포 작업을 자동화하는 관리 화면이 있는 오픈소스 도구. Ruby On Rails로 제작
ecspresso	Amazon ECS용 배포 도구
Spinnaker	멀티클라우드에 대응하는 오픈소스 기반의 지속적 배포 플랫폼
ArgoCD	쿠버네티스 클러스터를 위한 지속적 배포 도구

P ChatOps

배포 도구를 직접 사용할 수도 있지만, 평소 사용하는 채팅 도구와 연동하여 채팅을 통해 조작(ChatOps)하면 더 많은 이점을 얻을 수 있습니다(그림 4-6). 채팅을 통한 조작은 단순화된 명령어에 의한 소통이기 때문에 평소에 잘 사용하지 않는 기능을 숨기고 조작 절차를 간소화할 수 있습니다. 배포에 여러 도구를 사용하는 경우라면, 모두가 익혀야 하는 도구가 늘어나는 상황을 방지하기도 합니다. 릴리스 후 시스템이 제대로 작동하는지 모니터링해야 할 때도 모니터링 도구와 채팅 도구를 연동하여 알림을 통합적으로 관리할 수 있습니다. 또한 릴리스 작업 기록이 채팅 도구에 남겨져 팀원들과 공유할 수 있습니다. ChatBot 프레임워크를 활용하여 조직과 팀의 개발 프로세스에 맞는 조작을 만들어 넣는 것 또한 가능합니다(표 4-2).

채팅 도구와 연동하기

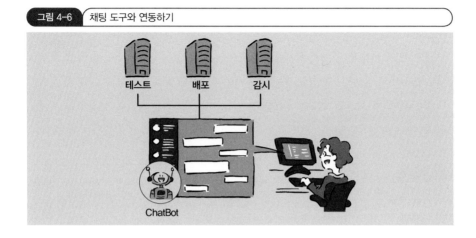

표 4-2 ChatBot 프레임워크

도구 이름	비고
Bolt	Slack이 개발한 Slack 앱 프레임워크. Java, Python, JavaScript(TypeScript)에 대응
AWS Chatbot	Slack 채널에서 AWS의 리소스를 보다 쉽게 조작/모니터링할 수 있도록 지원하는 서비스
Microsoft Bot Framework / botkit	botkit은 Microsoft Bot Framework의 일부로 OSS로 릴리스되어 있다
Errbot	OSS의 ChatBot 프레임워크. Python에 대응

배포 도구/ChatOps 구축에는 수동 배포 절차, 도구의 작동 방식, 도구 연동 방법 등에 대한 지식이 필요합니다. 그런데 그 지식이 운영 담당자에게만 한정되기 쉽습니다. 문서의 정비와 함께 지식을 가진 특정 개인에게만 의존하지 않도록 주의해야 합니다.

어떤 배포 전략을 선택하든 배포에 문제가 발생할 위험은 존재하며 사전 테스트에서 간과한 부분이 있을 수 있습니다. 배포와 릴리스에 위험이 있다는 것을 인지하고, 특정 사람에게 의존하지 않는 운영 체제를 팀 안에 구축합시다.

P 릴리스 트레인

개발 중인 제품에 릴리스 예정일을 설정하는 것은 흔한 일입니다. 하지만 출시일을 정했더라도 개발 진행 상황이나 내용에 따라 출시일을 변경하고 싶을 때가 있습니다. 예를 들어 일정이 늦어지면 '이 기능은 꼭 넣고 싶으니 릴리스를 미루자'라거나 개발이 예정대로 진행되어도 '사용자에게 보여지는 기능 차이가 적으니 한꺼번에 출시하자'라는 대화가 오갈 수 있습니다.

정기적인 릴리스 날짜를 정해놓고 그에 맞춰서 릴리스하는 프랙티스가 '릴리스 트레인'(Release Train)입니다(그림 4-7). 기차 시간표처럼 시간이 되면 릴리스를 시작합니다. 일정이 늦어질 것 같으면 릴리스 예정일에 맞추거나 다음 릴리스 날짜로 변경하는 선에서 대응을 합니다. 그러면 기능 차이가 적다는 이유로 릴리스 진행 여부를 논의할 일도 없어지고, 릴리스 시간이 되면 릴리스 작업을 진행하게 됩니다.

정기적으로 릴리스를 진행하면 릴리스 작업을 여러 번 반복하게 되므로 지속적 배포 프로세스를 정비할 수 있는 동기를 부여할 수 있습니다. 또한 결함이 유입된 시점을 쉽게 파악할 수 있습니다.

그림 4-7 릴리스 트레인

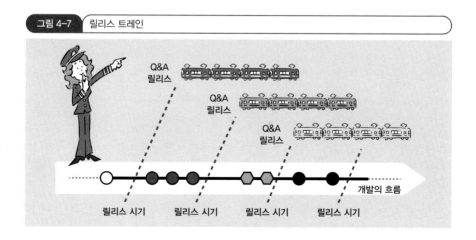

227

◆ 메트릭 / 로그 / 트레이스

시스템을 릴리스한 후에는 제대로 동작하는지 모니터링을 해야 합니다. 서비스가 제대로 동작하는지, 시스템 부하가 예상대로 작동하는지, 예상치 못한 동작이나 오류가 발생하지는 않았는지 정기적으로 관찰합니다. 수집하는 정보에는 메트릭/로그/트레이스 등이 있습니다.

P 메트릭

CPU 사용률, 사용 가능한 메모리 용량, 사용 가능한 스토리지 용량 및 읽기/쓰기 속도, 이벤트 발생, 처리 시간, 단위 시간당 처리 횟수/처리 대기 횟수/오류 횟수, 네트워크 대역폭, DB 접속 횟수 등 동작 상태를 나타내는 정량적 수치가 '메트릭'(Metric) **4-2** 입니다. 다양한 대상에 대한 메트릭을 수집하고 저장하여 시스템에 대한 안정성과 가동 상황을 알 수 있습니다.

메트릭은 특정 시점의 측정값입니다. 전송 측에서 미리 계산/가공한 값을 다룰 수도 있습니다. 메트릭 데이터를 확인하는 이유는 시스템의 성능이나 상태를 파악하기 위해서입니다. 따라서 일반적으로 지난 몇 주 또는 몇 달의 기간을 데이터 수집 대상 기간으로 삼는 경우가 많습니다. 메트릭을 저장해 두면 나중에 추이 및 변화를 확인할 수 있습니다. 하지만 저장을 하려면 저장 공간을 확보해야 합니다. 저장 기간이 길어지면 비용이 많이 들기 때문에 필요한 샘플만 남기고 불필요한 것은 버리면서 저장하는 데이터를 줄이는 경우도 있습니다.

메트릭은 자동 경고의 알림 기준으로 사용하기에 적합합니다. 시스템 가동 상황을 항상 신경 써야 하는 것은 매우 힘든 일입니다. '일정 기간 동안 부하가 일정 값을 초과했습니다' 또는 '오류 발생 횟수나 발생 비율이 높습니다'와 같은 규칙에 따라 알림을 보내면, 시스템 동작이 의심스러운 기간이나 부분을 파악할 수 있습니다. 이를 통해 문제 발생 지점을 좁혀 효율적으로 조사할 수 있습니다.

P 로그

로그 4-2 는 시스템 내에서 발생한 이벤트와 관련된 정보를 기록합니다. 로그의 데이터 크기는 메트릭 크기보다 커지는 경향이 있기에, 운영하면서 데이터 수집 시기를 확인해야 합니다. 로그만으로는 구분할 수 없는 문제가 발생했을 때 출력하는 내용을 늘립니다. 로그에 출력되는 내용이 중복되는 경우에는 정리할 필요가 있습니다.

로그에 출력해서는 안 되는 정보도 있습니다. 접속자를 식별할 수 있는 세션 ID, 액세스 토큰 등 유출될 경우 부정 액세스의 요인이 될 수 있는 정보는 출력해서는 안 됩니다. 또한 이름/이메일/전화번호/신용카드 번호 등 개인 정보를 출력하는 것도 피해야 합니다. 개발자가 수동으로 주의를 기울이는 것보다 로그 출력 라이브러리에 마스킹 기능이 있는지 조사하고 적극적으로 활용하는 것이 바람직합니다.

시스템에서 출력한 로그는 한곳에 모아 둡니다. 로그를 수집하는 방법은 다양한데, 로그를 모아서 열람/검색할 수 있도록 해주는 서비스를 이용하는 것이 가장 편할 것입니다. SaaS라면 'Amazon CloudWatch Logs', 'Datadog' 등이 있습니다. SaaS를 사용할 수 없다면 'Fluentd', 'Logstash', 'Elasticsearch', 'Kibana' 등의 OSS를 결합하여 유사한 기능을 구축할 수 있습니다. 또한 스마트폰 앱에서 크래시 발생 시 동작 로그를 전송하는 구조(Firebase Crashlytics)가 있습니다. 이처럼 인터넷상에서 시스템을 구축하는 경우, 자동으로 로그를 수집/분석하기 위한 다양한 선택지가 있습니다. 하지만 온프레미스 시스템을 구축하는 경우라면, 로그를 조사하기 위해서는 시스템에서 로그를 추출해야 할 수도 있습니다. 경우에 따라서는 고객에게 로그 추출을 요청하여 받아보는 수도 있습니다.

수집된 로그는 일정 기간 동안 검색 및 집계 대상으로 사용되어 시스템 운영 현황을 파악하는 데 사용됩니다. 반면에 검색/필터링/집계가 가능한 기간이 길게 설정하면 로그 저장 비용이 많아집니다. 시스템 운영에 필요한 요건을 참고하여 로그를 어느 정도까지 저장할 것인지 고려해야 합니다.

ⓟ 트레이스

'트레이스(추적, trace)' **4-3** 는 요청이 어떤 처리 경로를 거쳤는지를 나타내는 데이터입니다. 스택 트레이스는 서비스 내 특정 시점의 처리 호출 관계와 처리 시간을 추적합니다. 분산 트레이스(그림 4-8)는 여러 서비스에 걸친 처리에서 각 서비스의 호출 관계와 처리 시간을 추적합니다. 개발자는 트레이스를 통해 병목현상을 파악하고 성능 개선에 집중할 수 있습니다.

그림 4-8 분산 트레이스의 예

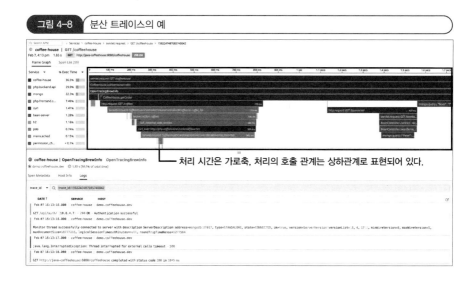

시스템을 지속적으로 모니터링하면 문제가 발생했을 때 즉시 대응할 수 있을 뿐만 아니라, 문제가 발생하기 전에 잠재적인 문제를 발견할 수 있습니다. 이를 통해 문제를 미연에 방지할 수 있어 시스템의 안정성과 신뢰성을 향상시킬 수 있습니다. 또한 모니터링을 활용하면 시스템 성능 및 사용 현황을 파악할 수 있어 시스템 개선 및 최적화에도 도움이 될 수 있습니다.

◆ 모니터링과 관찰 가능성

P 모니터링, 관찰 가능성

시스템의 상태를 파악할 수 있는 근거가 되는 데이터 수집과 그 능력을 나타내는 단어로 관찰 가능성(Observability)이 사용됩니다 4-3 . 모니터링이 '이상 징후를 지속적으로 관찰하는 행위'라면, 관찰 가능성은 '이상이 발생한 이유를 파악하기 위한 척도'로써 시스템의 상태를 심도 있게 이해하는 방법이라 볼 수 있습니다.

모니터링과 관찰 가능성은 아무거나 수집하면 되는 것이 아니라, 유용한 데이터로 한정해야 합니다. 메트릭을 수집한다면 그 메트릭을 통해 어떤 이상 징후를 감지할 수 있는지 생각해 봅시다. 로그도 모든 정보를 출력하고 싶겠지만 그 양이 많아지면 수집과 보관에 비용이 많이 듭니다. 그렇다고 해서 정보를 너무 한정하면 장애 조사에 필요한 로그가 누락되어 장애 조사가 불가능할 수도 있습니다.

모니터링도 관찰 가능성도 개발자가 주도적으로 참여하는 자세가 중요합니다. 담당 팀에게만 맡겨놓는 것이 아니라 팀에서 대시보드를 관리하고 주기적으로 확인하는 습관을 들이면 문제 발견의 속인화를 방지할 수 있습니다. 또한 문제를 해결하려는 동기부여가 될 것입니다.

대시보드에서는 비정상적인 상태를 한눈에 파악할 수 있는 것이 중요합니다(그림 4-9). 시스템에 대한 요청 수와 응답 시간, CPU/스토리지/네트워크 등 리소스 사용 현황, 오류 수와 오류 발생률 등을 대시보드에 표시합니다. 애플리케이션의 경고나 오류를 수집하고 있다면, 지속적으로 대응하여 발생 횟수가 0이 되도록 합시다. 경고와 오류가 일상적으로 발생하는 상태를 방치하면, 문제가 있다는 것을 당연하게 여기게 되어, 정말 해결해야 할 문제가 발생해도 놓칠 수 있습니다. 또한 처음 보는 사람에게는 복잡하고 이해하기 어려운 대시보드가 될 수 있습니다. 팀 작업이나 개발 상황을 시각화하는 도구를 '정보 라디에이터'라고 부르는데, 대시보드도 그중 하나입니다. 운영 상황의 투명성을 높임으로써 팀이 스스로 판단하고 주체적으로 행동하도록 유도할 수 있습니다.

그림 4-9	대시보드의 예

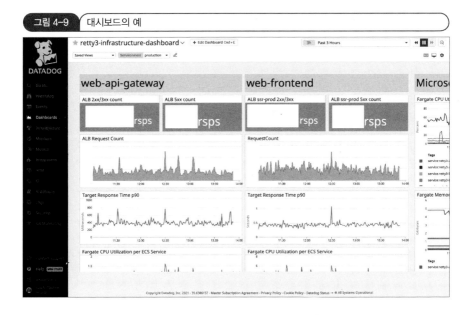

아침 회의에서 매일 확인하거나 채팅 도구에 정기적으로 게시하는 등의 방법을 통해 매일매일 관심을 가질만한 기회를 만듭시다. 의식하지 않아도 정보가 눈에 들어오는 상태, 지시가 없어도 행동을 일으킬 수 있는 구조까지 만들면 이상적입니다.

◆ 유용한 로그를 출력한다

시스템에 장애가 발생하면 기회 손실과 직접적인 손실이 발생합니다. **빠른 복구**를 위해서는 조사에 도움이 되는 로그가 출력되어 있어야 합니다. 로그를 활용할 기회는 장애 발생 시 가장 많겠지만, 이외에도 다양한 목적으로 이용할 수 있습니다.

- 장애 조사
- 시스템 모니터링
- 디버깅
- 감사

로그에 포함할 내용도 제품이나 시스템, 사용 환경(개발/테스트/스테이징/제품)에 따라 다른데 보통은 다음 중에서 선택합니다.

- 일시
- 접속자 식별 정보 (사용자 ID, 추적 ID 등)
- 접속하는 리소스 (URL 등)
- 처리 내용 (보기, 추가, 갱신, 삭제)
- 처리 대상 (처리 대상의 ID)
- 처리 결과 (성공/실패, 처리 건수)
- 오류 정보, 스택 트레이스
- 함수 호출/종료
- 함수에 전달된 파라미터의 내용
- 실행 환경, OS, 라이브러리 버전

P 로그 레벨

로그의 출력은 라이브러리나 프로그래밍 언어에 준비된 구조를 사용합시다. 준비된 로그 출력 구조에서는 표 4-3과 같은 로그 레벨이 설정되어 있을 것이다. 로그의 중요도를 고려하여 적절한 로그 레벨로 출력합니다.

표 4-3   로그 레벨과 용도

레벨	개요	용도
DEBUG	디버깅 정보	디버깅을 위한 로그. 내부에서 발생하는 모든 정보
INFO	정보	처리의 시작/종료 등 어떤 액션, 스케줄 작업의 기록
WARN	경고	향후 오류가 발생할 수 있는 상태. 오래된 API 사용, 사용 가능한 리소스 부족, 성능 저하 등
ERROR	오류	실행 시 오류
FATAL	치명적인 오류	시스템의 이상 종료가 수반되는 오류. 실행에 필수적인 리소스를 확보할 수 없음, 작동에 필수적인 시스템과 통신할 수 없음 등

과부족 없는 로그를 출력하기 위한 조절은 어렵지만, '문제가 발생했을 때 현재의 로그 출력 내용에서 문제를 발견하고 해결 방법을 찾을 수 있는가'라는 관점에서 지속적으로 검토하는 것이 좋습니다.

P JSON으로 로그 출력

로그의 출력 형식에도 종류가 있습니다. 예전에는 메시지마다 한 줄씩 출력하는 방식이 주류였으나, 로그를 통합해 분석하는 시스템이 확산되면서 기계적으로 읽기 쉽게 구조화된 로그 형식으로 주류가 바뀌고 있습니다.

JSON 형식

로그 출력을 JSON 형식으로 출력하는 방식입니다. 로그의 구조를 유연하게 정할 수 있고 분석이 용이하다는 장점이 있습니다. 중복으로 인해 로그의 데이터 크기가 커지기 쉬운 것이 단점이지만, 데이터 크기를 감당할 수 있는 수준이라면 가장 다루기 쉬운 방식입니다.

```
{"level":"info", "status":"200", "size":"13599","time":"2022-10-
09T14:26:41+09:00"}
{"level":"warning", "status":"404","size":"105","time":"2022-10-
09T14:29:41+09:00"}
{"level":"info", "status":"200", "size":"12539","time":"2022-10-
09T14:35:41+09:00"}
{"level":"info", "status":"200", "size":"14000","time":"2022-10-
09T14:36:41+09:00"}
{"level":"error", "status":"500", "size":"130", "time":"2022-10-
09T14:40:41+09:00"}
```

LTSV 형식

LTSV는 'Labeled Tab-Separated Values'의 약자로, 라벨과 값을 콜론(:)으로 연결하여 탭으로 구분하여 출력하는 형식입니다. 분석하기 쉽고 로그 항목이 증가하거나 감소해도 문제없습니다. 이 형식은 많은 로그 전송 도구에서도 지원하고 있습니다.

```
level:info status:200 size:13599 time:2022-10-09T14:26:41+09:00
level:warning status:404 size:105 time:2022-10-09T14:29:41+09:00
level:info status:200 size:12539 time:2022-10-09T14:35:41+09:00
level:info status:200 size:14000 time:2022-10-09T14:36:41+09:00
level:error status:500 size:130 time:2022-10-09T14:40:41+09:00
```

한 줄로 정해진 형식을 따름

행별로 정해진 규칙에 따라 로그를 출력하는 형식입니다. 웹 서버의 접속 로그 등 널리 사용되는 애플리케이션이나 도구에서 많이 볼 수 있습니다. 로그 출력 내용에 낭비가 없는 것이 장점이지만, 분석하는 측에서 해석 처리를 만들어야 하는 번거로움이 있습니다. 로그 출력 항목이 증가하거나 감소할 때마다 매번 대응해야 하는 것도 문제입니다.

```
[info] [2022-10-09T14:26:41+09:00]200 13599
[warning] [2022-10-09T14:29:41+09:00]404 105
[info] [2022-10-09T14:35:41+09:00]200 12539
[info] [2022-10-09T14:36:41+09:00] 200 14000
[error] [2022-10-09T14:40:41+09:00]500 130
```

여러 줄에 걸친 독자적인 형식

이것은 나쁜 예입니다. 많은 조직이 로그의 사양을 검토하는 시간을 갖지 않고, 새로운 기능 추가 등 비즈니스적으로 이해하기 쉬운 기능 개발에 우선순위를 두는 경우가 많습니다. 이런 경우에는 로그에 불필요한 정보가 많이 포함되어서 보기 어려운 형태로 방치될 수 있습니다.

```
[info]
status: 200
size: 13599
time:2022-10-09T14:26:41+09:00

[warning]
status: 404
size: 105
time: 2022-10-09T14:29:41+09:00

[info]
status: 200
size: 12539
time: 2022-10-09T14:35:41+09:00
```

로그 정보는 파일 등으로 출력하는 것이 일반적이지만, 긴급을 요하는 로그는 Slack이나 이메일 등으로 전송하여 문제를 빨리 발견할 수 있도록 하는 것도 효과적입니다. 로그 출력은 소스 코드의 여기저기에 삽입되기 때문에 나중에 전체적으로 수정하기가 어렵고 그 결과 문제가 방치되기도 합니다. 이러한 악순환을 없애기 위해서는 로그 출력 사양을 지속적으로 검토하고 모든 개발자가 이를 따르도록 해야 합니다. 좋은 장애 대응은 지속적으로 로그 형식을 검토하는 것에서 비롯됩니다. 이상 징후를 발견하는 즉시 수정하는 것이 향후 발생할 수 있는 장애 대응의 부담을 줄이는 데 도움이 됩니다.

마이크로소프트
수석 소프트웨어 엔지니어

우시오 츠요시
Ushio Tsuyoshi

Logging as API contract

클라우드 기술이 일반화되고, 애자일 개발도 진화하고, DevOps가 확산되면서 기술 프랙티스를 함께 공유하는 것이 중요하다는 것을 느끼고 있습니다. 제가 여러분께 소개하고자 하는 기술 프랙티스는 'Logging as API Contract'입니다.

제 동료이자 친구인 크리스 길럼(Chris Gillum)이 이름 지은 로깅(Logging)에 대한 프랙티스로, 로그를 API 규약처럼 생각하자는 아이디어입니다. 분산 시스템이 일반화된 이후, DevOps 모델로 개발하는 팀에게 로그는 개발에서든 라이브 사이트의 문제에서든 매일 접하는 도구이다 보니 독립형 시스템에 비해 훨씬 더 중요해졌습니다.

분산 시스템에서 로깅이 중요한 이유는 다음과 같습니다.

- 서비스 문제 해결 속도를 높임
- 분산 시스템의 동작을 관찰, 측정 및 실증할 수 있음
- 서비스 문제 발견 및 해결 자동화

최근 로그는 '문제 발견'뿐만 아니라 분산 시스템의 동작을 관찰, 측정, 실증하는 데에도 사용됩니다. 이에 따라 통합 테스트와 E2E 테스트, 단위 테스트에서도 로그를 사용하여 기대하는 동작을 측정하고 Assert 하는 코드가 일반화되고 있습니다.

또한 로그는 문제를 자동으로 발견하고 해결하는 데에도 사용됩니다. 이런 경우, 아무 생각 없이 로그를 변경해 버리면 시스템이 망가질 수도 있습니다. 따라서 로그의 변경은 자동화를 감안하여 시스템이 계속 움직일 수 있도록 주의를 기울여야 합니다. 또한 플랫폼의 경우 로그 변경으로 인해 고객이 자동화하고 있는 환경을 망가뜨릴 수도 있습니다. 물론 로그를 변경하지 말라는 것은 아니지만, 로그는 이러한 영향을 고려하여 API와 동일하게 설계하는 것이 좋다라는 것입니다.

참고로 제가 속한 Azure Functions 팀의 Diagnostics and solve problems은 이러한 로그의 자동화를 통해 이루어지고 있습니다. 이 시스템은 서버리스 서비스인 Azure

Functions의 로그와 데이터베이스를 자동으로 분석하여 문제를 분석하고 해결책을 제시해 줍니다. 기존에는 엔지니어가 로그를 조사해 고객의 문제를 해결하는 수밖에 없었습니다. 평소 여러분들이 로그를 읽고 장애를 발견할 때는 분명 일정한 패턴이 있을 것입니다. 그리고 베테랑이라면 이 'Exception이 발생하면 이런 문제가 발생했을 것이다'라는 분석할 수 있을 것입니다. 이러한 분석을 자동화하는 것입니다. 이를 체험해 보고 싶으신 분은 'Azure Functions 진단 개요'[*4-3]를 참고하여 한번 시도해 보시기 바랍니다. 내용을 상상하며 보면 재미있을 것입니다.

여러분도 로그를 통해 작업을 점점 더 자동화하여 편해져 보는 건 어떨까요?

(*4-3)   URL: https://learn.microsoft.com/ja-jp/azure/azure-functions/functions-diagnostics

그러고 보니 문서는 준비하지 않았나요?

개발을 시작할 때 준비했는데 지금도 쓸 수 있을지…

문서도 목적을 명확히 하지 않으면 무용지물이 될 수 있으니까요. 정리해 봅시다

제품도 점점 더 커졌고, 새로운 팀원이 들어올 것을 대비하여 문서를 준비해야 하는군요.

맡겨주세요! 저도 여러분에게 도움을 많이 받았으니 이번에는 제가 도와드리겠습니다!

아직 새로운 사람이 들어 온다고 결정된 것은 아니지만요.

항상 신입에게는 누군가를 옆에 붙여서 도와주었습니다만…

문서를 정비하면 캐치업도 잘 할 수 있을 것입니다!

◆ 팀을 위한 문서 작성

Ⓟ 팀 내 커뮤니케이션을 위한 문서

애자일 소프트웨어 개발 선언문에는 '포괄적인 문서보다 움직이는 소프트웨어'라는 문장이 있습니다. 문서의 가치를 인정하면서도 움직이는 소프트웨어에 더 가치를 두겠다는 의도인데, 안타깝게도 이를 '애자일 소프트웨어 개발에서는 문서는 나중에 해도 된다', '여러 가지 상황이 변하기 때문에 문서가 없어도 된다'고 오해하는 분들이 있습니다. 애자일 개발에서도 제품을 장기적으로 개발/운영하기 위해서는 문서가 필수적입니다.

애자일 개발에서 문서를 작성하는 목적은 크게 두 가지로 나눌 수 있는데, 하나는 팀 외부에 필요한 지식과 정보를 공유하는 것입니다. 전체 시스템 사양이나 비기능 요건[*4-4], 설계 방침이나 운영 방법 등을 정리한 문서를 팀 외부와의 합의에 따라 준비합니다. 또 하나는 팀 내 커뮤니케이션을 위해 논의한 내용이나 결정 사항을 나중에 기억할 수 있도록 남겨두는 것입니다. 지식이나 기술의 전달은 페어/몹 프로그래밍 등의 공동작업에 의해 이루어지지만, 그 효과를 더 높이기 위해서는 문서가 중요한 역할을 합니다. 두 가지 목적 중 전자는 프로젝트 관리 관련 서적에서 다루고 있으므로, 이 책에서는 후자인 '팀 내 커뮤니케이션을 위한 문서'에 대해서만 다루도록 하겠습니다.

문서는 한번에 모두 작성하여 완성하는 것이 아니라 필요에 따라 자주 갱신해야 합니다. 누군가 한 사람만 작성하는 것이 아니라 팀이 협력하여 갱신합니다. 하지만 문서 갱신은 작업 시간과 공수가 많이 소요됩니다. 읽는 사람이 적은 문서의 경우, 문서가 주는 장점보다 공수의 단점이 더 클 수 있습니다. 유지보수 할 수 없는 문서는 삭제하는 것이 더 좋을 수도 있습니다. 새로운 문서를 작성하는 것만큼이나 오래된 문서를 삭제하는 것도 중요합니다.

(*4-4)   비기능 요건: 실현하고 싶은 기능 이외의 요건. 성능, 보안, 운영/보수 등을 칭한다.

팀에서 제품을 운영할 때 자주 사용하는 문서를 두 가지 소개합니다.

P README 파일

시스템 개발에 참여하면 가장 먼저 보게 되는 문서가 'README 파일'입니다. 리포지터리 상단에 위치하는 이 파일은 예전에는 텍스트 파일이었지만, 지금은 Markdown 파일로 작성하는 경우가 많습니다.

README 파일은 다음과 같은 내용으로 구성됩니다. 대부분의 정보는 앞으로 개발에 참여할 사람을 위한 정보를 주로 담습니다.

- 시스템 및 서비스 개요
- 개발자/개발 책임자
- 실행 환경 (OS, 프레임워크, 라이브러리 등)
- 개발 환경 구축 절차 (환경 변수 등)
- 디버깅 방법, 테스트 방법, 배포 방법
- 외부 문서 링크
- Issue 관리 시스템 링크
- 개발에 도움이 되는 정보

README에 시스템에 대한 모든 정보를 다 적고 싶지만, 너무 길어지면 읽기 힘들고 오래된 정보가 남아있어도 알아차리기 어렵습니다. 개발을 시작하는 데 필요한 최소한의 정보만 담고, 튜토리얼/하우투(How to) 가이드/참고자료/해설은 다른 곳에 상세히 작성하여 링크를 걸어두는 것이 좋습니다. 팀원들의 스킬이나 개발 참여 시 기대하는 개발 지식도 고려해 작성하면 불필요한 내용을 생략할 수 있습니다.

시간이 지나면 README의 내용이 현재와 맞지 않게 됩니다. 발견했을 때 수정하여 README가 신뢰할 수 있는 상태를 유지하도록 합시다. 새로운 팀원이 합류하는 시기가 README를 수정할 수 있는 가장 좋은 기회입니다. 새로운 팀원에게 잘못된 부분, 걸림돌이 되는 부분, 설명이 이해하기 어려운 부분에 대한 피드백을 받아 팀원들이 함께 수정할 수 있는 구조를 만듭니다.

P 플레이북 / 런북

자주 발생하는 장애나 사전에 예상할 수 있는 장애에 대한 절차 및 대응을 정리한 문서를 '플레이북(Playbook)' 또는 '런북(Runbook)'이라고 합니다[*4-5]. 플레이북을 정비하면 시스템에 익숙하지 않은 팀원도 장애 발생 시 1차 대응을 할 수 있습니다. 정비된 플레이북은 긴급 상황에 필요한 정보를 신속하게 제공할 수 있으며, 효율적인 대응을 유도하여 시스템 중단 시간을 최소화할 수 있습니다.

플레이북은 장애 알림을 받은 사람이 읽는 것을 전제로 하며, 다음과 같은 내용을 담습니다.

- 모니터링 내용
- 모니터링의 목적, 경보의 설치 이유
- 경보 발생 트리거
- 문제의 영향 범위
- 조사 방법
- 대처 방법
- 문의처
- 문제가 해결되었는지 확인하는 방법
- 기타 정보

플레이북은 어떤 도구로 관리해도 상관없지만, 운영에 참여하는 모든 사람이 참조할 수 있는 공통된 위치에 두고 관리합니다. 장애 발생 시 알림에 플레이북의 URL을 포함시켜 놓으면 즉시 참조할 수 있어 편리합니다. 운영을 지속하면 플레이북에 추가해야 할 새로운 항목이 늘어나기 때문에, 운영에 참여하는 구성원들이 지속적으로 문서를 갱신합니다.

(*4-5) Playbook은 미식축구의 플레이북(작전서)에서 유래되었으며, Runbook은 절차서를 의미합니다.

P 디아탁시스 프레임워크

소프트웨어 개발과 관련된 문서에는 다양한 종류가 있습니다. 서비스 사양서, 아키텍처/설계 관련 자료, 알고리즘이나 API를 설명하는 자료, 사용자/관리자/지원 담당자를 위한 문서 등이 있습니다. 기존 문서나 템플릿이 있으면 그 내용을 확장하는 것에만 집중하기 쉽지만, 정말 중요한 것은 문서를 활용하는 목적이 무엇인가 하는 것입니다.

문서는 분량이 많다고 해서 좋은 것이 아니며, 보는 사람이 없는 문서는 가치가 없습니다. 보는 사람이 없는 문서가 작성되지 않도록 하기 위해서는 읽는 사람이나 쓰는 사람 모두 어디에 무엇을 적어야 하는지 헷갈리지 않도록 해야 합니다. 그러기 위해서는 문서의 목적을 미리 분류하고 결정해 놓아야 합니다. 여기서 소개하고자 하는 것은 '디아탁시스(Diátaxis) 4-4 라는 프레임워크입니다. 이것은 문서를 '실습(Practical steps) / 이론(Theoretical knowledge)', '학습 목적(Serve our study) / 업무 목적(Serve our work)'의 2축으로 4개의 사분면으로 분류하여 정리한 것입니다(그림 4-10, 표 4-4). 리눅스 배포판 중 하나인 우분투(Ubuntu)를 개발하는 캐노니얼(Canonial)은 2021년에 '앞으로 디아탁시스로 문서를 정리해 나갈 것'이라고 선언했습니다.

목적이 다른 문장을 섞어 쓰면 독자는 혼란스러워집니다. 문서를 작성할 때는 먼저 목적을 명확히 하는 것이 중요합니다. 디아탁시스에 비추어 생각해 보면 무엇을 써야 할지 더 명확하게 알 수 있습니다. 목적이 명확해지면 읽는 사람이 필요로 하는 정보를 의식한 문서를 작성할 수 있게 됩니다.

그림 4-10　디아탁시스 프레임워크

표 4-4　디아탁시스의 4분류

분류	목적
Tutorials (튜토리얼)	초보자를 위한 학습 시작점. 필요에 따라 기본 주제를 건너뛸 수 있는 형태로 되어 있으면 좋다
How-to guides (하우투 가이드)	특정 작업이나 과제에 대한 방법 설명. 가이드, 시연 등 단순한 절차서 이상의 의미를 가진다. 너무 자세하게 설명하지 않고 적당한 양의 설명에 그쳐야 한다
Reference (참고자료)	사양과 동작의 정의. 이용에 대한 정보 제공을 목적으로 기술적 개요와 사용법을 설명하는 것. 더 자세한 정보에 대한 링크를 포함할 수 있다
Explanations (설명)	기술적 세부 사항을 이해하기 위한 문서. 읽는 사람이 어느 정도 일반적인 기술 용어에 익숙하다는 것을 전제로 작성한다

　지금까지 개발의 일련의 흐름에 따라 공정별로 활용할 수 있는 기술 프랙티스를 소개했습니다. 개발 규모가 커지면 여러 관계자가 참여하는 것이 일반적입니다. 각 관계자들은 서로 다른 관점과 이해관계를 가지고 있으며, 개발의 목표와 범위, 진행 방식에 대해 서로 다른 인식을 가지고 있습니다. 따라서 개발 계획을 지속적으로 재검토하여 이해관계자 간의 인식 공유와 정합성을 확인하는 것이 필요합니다. 5장에서는 개발 안팎의 인식을 일치시키기 위한 프랙티스와 개발을 진행하면서 계획을 재검토하기 위한 프랙티스를 소개합니다.

4-1 「Continuous Delivery」

https://github.com/microsoft/code-with-engineering-playbook/blob/main/docs/CI-CD/continuous-delivery.md

4-2 『Operations Anti-Patterns, DevOps Solutions』 Jeffery D. Smith (2020, Manning)

4-3 「Observability」

https://github.com/microsoft/code-with-engineering-playbook/blob/main/docs/observability/README.md

4-4 「Diátaxis A systematic framework for technical documentation authoring.」 Daniele Procida (2017, Diátaxis)

https://diataxis.fr/

REFERENCE

AI 친화적인 문서 작성하기

AI 기술의 급속한 발전으로 엔지니어의 업무 방식에도 변화의 파도가 몰아치고 있습니다. 깃허브 코파일럿(GitHub Copilot)의 등장으로 코드 작성의 수고가 획기적으로 줄어든 반면, 엔지니어는 AI에게 프롬프트라는 지시문을 제공하는 조종사 역할이 요구되고 있습니다.

AI는 단순 작업이나 반복적인 작업에서 놀라운 능력을 발휘하지만, 복잡한 요구사항에 대해서는 지시를 내리는 엔지니어의 기술력이 중요한 요소로 작용합니다. 특히 고맥락적 영역은 AI가 다루기 어려운 영역으로 알려져 있습니다. 구체적으로 AI는 애플리케이션의 내부 구조나 아키텍처를 완전히 이해하지 못하고 확률적으로 코드를 제안합니다. 따라서 고도의 프로그램을 AI에 요구할 때는 엔지니어가 코드베이스 전체를 파악하고 있어야 합니다. 또한 대규모 프로젝트에서는 복잡한 데이터베이스와 시스템이 얽혀 있고, 비즈니스 로직과 실무가 밀접하게 연계되어 있기 때문에 그 배경을 이해하지 못하면 AI가 적합한 코드를 제안하게 하는 것이 어렵습니다.

AI와 인간이 함께 일하는 시대에는 AI에게 보다 적절한 정보를 정확하게 제공할 수 있어야 합니다. 여기서 중요한 것은 AI 친화적인 문서 작성입니다. AI는 텍스트 기반의 문장을 선호합니다. 여러분의 팀 문서는 어떤가요? 문서가 파워포인트로 표현된 다이어그램이나 복잡한 엑셀 표로 가득 차 있지는 않은가요? 그렇다면 AI는 당신의 문서를 잘 이해하지 못할 수도 있습니다.

텍스트 기반 문서는 AI와의 협업에 도움이 됩니다. 테이블 정의서에서 마이그레이션 코드 생성, 테스트 케이스 목록에서 테스트 코드로의 변환이 가능해지며, 클라우드 구성에 대한 문서는 Infrastructure as Code의 코드로 변환할 수 있습니다. 즉, 조직의 성과를 높이기 위해서는 엔지니어뿐만 아니라 조직 전체가 AI와 협업하는 것을 전제로 정보 정리를 해야 합니다.

우선, 조직 차원에서 프롬프트로 쉽게 복사할 수 있는 문서 작성에 힘쓰는 것이 좋습니다. 엔지니어가 아닌 구성원들도 이슈나 풀 리퀘스트를 통한 커뮤니케이션에 익숙해지도록 하는 것부터 시작하면 좋을 것입니다. 그 다음에는 사내 문서를 Git으로 관리하는 것에 도전해 봅시다.

제가 몸담고 있는 GitHub 회사에서는 엔지니어뿐만 아니라 영업팀도 GitHub를 적극적으로 활용하고 있습니다. 다양한 정보가 텍스트 기반의 문서로 관리되고 있어 사내 지식 공유와 정보 정리에 유용합니다. 대규모 코드베이스에 기여하는 것은 진입장벽이 높지만, 사내 문서에 기여하는 것은 버그를 발생시킬 염려도 없기 때문에 많은 사람들이 쉽게 참여할 수 있습니다. 작은 것부터 시작해 봅시다.

여러분의 팀에서도 AI 친화적인 문서를 작성하는 문화를 조성해 보시기 바랍니다. 여러분의 팀이 AI의 힘을 100% 발휘할 수 있는 AI 네이티브 팀으로 성장하길 바랍니다.

개발과 운영을 함께 생각하기

소스 코드 리뷰가 끝나고 무사히 병합이 완료되면 한시름 놓게 되죠. 그러나 그것은 끝이 아니라 시작일 뿐입니다. 이후 스테이징 환경, 그리고 제품 환경으로 배포를 거쳐 고객이 사용(운영 상태)함으로써 비로소 가치를 창출하기 시작합니다. 즉, 운영에 이르기 전까지는 준비 단계라고 할 수 있습니다. 그 단계까지가 중요한 것은 두말할 필요도 없지만, 제대로 운영되는 것 또한 중요합니다.

개발자가 운영까지 맡게 되면 시스템 개선 주기가 빨라지는 효과가 있습니다. 제가 속한 팀에서는 매주 회의를 통해 대시보드와 코드를 공유하면서 시스템 상태와 발생한 장애에 대해 논의합니다. 장애 대응은 우리 개발자들이 로테이션(이를 온콜(On Call)이라고 부릅니다)을 짜서 담당하고 있습니다. 온콜 중인 팀원은 장애 대응이 최우선이기 때문에 그 기간 동안에는 개발 작업을 배정받지 못합니다. 새로 합류한 개발 인력은 갑자기 로테이션에 넣지 않고, 시스템에 대한 이해가 어느 정도 쌓이면 참여하도록 하고 있습니다.

장애가 발생하면 로그와 텔레메트리를 통해 장애의 심각성을 파악하고 상황에 따라 판단을 내립니다. 긴급도가 높으면 근본 원인 추적을 뒤로 미루고 시스템 전체 복구에 우선순위를 두기도 합니다. 필요하다면 다른 팀원이나 다른 팀의 도움을 요청해 함께 문제를 해결합니다. 수정한 코드를 배포할 때도 단순히 바이너리 파일만 배포하면 되는지, 데이터베이스 복구가 필요한지 등 고려할 사항이 많습니다.

장애가 일단 복구된 후에는 사후검토에 참여합니다. 사후검토는 장애의 근본 원인, 왜 테스트에서 발견하지 못했는지, 어떻게 하면 더 빨리 원인을 파악할 수 있는지, 자동으로 복구할 수 있는 수단은 없는지 등을 논의하는 것입니다. 도요타 생산방식으로 유명한 'five whys'가 그 예입니다.

제가 속한 팀에서는 five whys와 같은 심층형보다는 시스템, 프로세스 등을 포함한 넓은 범위의 주제를 여러 개 선정합니다. 문제 이해에 도움이 된다면 주제에 포함되지 않은 내용도 작성할 수 있습니다. 장애에 대응한 사람이 중심이 되어 사후검토 전에 작성하고 토론의 출발점으로 삼습니다.

토론 중에는 범인을 찾거나 이름은 지목하지 않고, 문제 파악과 시스템 및 프로세스 개선 등에 초점을 맞춥니다. 매니저도 사후검토에 참여합니다. 각 팀원이 문제를 허심탄회하게 논의할 수 있도록 노력하면서 기술적 문제를 이해하고, 긍정적인 개선안을 제안하는 데 협력합니다.

논의 결과 새로운 로그 추가, 테스트 케이스 추가 등 구체적인 작업 항목이 만들어지면 우선순위를 높게 설정하여 작업합니다. 여기서 논의는 시스템의 세부적인 사항과 관련된 경우가 많기 때문에 대외적인 장애 보고(Root Cause Analysis, 또는 RCA로 약칭)는 별도로 작성하는 경우가 많습니다. 논의가 끝나면 사후검토 승인으로 간주합니다.

이상으로 제 팀 운영 방식의 일부를 소개했습니다. 만능의 방법은 존재하지 않기 때문에 각자에게 적합한 운영 방법을 모색하고 주기적으로 재검토하는 것이 중요합니다.

5장

'인식 일치'에서 활용할 수 있는 프랙티스

소프트웨어 개발은 복잡한 활동입니다. 규모가 크든 작든 여러 사람이 한 팀으로 협력하기 위해서는 사물에 대한 인식을 공유하고 같은 눈높이로 접근해야 합니다. 개발을 진행하면서 인식을 맞추는 것보다는 처음에 어느 정도 합의하는 것이 이후 작업도 수월하게 진행할 수 있습니다. 그렇다고 해서 모든 것을 처음부터 합의할 수는 없습니다. 개발을 진행하면서 인식을 맞추고, 계획을 지속적으로 재검토하는 의식이 중요합니다. 5장에서는 개발 안팎에서 인식을 일치시키기 위한 프랙티스, 그리고 개발을 진행하면서 계획을 재검토하는 프랙티스를 소개합니다.

Agile

괜찮아! 푸들 팀의 노력을 조직으로 확장하고 싶어. 기대할게.

그렇게 돼서…

이것저것 공부는 하고 있는데…

그래도 그 노력에 대한 칭찬을 들은 건 기쁘네요.

부장님은 어떤 부분의 노력을 확장하는 걸 바라시나요?

변화에 대응하면서 단기간에 성과를 내는 것을 바라시는 것 같아요.

그렇군요. 그렇다면 좋은 기회네요!

번뜩!

팀에서 진행하던 프랙티스를 다음에는 이해관계자와 함께 해보죠.

그게 가능할까요?

애자일 개발이 지향하는 목표와 연결될 수 있도록 활동을 하나씩 검토해 봅시다.

유 팀장님에게도 좋은 경험이 될 것 같아요!

네! 감사합니다!

신규 프로젝트 회의

그래서…

신규 프로젝트에서는 재구매를 유도하기 위해 쿠폰을 배포합니다.

만약 이용률이 낮은 경우에는 어떻게 해야 하나요?

기획자 여러분은 어떻게 하나요?

그럴 경우에는 매력적인 쿠폰이 될 수 있도록 수정하는 것으로…

음…

구체적으로 어떻게 하겠다는 거지?

오늘은 아직 관계자들이 모두 다 모인 것 같지 않네요. 우선은 모두 함께 인식 맞추기부터 시작합시다!

◆ 관계자를 모아 목표와 범위를 맞춘다

Ⓟ 적절한 관계자 모으기 / 목표를 맞추기 / 범위를 맞추기

많은 사람이 관여하는 작업을 시작할 때는 맨 처음 인식의 조율이 중요합니다. 구현을 완료하고 테스트하고 데모를 보여주는 단계에 이르러서야 기대와 다른 결과물이 만들어졌다는 사실을 알게 되는 것은 누구라도 피하고 싶은 일입니다. 이를 피하기 위해서는 초기 단계부터 관계자들을 참여시켜 제품에 대한 지속적인 피드백을 받을 수 있도록 해야 합니다.

그렇다고 많은 관계자를 모으면 좋은 것도 아닙니다. 다양한 입장의 요구와 요구 사항이 제각각으로 쏟아져 나오면 개발은 표류하기 쉽고, 시간과 인력을 낭비하게 됩니다. 필자는 그런 현장을 여러 번 목격했습니다.

많은 사람이 참여하는 프로젝트에서 원활한 진행을 위해 다음과 같은 순서로 인식 조정을 진행하는 것이 좋습니다(그림 5-1).

| 그림 5-1 | 인식을 맞추는 순서 |

1. 적절한 관계자를 모은다
2. 목표에 대한 인식을 맞춘다
3. 범위에 대한 인식을 맞춘다

1. 적절한 관계자를 모은다

개발자와 다른 위치나 역할에 있는 사람들은 앞으로 개발할 제품의 목표나 요구 사항에 대해 서로 다른 정보나 기대를 가질 수도 있습니다. 모든 관계자가 모이기

255

전 단계에서 여러 가지 결정을 내리게 되면, 재작업이 발생할 리스크가 커집니다.

관계자의 범위는 넓고 다양합니다. 개발 중에 직접적으로 소통하는 역할도 있고, 개발이 끝난 후에 움직이는 역할도 있습니다. 개발 결과물을 사용자로 이용하는 사람이나 개발에 직접 참여하지 않더라도 자원과 정보를 제공하는 사람들도 관계자입니다. 관계자를 제대로 파악하지 못한 결과, 나중에 말썽을 일으켜 개발이 지연되거나 실패하는 경우를 종종 듣게 됩니다. 향후 참여할 사람들을 포함해 제품 개발에서 교류할 관계자들을 잘 찾아내야 합니다. 그림 5-2는 적절한 이해관계자를 나열한 예시입니다.

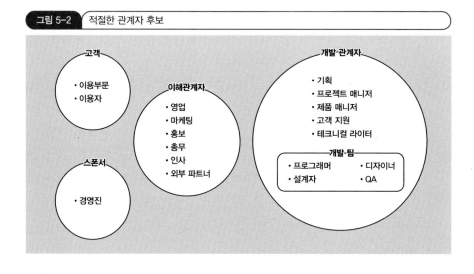

그림 5-2 │ 적절한 관계자 후보

상대방이 관계자인지 판별하고 싶다면 '이번에 이런 기능을 개발하는데, 관계나 영향을 미칠 수 있는 부분이 있을까요?'라고 물어봅시다. 갑작스러운 이야기라며 거절당하더라도, 관계자라면 잠시 생각한 후 느낀 점을 대답해 줄 것입니다. 짧은 질문이라면 상대방의 시간을 많이 뺏지 않기 때문에, 이런 질문을 받는 것을 귀찮아하는 사람은 많지 않을 것입니다. 나중에 관계자임이 밝혀져 손해를 볼 수 있는 위험을 고려한다면, 빨리 말을 걸어보는 것이 더 좋은 판단일 것입니다.

이해관계자에 해당하더라도 당사자가 가진 관심사는 다양합니다. 단순히 제품에 관심이 있는 사람도 있고, 자신의 업무와 직접적인 관계나 영향이 있는 사람도 있습니다. 또한 개발에 대해 가지고 있는 권한과 영향력도 다릅니다. 각자 개발과의 관계를 정리하는 것은 어렵지만, '관심의 높고 낮음'과 '권한/영향력의 높고 낮음'이라는 2가지 축으로 관계자를 분류하는 것만으로도 신경 써야 할 부분과 적합한 커뮤니케이션 수단을 정리할 수 있습니다(그림 5-3).

그림 5-3 관계자의 분류

높음	[만족시켜야 할 당사자] • 관심은 낮지만, 권한/영향력은 높다 • 정기적인 상담이 필요하며, 의견/관심사/아이디어가 이해되고 수용되고 있다고 느낄 수 있도록 귀를 기울일 필요가 있다.	[중요 관계자] • 개발의 성공을 좌우한다 • 긴밀한 협력관계/신뢰관계를 구축하여 깊이 관여할 필요가 있다
권한/영향력	[중요하지 않은 관계자] • 최소한의 커뮤니케이션으로 정기적으로 정보를 공유하면 된다	[주의해야 할 관계자들] • 권한/영향력은 낮지만 관심도는 높음 • 적절한 정보 공유와 참여를 통해 개발을 추진하는 데 도움을 줄 수 있다
높음	낮음 관심	높음

필자가 조사한 결과 가장 오래된 출처는 'Strategies for Assessing and Managing Organizational Stakeholders' **5-1** 입니다. 이 외에도 '이해관계자 분류'에서 찾아보면 디테일이 다른 몇 가지 변형이 있습니다.

2. 목표 인식 일치시키기

관계자들에게 말을 걸고 나면 다음 단계는 목표에 대한 인식을 정리하는 것입니다. 여기서 말하는 목표란 관계자 모두가 제품을 통해 실현하고자 하는 것을 말합니다. 모인 관계자들은 '처한 상황', '가지고 있는 전제 지식', '해결하고자 하는 과제'가 각각 다른 상태입니다(그림 5-4). 우선 서로에 대한 이해와 생각을 이야기하고 공유하는 것부터 시작합니다.

주의해야 할 점은 제품을 통해 궁극적으로 구현하고자 하는 것이 무엇인지 제대로 확인했는지 여부입니다. 관계자의 이야기를 들으면 개발에서 해야 할 일은 명확해집니다. 하지만 해야 할 일을 모두 달성해도 원하는 목표에 도달하지 못하는 경우가 있습니다. 예를 들어 쇼핑몰에서 '사용자에게 대량 구매를 유도하고 싶다'고 생각했을 때, 그 이유는 여러 가지가 있을 수 있습니다. '1인당 매출을 올리고 싶다', '배송비 부담을 줄이고 싶다', '정기 구매를 유도하고 싶다'와 같은 목표가 각기 다른 입장에 있는 사람들로부터 나올 수 있는 목표입니다. 대량 구매를 유도하는 것은 달성할 수 있지만, 제품을 통해 달성하고자 하는 것을 달성하지 못하면 의미가 없습니다. 목표에 대한 인식이 일치하지 않으면 개발하는 내용이 적절한지 판단할 수 없습니다.

그림 5-4 목표에 대한 인식을 일치시킨다

목표는 우리가 보고 있는 최근의
개발 대상보다 더 먼 곳에 있다

관계자의 이야기가 목표(What)가 아닌 해결 수단(How)에 치우치면 이런 문제가 발생하기 쉽습니다. 또한 성공의 지표나 기준은 정해져 있지만 해결 수단이 목표와 연결되지 않은 경우도 있습니다. 먼저 맞춰야 할 것은 목표이지 해결의 수단이나 일정/범위가 아닙니다. 관계자들로부터 이야기를 다 듣고 난 후, 그 다음에 무엇을 달성하고 싶은지 물어보도록 합시다.

제품의 이상적인 목표를 이야기하려다 보면 추상적이고 막연해지는 경우가 많습니다. 예를 들어 '모든 사용자가 만족할 수 있는 스트레스 없는 구매 경험'이 바로 이상적인 쇼핑몰이지만, 그 실현 수단은 여러 가지가 있을 수 있습니다. 이상적인 목표 앞에 있는 '1인당 매출을 10% 올리고 싶다', '배송비 부담을 10% 낮추고 싶다', '6개월 정기 구매 비율을 5% 올리고 싶다'와 같이 구체적인 목표를 하나 정하는 것이 해야 할 일을 명확히 할 수 있고, 이후 범위에 대한 논의가 더 수월해집니다.

사업 전략과 장기적인 방향성에 대해서도 알고 있는 한도 내에서 이야기해야 합니다. 사업 방향성은 시스템 설계에 큰 영향을 미칩니다. 장래 계획을 논의하는 과정에서 설계에 영향을 미치는 요소나 우려 사항에 대해 전혀 논의하지 않는다면, 제대로 된 설계가 이루어지지 않을 가능성이 높습니다. 하지만 가능성 단계에서 모든 세부 사항을 다 담는 것은 어렵고, 예상이 빗나갈 수도 있습니다. 그럼에도 불구하고 사업 전략과 방향성에 대해 미리 논의해 두면, 실제 프로젝트가 진행되면서 문제가 발생하더라도 논의의 내용을 바탕으로 대처할 수 있습니다. 향후 프로젝트의 성공을 위한 중요한 단계라고 생각합시다.

3. 범위 인식 맞추기

관계자들이 모여서 지향해야 할 목표에 대한 인식이 일치하면, 어느 시점에 무엇을 달성하고 싶은지, 제품에 필요한 기능과 이를 위한 사용자 스토리를 도출하고, 개발 범위에 대한 인식을 일치시킵니다(그림 5-5).

| 그림 5-5 | 범위 인식 맞추기 |

우선 해야 할 일의 정리부터 시작해야 합니다. 생각하고 있는 것, 머릿속에 떠오르는 모든 것을 공유합시다. '이건 내 업무가 아니니까 말하지 않아도 되겠지'라고 생각하는 것은 좋지 않습니다. 알고 보니 꼭 필요한 사항이었고 나중에 판명되는 일이 없도록 사소한 사항이라도 검토할 필요가 있는지 확인합시다.

해야 할 항목을 파악한 후 긴급성과 중요도를 고려해 우선순위를 정합니다. 같은 순위의 항목이 중복되지 않도록 순서를 정합니다. 우선순위를 정하지 않으면 '모두 긴급하다', '모두 중요하다'고 판단되어 버렸을 때, 첫 번째 릴리스에 포함시키고자 하는 사용자 스토리가 너무 커져서 범위를 축소하는 논의를 할 수 없게 됩니다. 이렇게 되면 범위가 커져서 릴리스까지의 기간이 길어지고, 짧게 릴리스하고 배우자는 애자일 개발의 목표에서 멀어지게 됩니다. 한편, 첫 번째 릴리스는 단순히 빠르면 좋은 것도 아니고, 제품에 요구되는 당연한 품질과 필수 기능도 고려해야 합니다. 따라서 범위를 잘 논의하고, '꼭 해야 하는' 항목 외에 '할 수 있으면 하고 싶다', '여유가 있으면 하고 싶다'와 같은 색채를 부여하는 것이 중요합니다. 기능과 사용자 스토리가 정해지면, 이를 실현하기 위해 얼마나 많은 노력이 필요할지, 작업의 규모를 추정할 수 있게끔 됩니다. 과거 실적을 통해 팀이 이터레이션마다 얼마나 많은 양을 처리할 수 있을지를 추정합니다. 과거 실적이 없는 신규 팀의 경우, 일정 시간 동안 실제 작업을 해보고 진행 상황을 측정해 보세요. 작업의 규모가 당초 예상이나 희망과 다를 수 있습니다. 첫 번째 릴리스 시기를 우선시한다면, 범위에 포함된 사용자 스토리를 재검토하고 줄여야 합니다. 범위를 재검토할 때 무엇을 중점적으로 고려해야 하는지를 인지할 수 있도록 합니다.

또한 범위에는 모든 기능과 사용자 스토리를 포함해야 한다는 말을 많이 듣습니다. 하지만 이는 시스템이 당연하게 사용될 수 있는 미래를 상상하고 있기 때문에 그렇게 인식하는 것입니다. 예를 들어 처음에는 데이터도 적고 검색이나 필터링 기능이 필요하지 않을 수도 있습니다. 혹은 애초에 기능 자체가 필요 없을 수도 있습니다. 먼저 기능이 필요한 전제 조건을 생각해 보고, 개발 측에서 관계자에게 일일이 확인해야 합니다. 범위는 조금이라도 작고 명확한 것으로 한정하는 것이 중요합니다. 범위는 적절한 크기로 제한되어 있지만, 목표 달성에 기여하지 않는 기능이 포함될 수 있습니다. 적절한 범위 설정은 어렵고, 신중하게 논의를 거듭해야 합니다. 어떤 단계를 거쳐 달성할 것인지, 순서를 바꿀 수 있는 부분은 어디인지, 언제 어떤 협력이 필요할지 등 서로가 납득할 수 있을 때까지 논의해야 합니다. 인식과 생각의 차이는 금방 좁혀지지 않기 때문에 지속적인 논의가 필요합니다.

P 유비쿼터스 언어

범위를 정렬할 때 주의할 점은 관계자들이 사용하는 용어의 정의를 일치시켜야 한다는 것입니다. 논의에서 사용하는 용어를 일치시키고, 개발하는 시스템에서도 같은 이름을 사용합니다. 같은 말을 하는 줄 알았는데 나중에 인식의 차이가 발견되어 문제가 될 수 있습니다. 발견하면 목소리를 내거나, 상담/보고 창구를 만들거나 위키나 채팅을 활용하는 등 작은 수단으로 단어를 통일할 수 있습니다(그림 5-6).

모두가 같은 언어로 소통하기 위한 용어집을 '유비쿼터스 언어' 5-2 라고 부릅니다. 관계자들이 같은 정의의 단어를 사용하도록 의식적으로 주의를 기울이고, 서로 다른 단어가 사용되고 있음을 발견하면 관계자들이 부담 없이 이야기할 수 있는 기회나 환경을 만들어 봅시다(그림 5-7).

그림 5-6 ｜ 관계자들이 사용하는 용어의 정의를 통일한다

기재된 장소	표현
사양서	쿠폰
소스 코드	coupon
영업자료	교환권
도움말	페이지 할인권

▼

기재된 장소	표현
사양서	쿠폰
소스 코드	coupon
영업자료	쿠폰
도움말	쿠폰

그림 5-7   단어 정렬 예시

할인 쿠폰의 이용

코드상의 표현	consume coupon
UI 문구/사내 호칭	쿠폰 이용
정의	사용자가 이용한 쿠폰 소화하기
주의 사항	결제 완료 시점에 쿠폰이 사용된 상태가 됩니다
유사어/관련어	쿠폰 소화
관련 문서	로열 유저 할인 쿠폰 배포 기획서

P 실제 예에 의한 사양

구현할 것이 명확해지면 순위가 높은 것부터 시스템에 기대하는 동작에 대한 인식을 맞춰 나갑니다(그림 5-8). 관계자들을 모아 실제로 발생할 수 있는 구체적인 사용 사례[*5-1]를 하나하나 짚어가며 대화를 나눕니다. 시스템에서 구현하는 것이든 사람이 운영으로 대응하는 것이든 하나하나 절차를 확인하다 보면, 대화 중에 범위나 사양 혹은 시스템 구성에서 간과한 부분을 발견할 수 있습니다. 사용자, 시스템, 서비스 구성도를 간단하게라도 준비해 두면 시스템의 어느 부분에서 어떤 업무가 필요한지 인식의 차이도 방지할 수 있습니다.

그림 5-8   사용 사례를 바탕으로 확인한다

(*5-1)   사용 사례: 사용자가 시스템을 이용하여 목적을 달성하기까지의 일련의 흐름이나 시나리오를 말한다.

이는 고이코 아지치(Gojko Adzic)가 제안한 '실제 예에 의한 사양(Specification By Example)' 과 공통점이 있습니다. 그것은 실제 사용 사례를 통해 관계자가 협력하여 요구사항을 정리함으로써 관계자들의 이해를 하나로 모을 수 있다는 점입니다. 예시를 통한 사양은 자연어로 현실적인 예시를 사용하여 'Given(사전 조건) – When(트리거) – Then(사후 조건)'의 관점에서 사양을 정리합니다. 개발자/테스터/이해관계자가 각각의 관점에서 요구사항을 따로따로 정리한 후 정합성을 취하는 것보다 오해와 재작업 발생을 방지할 수 있습니다.

Q&A 어디까지 확인해야 할까요?

 개발을 시작해보지 않으면 알 수 없는 것들이 많이 나올 것 같아요. 납득할 때까지 이야기하다 보면 시간이 오래 걸리지 않나요?

 다음이 느껴진다면 충분히 확인되었다는 신호입니다.
- 다음에 어디로 가는지, 어디까지 가면 그 다음이 보이는지를 이해하고, 중요한 것이 숨겨져 있지 않다고 느낀다
- 적절한 언어를 구사할 수 있고, 프로젝트에 관한 대화가 원활하게 이루어질 수 있다
- 새로운 사용자 스토리가 나왔을 때, 어디를 수정해야 하는지 알 수 있다

P 화제가 줄어들 때까지 매일 이야기하기

그렇다면 지금까지 살펴본 것과 같은 인식의 일치/토론의 장은 어떻게 설정하는 것이 좋을까요? 필자는 우선 킥오프 미팅이나 합숙을 통해 기초를 다진 후, 매일 이야기하는 시간을 마련하여 인식의 공유와 토론을 이어가는 형태를 추천합니다. 킥오프 미팅이나 합숙은 필요한 정보 공유와 토론을 집중적으로 할 수 있어 효율적이고, 관계자들의 사기도 높아집니다. 다만 일정과 시간이 고정되어 있기 때문에 충분한 논의가 이루어지지 않은 채로 끝날 수도 있고, 킥오프 미팅만 진행하면 인식이 어긋난 채로 개발이 진행될 가능성도 있습니다.

킥오프나 합숙 후 매일 이야기하는 시간을 마련하면 부족했던 토론을 지속하고,

그 과정에서 인식의 차이를 발견할 수 있습니다(그림 5-9). 또한 토론 내용을 인지하고 이해하는 데 필요한 시간은 참여자마다 다릅니다. 분산해서 지속적으로 개최함으로써 각 참가자가 이해할 수 있는 시간을 충분히 확보할 수 있습니다. 매일 토론을 이어가면서 '관계자들의 인식이 어느 정도 맞아떨어져 더 이상 시간을 들여서 토론할 필요가 없는' 상태가 되면 개최 빈도를 줄입니다. 충분한 토론 시간이 주어지면, 단기적인 킥오프나 합숙만 하는 경우와 비교했을 때 관련자 모두가 더 깊은 이해를 할 수 있습니다.

그림 5-9 화제가 줄어들 때까지 매일 이야기하기

그런데 참여 인원이 많아지면 매일 이야기하는 방법에 문제점이 생깁니다. 토론 개최 비용과 토론에 미참석자에게 토론 내용을 공유하는 데 드는 비용이 커집니다. 또한 토론 참가자를 모집하고 토론 내용을 공유하는 데 효율적인 방법을 고민해봐야 합니다. 예를 들어 토론에 적극 참여하는 핵심 멤버와 토론 내용을 파악하고자 참여하는 청강 멤버를 구분하여 소집하는 방법이 있습니다. 토론 참가자를 제한하면 관점이 편향되기 쉬워 다양한 의견이 나오기 어렵지만, 청강을 허용하면 토론에 관심 있는 사람은 누구나 참여하여 목소리를 낼 수 있게 됩니다. 이외에 토론 내용을 공유하는 방법으로 회의록 외에 동영상을 녹화하여 공개하는 것도 효율적입니다.

토론의 장을 만드는 방법에는 다음과 같은 변형이 있습니다.

- 킥오프: 개발 초기 단계
- 합숙: 개발 초기에 실시
- 매일 화제가 줄어들 때까지 이야기하기: 개발 초기에 실시
- 정례 회의: 개발 기간 동안 일정한 속도로 진행
- 수시 상담: 개발 기간 동안 필요에 따라 진행

다양한 배경을 가진 팀원들과 이해관계자들이 일정 기간 동안 하나의 목표를 향해 나아가기 위해서는 다양한 불일치나 작은 충돌을 모두가 같이 해결해야 합니다. 얼마나 많은 커뮤니케이션이 필요한지 미리 알 수 있는 방법은 없습니다. '회의까지 기다렸다가 상의하자'고 하면 그 사이에 서로 다른 단추를 끼우는 일이 많아지고 회의에 아무리 시간을 투자해도 시간이 부족해집니다. '바로 상담하기', '화제가 없어질 때까지 매일 이야기하기'는 애자일 개발을 잘 진행하는 비결 중 하나입니다.

◆ 진행 방식에 대한 인식 일치

범위에 대한 인식이 일치하더라도 개발 진행 방식에 대한 의견이 엇갈릴 수 있습니다. 우선 가치가 높고 제품의 본질적인 기능부터 작업하는 것이 기본입니다. 또한 개발 전반을 살펴본 후 지연이나 실패의 위험이 높은 것을 우선적으로 처리하고, 위험을 줄이는 방안을 고민해 보아야 합니다. 합의된 범위에서의 개발 진행 방식에 대해 인식이 일치하지 않으면 팀과 팀원들은 해결하기 쉬운 사용자 스토리부터 처리하게 됩니다.

전체 개발 리스크를 낮추기 위해 고려해야 할 사항을 설명합니다.

P 불확실성이 높은 것부터 시작하자

소프트웨어 개발에서 불확실성이 발생하는 요인은 다음과 같습니다.

- 생각한 시스템 사양으로 실제 문제를 해결할 수 있을지 모르겠다
- 지금까지 경험하지 못한 영역이다
- 시스템에 요구되는 성능과 가용성이 높다
- 스스로 통제할 수 없는 외부 요인이 있다
- 전체 개발의 병목현상이나 크리티컬 패스(주공정, Critical Path)를 파악하지 못하고 있다

해결하기 쉬운 사용자 스토리를 먼저 처리하면 불확실성이 높은 사용자 스토리는 뒷전으로 밀려나 후속 개발에서 문제가 생길 수 있습니다. 불확실성이 높은 사용자 스토리를 다루는 것은 개발의 병목현상이나 주공정을 파악하고 원활한 진행을 위해 필요한 정보를 얻는 데 중요합니다. 또한 전체 일정은 불확실성이 높은 항목의 영향을 많이 받습니다. 개발 리스크를 낮추기 위해 불확실성이 높은 항목의 우선순위를 높여 조기에 처리할 수 있도록 해야 합니다.

P 통제할 수 있는 사항은 빨리 결정한다

자신의 책임 범위 내에서 결정할 수 있는 사항은 조기에 결정하는 것이 바람직합니다. 설계 방침이나 구현 방침에 대해 여러 가지 선택지가 있는 경우, 각각의 장단점을 정리하고 가능한 한 빠른 단계에서 논의하는 것이 중요합니다. 하지만 현실에서는 나름대로 정리가 되었다고 해도 결정이 내려지지 않아 우왕좌왕하며 시간을 보내는 경우가 종종 있습니다. 결정해야 할 사항은 모든 관계자가 확인할 수 있도록 하고, 결정 기한도 명확히 합니다. 논의에 참여한 팀원들로 결정할 수 없다면 더 높은 권한을 가진 관계자에게 보고하여 조기에 결정을 내리도록 합니다.

P 통제할 수 없는 사안에 대한 결정은 최대한 미룬다

제품이 외부 서비스나 컴포넌트에 의존하는 경우에는 자체적으로 통제할 수 없는 외부 요인이 존재합니다. 그래서 상황의 변화를 예측하지 못하고 결정하지 못하는 경우가 있습니다. 이런 경우에는 가능성을 고려하여 시스템을 설계하고, 정보가 갖춰진 후에 의사결정을 내릴 수 있도록 합니다. 구체적으로는 프로세스의 추상화

계층을 사이에 두고 변경의 영향 범위를 가두거나 나중에 처리를 할 수 있도록 합니다. 모든 상황 변화에 대응할 수는 없지만 발생 가능성이 높은 것들에 대한 대응 방침을 미리 논의하고 확인해야 합니다.

◆ 진행 상황에 대한 인식 일치

P 관계자의 기대치를 듣고 인식을 일치시킨다

개발이 시작되자마자 직면하게 되는 고민은 진행 상황에 대한 인식의 차이입니다. 고객/후원사/이해관계자는 개발이 순조롭게 진행되기를 기대하며, 팀이 어려움을 겪고 있는 것처럼 보이면 개선책을 마련하라고 촉구합니다. 팀은 작업에 집중하기 위해 또는 이해관계자를 안심시키기 위해 모든 방법을 동원해 진행 상황에 문제가 없는 것처럼 보이려 합니다. 하지만 불확실성이 높은 영역의 개발을 진행하다 보면 애초의 가정이나 계획이 잘못된 경우가 종종 발생합니다.

따라서 관계자와 개발 상황에 대한 인식을 맞출 때, 기대치와 비교했을 때 어떻게 느끼는지 솔직하게 질문해 보세요. 계획을 앞당기든 어려운 것을 달성하든 결국 상대방의 기대치에 대해 어떤 상황인지가 중점이 됩니다. 솔직하게 이야기하는 편이 대화가 더 매끄럽게 진행됩니다(그림 5-10).

그림 5-10　관계자의 기대치를 듣고 인식을 일치시킨다

① 지난 달 푸들 팀의 성과는 어땠나요?

② 조금 더 기대했었는데요, 인력 부족이 원인일까요?

③ 지난 달에는 쿠폰 사용 로직을 테스트와 병행하여 진행하다 보니 진행 상황이 좋지 않았던 것 같습니다.

④ 2개월 후 시작되는 캠페인에 맞출 수 있을까요? 조금 더 서두르는 것이 좋을 것 같지만.

⑤ 이제 개발에서 쉬운 작업만 남았기 때문에 고비는 이미 넘어섰다고 생각합니다.

⑥ 알겠습니다. 그럼 2주 정도 더 지켜보겠습니다.

　속도(velocity)란 스크럼에서 팀이 완료한 분량의 추정치에 대응하는 스토리 포인트[*5-2]를 합산한 수치로, 특정 개발 대상에 대한 한 팀의 개발 속도를 측정한 수치입니다. 다만 속도는 서로 다른 팀이나 개발 대상의 생산성 비교에는 적합하지 않으며, 정량적인 진척도를 나타내는 지표로 보는 것이 중요합니다. 그러나 속도를 수치화하여 보고할 때, 숫자만 가지고 생산성을 비교하거나 어떤 의사결정을 내리는 데 사용하는 것은 위험성이 큽니다. 따라서 속도 측정은 진행 상황을 가시화하고 예측을 하는 데는 효과적이지만, 생산성 지표로 오해를 받을 수 있기 때문에 관계자에게 전달하는 방식에 주의를 기울여야 합니다(그림 5-11).

(*5-2)　스토리 포인트: 대상의 규모나 크기를 나타내는 상대적인 수치

그림 5-11　억지로 수치화해서 인식이 맞지 않는 것이 문제

(P) 보고 형식 맞추기

사내 공식 회의 등에서 관계자를 대상으로 진행 상황을 보고할 때, 상대방에 따라 보고 형식을 조정하면 불필요한 오해를 피할 수 있습니다(그림 5-12). 조직의 모든 사람이 애자일 방식과 프랙티스를 이해하지 못할 수도 있습니다. 당신의 관리자나 그 위에 있는 사람들은 이해하고 있어도, 더 높은 직급에 있는 사람들이 이해하지 못할 수도 있습니다. 조직 계층 어딘가에 애자일 방식과 보고 방식이 전달되지 않는 경계가 있고, 변화에는 시간이 걸리기 마련입니다. 보고 상대와 대화하고 이해시킬 수 있도록 설명을 거듭하는 것도 중요하지만, 그 전까지는 기간에는 경계에 서 있는 보고자가 상급자에게 맞게 형식을 바꿔서 소통하는 것이 좋습니다.

그림 5-12　보고 형식 맞추기

경우에 따라서는 간트 차트[*5-3]를 만들어서라도 이해를 얻는 것이 중요합니다. 어쩌면 애자일 프랙티스에 흥미를 가질 수 있게끔 하고, 팀의 세부 사항을 더 잘 전달할 수 있는 보고 형식을 모색할 수 있는 기회를 얻을 수 있을지도 모릅니다. 이해하기 쉬운 보고 형식 중 하나로 6장에서 소개하는 '번업 차트(334 페이지)' 등이 있습니다.

진행 상황에 대한 인식을 같이하다 보면 '최우선 사용자 스토리에 얼마나 많은 리소스를 할당할 수 있는가'에 대한 이야기가 나옵니다. 애자일 개발에서는 플로우 효율을 중시하여 최우선 사용자 스토리를 작게 쪼개어 조금씩 릴리스하는 것을 목표로 합니다. 하지만 현실적으로 최우선 과제에 100% 시간을 할애할 수 있는 것은 아니며, 다음과 같은 목표/범위와 직결되지 않는 운영 관련 업무가 발생하기 마련입니다.

- 기존 버그 수정 및 장애 대응
- 보안 대응
- 라이브러리 업데이트 및 프레임워크 갱신
- 리팩터링
- 기술 조사, 미래 과제에 대한 준비

적절한 비율은 현장 상황에 따라 다르지만 필자는 운영 관련 작업에 전체 시간의 30% 정도를 사용한다고 가정하고 있습니다(그림 5-13).

| 그림 5-13 | 개발에 할애하는 비율 |

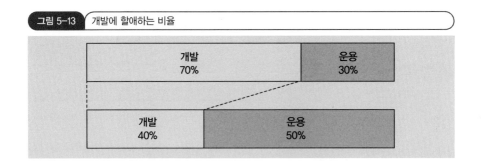

(*5-3) 간트 차트: 시간을 가로축으로, 작업 내용을 세로축으로 배치하여 작업 계획과 진행 상황을 표현하는 막대 그래프의 일종입니다.

270

버그와 리팩터링 등의 대처를 뒤로 미루고 개발을 진행하여 더 빨리 목표에 도달하고 싶다는 이야기를 자주 듣습니다. 하지만 그렇게 해서 얻은 속도는 점차 줄어들고 오래가지 못합니다. 필자의 경험상 푸들 팀과 같은 웹 사이트 개발은 3개월로 끝내는 것이 좋습니다. 그 이상 시간을 들여도 결국 버그나 장애 대응에 쫓겨서 기능을 개발할 겨를이 없기 때문입니다. '나머지 70%의 시간은 언제든 개발에 사용할 수 있다'고 생각하실 수 있겠으나 현실적으로는 어려운 일입니다. 필자의 경험상 개발 비율이 40%까지 줄어들 수도 있음을 염두에 두어야 계획의 수정이 발생하기 쉽습니다. 버그 수정이나 장애 대응은 필연적으로 발생하기 때문에 기한이 중요한 개발은 여유를 가지고 계획을 세워야 합니다.

🅿 기술 관행 적용을 위한 여력 확보하기

스케줄을 검토할 때는 지금까지 각 장에서 다룬 다양한 기술 프랙티스를 어떻게 적용할 것인지 종합적으로 고려하는 것이 중요합니다. 예를 들어 4장에서 소개한 '운영은 제대로 고려하고 있는가', '로그 운영 개선에 대해 고민할 시간을 확보할 수 있는가'라든지 3장에서 소개한 '지속적 배포 도구를 도입할 시기는 언제인가'라든지 2장에서 언급한 '자동 테스트와 리팩터링은 충분히 수행할 수 있을까', '아직 경험해 보지 못한 도구들도 많이 있을 텐데, 언제쯤 조사할 것인가' 등이 있습니다. 코드베이스가 확장되면 유지보수에 필요한 시간도 늘어납니다.

비즈니스 가치와 밀접한 관련이 있는 기능의 성장 속도를 유지하기 위해서는 기술 프랙티스도 지속적으로 발전시켜야 합니다. '그런 일에 시간을 쓸 시간이 없다'는 말은 누구에게나 해당되는 말입니다. 시간, 예산, 인력은 항상 한정되어 있기 때문에 시간을 현명하게 사용하고 지속적으로 개선하는 것이 중요합니다. 따라서 엔지니어로서 성장하고 배울 수 있는 시간도 확보해야 합니다. 개인적인 성장이 불가능한 환경에서 일하는 것은 누구든 피하고 싶을 것입니다. 실험과 시도를 반복하기 위해서는 그 시간을 확보해야 합니다.

어려운 현실을 이야기했지만, 이 책에서 소개한 많은 기술 프랙티스는 시간을 효율적으로 사용하기 위한 방법이기도 합니다. 소프트웨어 비즈니스의 세계에서는 효율성과 경제성을 실현하기 위해 개발자의 지혜와 용기가 필요합니다. 성과를 내면서 배울 수 있는 시간을 만드는 것을 기술 프랙티스를 통해 실현할 수 있기를 기대합니다.

◆ 설계를 사전에 협의한다

P 사전 설계 상담

소프트웨어 개발에서 설계는 매우 중요한 과정입니다. 간혹 애자일 개발은 설계를 하지 않고 진행해도 된다고 생각하는 사람들도 있는데, 이는 잘못된 생각입니다. 설계는 당연히 해야 하지만, 전체 상황을 고려하여 너무 세밀하게 검토하는 것보다 진행에 따라 설계 전체를 반복적으로 재검토하는 것이 필요합니다. 설계에는 요구사항(사용자가 원하는 것), 요건(시스템이 해야 할 일), 사양(시스템의 구체적인 동작), 설계(동작을 어떻게 실현할지) 등 고려해야 할 것들이 많습니다.

설계에 대한 이미지는 사람마다 다릅니다(그림 5-14). 개발자는 프로그래밍 언어와 프레임워크 선택, 데이터베이스 테이블 설계를 고려하지만, 개발 전체를 보는 입장에서는 시스템 전체의 확장성, 안정성, 유지보수성 등을 고려하는 것을 생각합니다. 사전 설계 상담은 '프로그래밍 전에 고려해야 할 큰 틀'과 '프로그래밍 후 구체화해야 할 사항'으로 나눌 수 있습니다.

| 그림 5-14 | 설계에 대한 이미지는 사람마다 다릅니다 |

'프로그래밍을 시작하기 전에 생각해야 할 큰 틀'에는 프로젝트 초기 기술 선정과 아키텍처 검토가 포함됩니다. 또한 2개 이상의 팀이 협력하여 개발을 진행하거

나 시스템 전체에 영향을 미치는 사항이 있는 경우 팀 간 협의가 필요합니다. 기술 측면을 리드하는 테크 리드나 설계 측면을 책임지는 아키텍트(설계자, Architect)와 같은 역할이 미리 정해진 경우도 있습니다. 프로그래밍이 여러 팀에 걸쳐 있지 않더라도 팀마다 사용하는 기술이나 설계가 너무 다르면 운영이나 유지보수에 문제가 발생할 수 있습니다. 여러 팀에서 개발, 운영, 유지보수를 하는 경우에는 구현 전에 팀 간 설계 방침을 조율하는 것이 중요합니다.

'프로그래밍 후 구체화해야 할 사항'에는 시스템 내 상세 설계가 포함돼 있습니다. 패키지, 모듈, 클래스, 함수, 소스 코드 등의 세부 사항에 대해 프로그래밍 전에 완벽히 고려하기는 어렵습니다. 따라서 시스템 내 세부 사항에 가까워질수록 팀 내부 멤버나 담당자가 설계를 수행해야 합니다. 상위의 사용 사례와 책임이 정리되지 않으면 데이터 구조나 클래스/패키지 등 하위의 프로그래밍 설계를 이야기할 수 없습니다. 데이터 구조나 클래스 설계 등을 진행하여 작동하는 소스 코드를 생각하는 것만이 설계가 아닙니다(그림 5-15).

그림 5-15 시스템 설계 수준

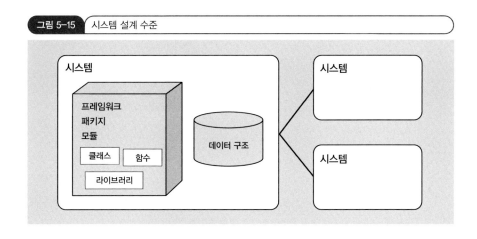

◆ 리스크가 있는 사용자 스토리는 '스파이크 조사'

P 스파이크 조사

어떤 사용자 스토리는 실현 방법이나 기술적 제약이 당장 눈에 보이지 않는 경우도 있습니다. 이런 상태에서 개발을 시작하면, 나중에 실현 불가능한 것으로 판명되거나 완성될 때까지 얼마나 걸릴지 예측할 수 없어 시간과 노력을 낭비할 위험이 있습니다. 애자일 개발에서는 이러한 불확실성이 높은 경우에 예비 조사나 실험을 하는 경우가 있는데, 이를 '스파이크(spike) 조사' 5-4 라고 합니다. 스파이크 조사는 사전에 실시하는 기술적 조사를 말합니다. 실현 방법이나 기술적 제약으로 인해 예측할 수 없는 것들에 대한 정보를 수집하거나 해결책을 찾기 위해 실시합니다.

스파이크 조사에 적합한 예는 다음과 같습니다.

- 사용자 스토리의 실현 방법을 알 수 없고, 조사 시간도 예측할 수 없다
- 새로운 기술에 대한 지식이 부족하여 자신 있게 결정하지 못하고 있다
- 사용자 스토리가 외부 API나 라이브러리에 의존하고 있어 기술적 리스크가 있다

스파이크 조사의 장점은 실제 개발을 시작하기 전에 다양한 정보를 얻을 수 있다는 점입니다. 또한 사용자 스토리를 예측할 수 있고, 개발 작업의 견적 정확도를 높일 수 있으며, 기술적 리스크를 미리 파악할 수 있습니다.

스파이크 조사에는 정해진 방법은 없지만, 조사할 때 주의해야 할 사항들이 있습니다.

- **범위에 대하여**
  우선순위가 높은 사용자 스토리를 우선하고, 그 외의 스토리는 조사는 자제합니다
  목적과 과제에 따라 필요한 스토리만 조사를 실시합니다
- **시간에 대하여**
  모든 것을 검증하려고 해서 너무 많은 시간을 할애하지 않습니다
  사전 설계 단계가 아니기 때문에 너무 많은 시간을 할애하지 않습니다

스파이크 조사의 목적은 직접적인 개발 성과가 아니라 조사 대상에 대한 이해를 높이는 것입니다. 따라서 무엇을 어디까지 알면 다음 단계를 결정할 수 있는지 논의하는 것도 중요합니다. 일정 시간을 투자해 결과를 확인하고, 필요에 따라 추가 조사가 필요한지, 방향 전환이 필요한지 그때그때 판단해야 합니다. 스파이크 조사는 개발에 할애할 수 있는 시간의 20% 정도만 할애하는 것이 좋으며, 시간 내에 완료하지 못하면 상황을 정리한 후 다시 계획을 세워야 합니다.

 스파이크 조사 진행 방법

 우리는 스크럼으로 개발을 진행하고 있습니다. 스파이크 조사를 제품 백로그 항목으로 처리해도 되나요?

 실시하기 편한 형태면 상관없습니다. 팀으로서 스파이크 조사를 진행한다면 제품 백로그 항목으로 관리합시다.

 스파이크 조사 실시 기간

 개발 리스크가 높은 사용자 스토리가 너무 많아서 요즘은 스파이크 조사만 하고 있습니다.

 가장 최근에 착수하는 것에 한정하여 스파이크 조사를 실시합시다. 스파이크 조사 시간을 제한하고, 시간을 다 써도 끝나지 않는다면 다시 한번 방침을 생각해 보는 것도 좋은 방법입니다.

◆ 큰 규모의 개발은 Design Doc으로 눈높이를 맞춘다

P Design Doc

'Design Doc' **5-5** 은 개발을 시작하기 전에 개발 배경/목적/설계/대안 등을 문서화하는 방법입니다. 문서를 기반으로 관련자들과 공유/논의하여 작업을 명확히 하고 재작업을 줄이는 것을 목표로 합니다. 구글에서 시작되어 현재 많은 기술 기업에서 도입하고 있습니다. Design Doc은 설계서나 사양서라기 보다는 회의록에 가깝고, 여러 번 논의하고 수정하면서 만들어가는 것을 중시하고 있습니다. 이 방식은 소스 코드를 작성하기 전의 코드 리뷰와 같은 역할도 하고 있습니다.

Design Doc은 개발할 내용을 충분히 검토/세부화할 수 있지만, 한편으로는 바빠도 읽을 수 있을 정도로 짧게 정리해야 합니다. 중요한 사항으로만 한정하고, 세부적인 사항은 너무 많이 기술하지 않는 것이 중요합니다. 모든 개발에서 미리 준비할 필요는 없습니다. 필자는 몇 달 이상 걸리는 개발, 몇 가지 실현 방안이 가능한 개발, 기술적/도메인적으로 새롭고 생소한 개발을 진행할 때 1~2주 정도의 시간을 할애해 준비합니다.

Design Doc의 항목에 대한 규정은 없지만, 애초에 '비교적 형식적이지 않은 문서'라는 입장입니다. 항목이 많으면 좋고 분량이 많으면 좋다고 할 것이 아니라, 자신의 개발에서 무엇을 명확하게 남겨야 하는지를 논의하고 취사 선택을 하시기 바랍니다. 사양서나 설계서 등의 문서에서는 기재될 기회가 적은 반면, Design Doc에서는 도움이 되는 항목으로 '목표가 아닌 것'과 '대안'이 있습니다. 개발이 장기화되면 할 일의 범위가 넓어지기 마련인데, 처음에 목표가 아닌 것을 명시해 두면 범위가 넓어지는 것을 억제할 수 있습니다. 또한 검토 시 고려했던 대안이 기재되어 있으면 개발 시 어느 정도까지 고려해서 의사결정을 했는지 짐작할 수 있어 의사결정에 참고가 되고, 설계 스킬 교육에도 도움이 됩니다.

[Design Doc에 포함할 항목]

- 개요
- 배경
- 대상 범위
- 목표
- 목표가 아닌 것
- 솔루션/기술 아키텍처
- 시스템 컨텍스트 다이어그램
- API
- 데이터 스토리지
- 대안
- 마일스톤
- 우려 사항
- 로그
- 보안
- 관찰 가능성
- 참고 문헌

계획의 지속적인 수정

◆ 사용자 스토리를 작게 나누기

P 사용자 스토리 분할

반복적인 개발을 실시하기 위해서는 전체적으로 동작하는 상태를 유지하면서 이터레이션(반복, iteration)마다 꾸준히 증분을 준비해 피드백을 받을 수 있도록 합니다. 하지만 이터레이션으로 작업할 수 있는 양에는 한계가 있고, 하나의 큰 항목이 이터레이션의 대부분을 차지하면 이터레이션 전체가 실패로 끝날 가능성이 있습니다. 또한 큰 항목은 견적을 예상하기 어렵고, 변동 폭이 커지는 경향이 있습니다. 따라서 이터레이션에 포함시킬 사용자 스토리는 작고 명확한 것이 바람직합니다. 큰 사용자 스토리는 시작하기 전에 잘게 쪼개서 불명확한 부분이 남지 않도록 해야 합니다. 작고 명확한 항목이라면 견적을 예상하기 쉽고, 오차의 폭도 줄어들 것으로 기대할 수 있습니다.

사용자 스토리를 나눌 때 가장 최신이며 착수할 가능성이 높은 것에 우선순위를 두어야 합니다(그림 5-16). 할지 안 할지 모르는 일에 시간을 들여 검토하는 것은 낭비이기 때문입니다. 모든 사용자 스토리를 세세하게 나눌 필요는 없습니다. 수많은 세부 스토리가 있으면 전체 파악이 어려워집니다. 애초에 모든 사용자 스토리에 착수할 여유는 없을 것입니다. 장기간(프로젝트 길이에 따라 수개월~1년 이상) 움직임이 없는 사용자 스토리는 향후에도 손을 댈 가능성이 거의 없을 것입니다. 모든 사용자 스토리를 세세하게 관리하다 보면, 결과적으로 향후 착수하지 않을 사용자 스토리를 관리하는 데에 많은 인력을 투입하게 됩니다. 당장 착수할 항목은 세부 단위별로 분할하거나 견적을 내 팀이 즉시 착수 가능한 상태로 준비해 둡니다. 최근 2~4주 정도 개발할 수 있는 분량을 준비해 두면 좋습니다. 개발 여부를 알 수 없는 것은 큰 단위로 관리해야 합니다. 큰 단위에서 우선순위를 바꿀 수 있고, 계획에 어느 정도 반영되고 있는지 가시화할 수 있습니다.

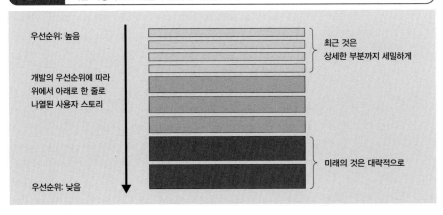

| 그림 5-16 | 최근 사용자 스토리를 우선해서 세분화한다 |

우선순위: 높음

최근 것은
상세한 부분까지 세밀하게

개발의 우선순위에 따라
위에서 아래로 한 줄로
나열된 사용자 스토리

미래의 것은 대략적으로

우선순위: 낮음

P INVEST

　사용자 스토리를 구분할 때 몇 가지 고려해야 할 사항이 있습니다. 대화를 중요
시하는 반복형 개발에서 다루기 쉬운 사용자 스토리의 특성을 정리한 기준이 있는
데, 각 항목의 머리글자를 따 'INVEST' 5-6 라고 불립니다(표 5-1). 다루기 힘들다
고 느껴지는 사용자 스토리가 있다면 INVEST에 비추어 개선할 수 있는 부분이 없
는지 생각해 봅시다.

| 표 5-1 | 사용자 스토리가 충족하면 좋은 특성 : INVEST |

머리글자	의미	해설
Independent	독립적인	서로 독립적이다. 의존관계나 전후 관계가 없는 것이 바람직하다
Negotiable	협상 가능한	결정 사항이나 계약이 아닌 협의나 협상의 여지가 있다
Valuable	가치 있는	사용자에게 가치 있다
Estimable	견적 낼 수 있는	견적을 낼 수 있을 정도의 크기로 구체화돼 있다
Small	작은	충분한 크기로 분할되어 있다. 팀이 다루기에 적절한 크기이다
Testable	테스트 가능한	완성되었는지 판단할 수 있다

사용자 스토리를 구분할 때 안티 패턴도 있습니다. 다음 세 가지는 익숙하지 않은 상태에서 자주 범하는 패턴입니다.

- **공정별로 나누기**

  사용자 관점에서의 증분은 만들어지지 않았고 가치도 없다

  예설계 → 프로그래밍 → 검증 → 릴리스 등

- **기술/레이어별로 나누기**

  사용자 관점에서의 증분은 만들어지지 않았고 가치도 없다

  예DB 설계 → 백엔드 프로그래밍 → 프런트엔드 프로그래밍 등

- **화면 단위별로 나누기**

  피드백을 참고하지 않고 화면을 구성하는 콘텐츠를 먼저 만들어 버린다

  앞뒤 화면 전환을 고려하지 않고 만들어 버린다.

필자가 추천하는 분할 패턴을 표 5-2에 정리했습니다. 분할 후 INVEST의 조건을 충족하는지 확인하면서 바람직한 분할 방식을 익혀나가도록 합시다.

표 5-2 사용자 스토리의 분할 패턴

분할 패턴	예	
사용 사례/기능으로 구분하기	· 주문 가능 · 주문 확인 메일 수신 · 주문 확인 화면에서 확인 가능	
역할/대상고객으로 구분하기	· 관리자 / 일반 사용자	· 초보자 / 헤비유저
디바이스/플랫폼으로 구분하기	· Windows / Mac / Linux… · Chrome / Firefox / Safari… · iOS / Android…	
CRUD로 나누기	· Create: 생성 · Update: 수정	· Read : 조회 · Delete : 삭제
테스트/비기능으로 구분	· 정상계 / 이상계	· 저부하 / 고부하
데이터 형식	· JPEG / PNG / WebP…	· JSON / XML…
인터페이스	· CLI / GUI	· HTTP / gRPC
더미 데이터	스텁. 모의 동작 / 실제 데이터 동작	

P 사용자 스토리의 정기적인 점검

사용자 스토리를 장기간 관리하다 보면 현재 어떤 상태인지 알 수 없는 사용자 스토리가 차곡차곡 쌓이게 됩니다(그림 5-17). 쌓인 사용자 스토리를 주기적으로 점검하여 중요한 사용자 스토리를 누락하는 일이 없도록 합시다.

그림 5-17 | 사용자 스토리가 부적절한 상태로 쌓이는 것을 방지한다

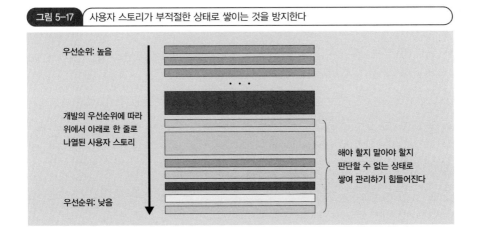

사용자 스토리의 현재 상태를 알 수 없는 이유는 다음과 같은 관리 부족 때문입니다.

- 개발 내용이 바뀌었는데도 내용이 수정되지 않았다
- 임시로 추가한 미흡한 상태의 사용자 스토리가 방치되어 수정되지 않았다
- 이미 불필요해졌음에도 그대로 남아 있다

'점검'이라고 하면 어렵게 느껴지겠지만, 쉽게 할 수 있습니다. 점검할 때 참고하면 도움이 될 내용을 정리해 보겠습니다.

먼저 사용자 스토리를 보면서 '상태가 잘못된 것 같다', '이건 더 이상 하지 않을 것 같다'고 생각되는 것을 골라냅니다. 그리고 사용자 스토리를 작성한 사람이나 잘

알고 있을 것 같은 사람에게 확인을 받습니다. 3개월에 한 번씩 시기를 정해서 주기적으로 점검하고 사용자 스토리를 수정하는 것이 좋습니다. '지금은 할 수 없지만 언젠가는 하고 싶다'는 사용자 스토리도 단호하게 버립시다. 착수할 수 있게 되었거나 필요성이 높아졌을 때에 다시 기재하면 됩니다.

사용자 스토리의 수에 제한을 두는 것도 한 가지 방법입니다. 사용자 스토리의 개수가 상한선에 도달하지 않았는지 항상 신경 쓰는 것도 좋지만, 우선순위가 높은 것 외에는 비정기적으로 버리는 것이 운영상 더 편합니다. 버린 사용자 스토리 중에 필요한 것이 있진 않을지 걱정된다면, 필요성이 확인된 시점에 다시 한번 관계자에게 확인하여 새로 추가하는 것이 좋습니다.

Q&A 버리지 말아야 할 사용자 스토리도 있지 않을까요?

디자인 이미지까지 준비한 시책이라든지 당장 개발하지 않더라도 기록으로 남겨두는 것이 좋지 않을까요?

언젠가 하고 싶은 일을 남겨두고 더 중요한 사용자 스토리를 간과하는 것이 큰 문제입니다. 더 가치 있는 사용자 스토리에 집중합시다.

Q&A 따로 목록을 만들어 관리하고 싶습니다

제 개인적으로 '언젠가 하고 싶은 목록을 따로 만들어 둡니다. 아직 정해지지 않은 아이디어나 개인적으로 인식하고 있는 개선점 등 여러 가지가 있으니까요.

목록이 따로 존재하거나 개인이 관리하는 목록이 있으면 팀원들이 파악하지 못하는 목록이 생기게 됩니다. 토론의 기회를 빼앗기게 되므로 하나로 통합하여 공유 관리합시다.

개발 규모가 더 커지면 팀이 여러 개로 나뉘는 경우가 있습니다. 여러 개의 팀이 있더라도 전체적으로 하나의 통합된 제품으로 유지하면서 발전시켜 나가기 위해서는 팀을 초월한 소통과 더 넓은 범위의 이해관계자를 참여시켜 인식을 일치시키는 것이 필요합니다. 6장에서는 고객 가치 전달에 적합한 팀 편성 방법, 팀 간 소통을 잘하는 프랙티스, 이해관계자를 참여시켜 인식을 일치시키는 프랙티스를 소개합니다.

REFERENCE

5-1 「Strategies for Assessing and Managing Organizational Stakeholders」 Savage, G.T. · Nix, T.W. · Whitehead, C.J. · Blair, J.D. (1991, ACADEMIA)
https://www.academia.edu/35352360/Strategies_for_Assessing_and_Managing_Organizational_Stakeholders

5-2 『Domain-Driven Design: Tackling Complexity in the Heart of Software』 Eric Evans (2003, Addison-Wesley Professional)

5-3 『Specification by Example』 Gojko Adzic (2011, Manning Publications)

5-4 『Agile Estimating and Planning』 Mike Cohn (2005, Pearson)

5-5 「Companies Using RFCs or Design Docs and Examples of These」 Gergely Orosz (2022, The Pragmatic Engineer)
https://blog.pragmaticengineer.com/rfcs-and-design-docs/

5-6 「INVEST in Good Stories, and SMART Tasks」 Bill Wake (2003, XP123)
https://xp123.com/articles/invest-in-good-stories-and-smart-tasks/

개발 항목을 간결하게 유지하려면, 깨끗한 코드

제가 경험한 광고 배송 서비스에서 자주 하는 일 중 하나는 특정 광고 게재 매체에 대해 효과가 낮은 광고 안건을 중단하는 일이 있습니다. 예를 들면 매체에 게재된 광고 상품과 그 효과를 나타내는 지표를 표로 정리하고, 광고 운영팀 담당자가 이를 보고 '더 이상 집행해도 소용없겠다'고 판단되는 상품에 대한 광고를 중단하면 되는 것이죠. 하지만 이 경우에 담당자는 항상 그 표를 열어 수백 개의 광고 상품을 일일이 확인해야 하는데, 확인 후 중단하기까지 며칠이 걸리면 낭비되는 광고비가 발생하게 됩니다. 이럴 때는 시스템화하여 자동화하는 것이 합리적입니다.

그럼 이제 백로그 항목에 대해 살펴봅시다. 매시간 정기적인 일괄 처리로 구현해볼 텐데 여기서 중점을 둘 것은 '어떤 조건에서 광고 송출을 중단할 것인가'입니다. 광고 운영팀이 '더 이상 광고를 내보내면 안 되겠다'는 판단을 자동화하려면 어떻게 진행해야 할까요?

광고 운영팀은 현재 5가지 규칙을 운영하고 있다고 합니다. 그 규칙들을 구현하자면 '첫 번째는 이것, 두 번째는 저것' 같은 식으로 or로 연결되는 if 문장의 조건이 나옵니다. 그런데 아쉽게도 마지막 5번째 조건만은 명확하지 않았습니다. 이러한 경우, 여러분은 개발팀으로서 광고 운영팀에게 '백로그에 착수하기 위해 5번째 조건을 명확히 해달라'고 요구할 수 있습니다. '다섯 번째 조건'이 명확하지 않으면 구현이 불가능하고, 그렇게 되면 완료도 불가능하다고 생각하는 분도 있을 수 있습니다. 하지만 과연 정말 그럴까요?

광고 운영팀이 제시한 4가지 조건은 이미 명확하고 구현이 가능한 조건이고 '5번째 조건'은 독립적인 것을 이미 알고 있습니다. 이 경우 4가지 조건을 충족하는 처리를 먼저 구현하고 완성한 후, 마지막에 5번째 조건을 추가할 수 있습니다. 4가지 조건이 자동화되는 것만으로도 광고 운영팀의 부담은 상당히 줄어들 것입니다.

또한 '머신러닝을 통해 광고 중단을 판단하게 하고 싶다'는 아이디어가 나중에 나올 수도 있습니다. 그때도 6번째 조건으로 추가하면 일단은 괜찮을 것입니다. 물론 미래는 알 수 없는 경우가 많기에 다시 작성해야 할 수도 있지만 그건 그때 가서 생각하면 됩니다.

최소한의 기능을 제공하면서 코드를 깨끗하게 유지하고, 배포를 정리하고, 요구사항에 대한 다양한 옵션을 유연하게 제공하는 것이 중요합니다. 코드는 한 번 실행한다고 끝이 아닙니다.

6_장

'팀 협업'에서 활용할 수 있는 프랙티스

지금까지 소개한 기술 프랙티스는 한 팀의 활동에 초점을 맞춘 것이었습니다. 하지만 실제 현장에는 또 다른 팀이나 다양한 직종의 이해관계자들이 존재합니다. 6장에서는 고객 가치 전달에 적합한 팀 편성 방법, 속인화 해소를 위해 할 수 있는 일, 개발 성과 측정 방법, 원활한 커뮤니케이션을 위한 프랙티스, 이해관계자를 참여시켜 인식을 일치시키는 워크숍을 소개합니다.

Agile

다만, 한 팀으로는 힘들 것 같으니 치와와 팀원들도 합류해서 함께 개발하도록 하죠.

네?

그러면 인원이 조금 편중되네요. 다른 프로젝트로 옮기는 사람도 고려해야 하지 않을까요?

으아아…

팀이 흩어진다는 건가? 이전 프로젝트에서 어렵게 팀을 구성했는데…

잠시만요! 일단 푸들 팀과 치와와 팀에 체제와 진행 방식을 맡겨주시겠어요?

치와와 팀은 제가 예전에 소속한 팀이라 잘 알고 있습니다.

그렇군요. 그럼 맡겨보겠습니다.

새로운 프로젝트에서도, 즐겁게 일할 수 있는 방법을 찾아봅시다!

네!

그래서 새로운 프로젝트는 치와와 팀과 함께 담당하게 되었습니다.

팀원을 많이 교체하면 개발 능력이 크게 떨어질 수도 있으니까요.

푸들 팀과 함께 팀을 재구성하나요?

아니요, 그건 변경하지 않을 계획입니다.

프로젝트에 따라 팀을 재구성하는 것이라고 생각하고 있었어요.

팀원 구성은 애초에 어떻게 결정되나요?

그건 저도 궁금합니다.

애자일 개발에서는 팀 단독으로 출시까지 대응할 수 있도록 하는 것이 바람직합니다.

그 부분을 지금부터 설명해 드리겠습니다.

◆ 팀으로 일하기

팀 단위의 개발에 대해 '사람이 모이면 저절로 팀워크가 생기고, 혼자서는 이룰 수 없는 성과를 낼 수 있다', '팀 체계만 결정하면 나머지는 괜찮다'는 낙관적인 생각을 하는 경우가 있습니다. 하지만 실제로 팀워크가 생기고 팀이 제대로 작동하기까지는 오랜 시간이 걸립니다. 단기간에 팀원을 교체해서, 힘들여 만들어 놓은 팀을 망가뜨리면 돌이키기 힘듭니다. 개발 대상이나 집중하는 영역이 바뀔 수 있습니다. 프로젝트에 맞춰 팀을 구성/해산하는 것이 아니라, 팀에 프로젝트를 주는 방식으로 발상의 전환이 필요합니다. 개발 체제를 생각할 때 기본 단위는 개인이 아닌 팀입니다.

그렇다면 어떻게 팀을 구성해야 할까요? '작은 발걸음을 내딛고 경험에서 배운 것을 바탕으로 개선을 반복한다'는 애자일 목표를 팀에서 추구한다면, 대부분의 팀은 피처 팀으로 구성되어야 합니다. 피처 팀은 '조직의 기존 틀이나 구성 요소 등에 얽매이지 않고 고객 가치를 하나씩 완성하여 납품할 수 있는 장수 팀'입니다.' **6-1** 피처 팀 구성을 설명하기에 앞서 일반적인 팀 구성부터 순서대로 설명하겠습니다(표 6-1).

표 6-1	일반적인 팀 구성	
구성	특징과 장점	과제
프로젝트 팀	· 프로젝트를 위해 모인 팀	· 팀 수명이 짧다 · 프로젝트 종료와 함께 해산하는 것이 일반적이다
목적별 팀	· 리아키텍처, 운영 및 유지보수 등 특정 목적을 위해 모인 팀	· 목적에 따라 동기부여가 떨어지기 쉽다 · 팀 간 갈등이 발생하기 쉽다
직능별 팀	· 같은 직능을 가진 구성원들이 모인다 · 전문성 강화가 용이함 · 팀원들이 가진 전문성을 살리기 쉽다	· 팀 단독으로 고객 가치를 제공할 수 있는 것은 아니다 · 어떤 역량이 필요할지 장기적으로 예측하기 어렵다. 또한 그 능력을 가진 인력을 배치할 방법을 항상 고민하게 된다

컴포넌트 팀	·같은 컴포넌트를 담당하는 팀원들이 모인다 ·도메인 지식과 전문성을 강화하기 쉽다	·팀 단독으로 고객 가치를 제공할 수 있는 것은 아니다
교차 기능 팀	·다양한 직능/전문지식을 가진 팀원이 소속되어 있다	·팀 단독으로 고객 가치를 제공할 수 있는 것은 아니다
피처 팀	·고객 가치 제공을 위한 팀 ·팀 단독으로 고객 가치를 전달할 수 있다 ·교차 기능 및 교차 구성 요소	·많은 영역(직능, 구성요소)에 관여해야 한다 ·실천은 어렵다

프로젝트별로 구성원이 모여 프로젝트가 종료되면 해산하는 것이 '프로젝트 팀' 입니다. 중장기 리아키텍처, 기한이 없는 운영 유지보수 등 특정 목적별로 모이는 '목적별 팀'도 있습니다(그림 6-1). 프로젝트 팀은 목적을 달성하면 팀 구성을 변경하는 경우가 많으며, 팀 수명은 일반적으로 짧습니다. 목적별 팀은 시간이 지남에 따라 업무가 매너리즘에 빠져 장기적으로 동기를 유지하기 어려운 경우가 많습니다. 또한 자신의 목적에 너무 집중하다 보면 다른 팀과 충돌하는 움직임을 보이기도 합니다. 예를 들어 버그 수정이나 리아키텍처를 전문으로 하는 특명팀을 만들어 제품의 기술적 부채를 줄이는 데 집중하게 한다고 가정해 봅시다. 팀은 그 임무를 완수하기 위해 적극적으로 업무를 수행할 것입니다. 그러나 점차적으로 특임팀원들은 다른 팀에서 쌓아놓는 버그와 기술적 부채에 대해 불만이 쌓여갈 것입니다. 최악의 경우에는 거친 말투와 태도로 직장 내 인간관계를 악화시킬 수도 있습니다.

그림 6-1 프로젝트팀, 목적별 팀

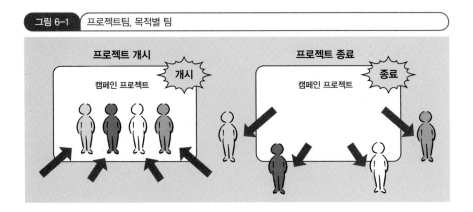

디자이너/프런트엔드 엔지니어/백엔드 엔지니어/인프라 엔지니어 등 직능별로 팀을 구성하는 것이 '직능별 팀'입니다(그림 6-2). 구성원의 인사 평가를 해당 직능에 정통한 사람이 하는 것을 고려하여 선택되는 경우가 많습니다. 비슷한 기술을 가진 구성원들이 모여서 기술적 전문성을 높이기 쉽다는 장점도 있습니다. 반면, '자신의 전문 영역만 보면 된다'는 생각으로 인해 전문 영역 외의 영역에는 관심을 가지지 않아, 도메인에 대한 지식이 깊어지지 않을 수 있습니다. 또한 고객 가치를 전달하기 위해서는 여러 팀의 지식과 협력이 필요하기 때문에 다른 팀과 많은 커뮤니케이션을 하게 됩니다. 디자이너는 프런트엔드 엔지니어의 도움을 받고, 프런트엔드 엔지니어는 백엔드 엔지니어의 도움을 받습니다.

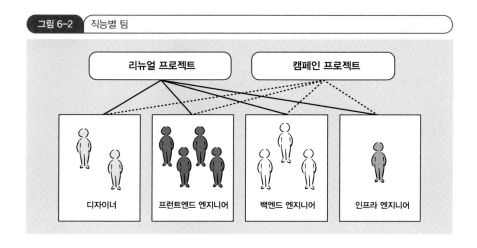

그림 6-2 | 직능별 팀

특정 기능을 정리한 컴포넌트나 서비스별로 팀을 배정하는 방식이 '컴포넌트 팀'입니다(그림 6-3). 도메인 지식과 전문성을 쉽게 쌓을 수 있고, 팀 단독으로 컴포넌트를 릴리스할 수 있습니다. 그러나 팀 단독으로 고객 가치를 제공할 수 있는지 여부는 아키텍처에서 컴포넌트의 책임에 의존합니다.

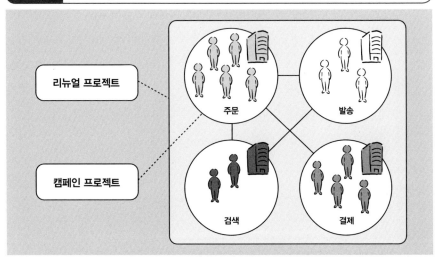

리뉴얼 프로젝트

캠페인 프로젝트

주문

발송

검색

결제

전체 개발의 우선순위와 컴포넌트 팀의 우선순위가 일치하지 않는 경우가 종종 발생하기 때문에, 여러 컴포넌트에 걸친 기능을 제공하기 위해서는 팀 간 또는 이해관계자와의 조정이 필요합니다.

P 피처 팀

애자일 개발은 가치 제공에 필요한 다양한 직능과 전문지식을 갖춘 기능횡단형 팀을 구성합니다. 팀을 구성할 때는 팀에 필요한 개발 스킬이 폭넓게 포함되었는지 여부보다 팀 단독으로 고객 가치를 제공할 수 있는지를 중요하게 생각합니다. 이러한 능력을 갖춘 팀을 피처 팀 6-2 이라고 부릅니다(그림 6-4). 피처 팀은 컴포넌트별로 팀을 구성하는 것이 아니라, 각 팀이 컴포넌트를 넘나들며 다룰 수 있도록 합니다. 고객 가치에 대한 책임을 지고, 부족한 지식이나 기술이 있으면 팀원들이 함께 학습하고 습득합니다.

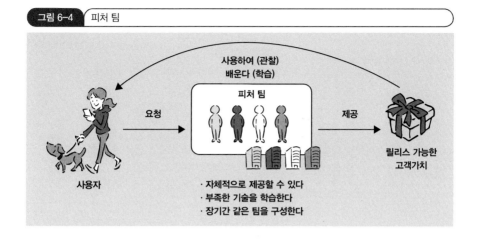

그림 6-4 피처 팀

사용하여 (관찰)
배운다 (학습)

피처 팀

요청

제공

릴리스 가능한
고객가치

사용자

· 자체적으로 제공할 수 있다
· 부족한 기술을 학습한다
· 장기간 같은 팀을 구성한다

컴포넌트 팀에서는 '사용자 스토리를 컴포넌트별로 나누고', '컴포넌트 팀에 각각 작업을 의뢰하고', '주기적으로 정보를 수집하고 진행 상황을 관리'해야 합니다. 이러한 진행 방식에서는 조정자 역할이 필수적이며, 이 역할은 종종 '프로젝트 매니저'라고 합니다. 이 형식에서 팀과는 별도로 관리자와 조정자를 두기 때문에 팀이 스스로 자기 관리를 할 수 없습니다. 따라서 팀 단독으로 고객 가치를 전달하는 것은 어렵습니다. '이 소스 코드는 누가 관리하나요? 어느 팀이 담당하고 있나'라는 의식을 바꾸고, '소스 코드와 서비스를 공동 소유하고 있다'는 의식을 가질 수 있도록 피처 팀으로 전환해야 합니다(그림 6-5).

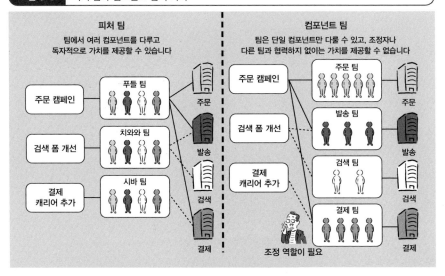

그림 6-5 　피처 팀과 컴포넌트 팀의 차이

피처 팀

팀에서 여러 컴포넌트를 다루고
독자적으로 가치를 제공할 수 있습니다

주문 캠페인 — 푸들 팀

검색 폼 개선 — 치와와 팀

결제 캐리어 추가 — 시바 팀

주문 / 발송 / 검색 / 결제

컴포넌트 팀

팀은 단일 컴포넌트만 다룰 수 있고, 조정자나
다른 팀과 협력하지 않으면 가치를 제공할 수 없습니다

주문 캠페인 — 주문 팀

검색 폼 개선 — 발송 팀

결제 캐리어 추가 — 검색 팀 / 결제 팀

주문 / 발송 / 검색 / 결제

조정 역할이 필요

　프로젝트 팀이나 목적별 팀, 컴포넌트 팀에서는 알기 쉽게 하기 위해 목적이나 담당하는 컴포넌트의 이름을 그대로 팀명으로 지정하는 경우가 많습니다. 피처 팀에서는 그것들과 연관되지 않는 팀명을 붙입시다. 목적이나 담당과 연관된 팀명을 붙이면 관련 업무가 해당 팀에 편중될 수 있습니다. 피처 팀은 독립적으로 가치를 제공할 수 있기 때문에 자율적인 팀으로 거듭날 수 있습니다. 팀 이름도 팀원들 스스로 고민하고 결정합시다. 팀에 대한 소속감을 키우고, 팀만의 문화를 구축하는 계기가 됩니다.

　피처 팀 구현에는 시간이 필요하며, 일주일이나 한 달 안에 성공과 실패를 판단하는 것이 아니라, 더 긴 기간으로 팀의 성장을 지원합니다. 소규모 팀이라도 다루는 컴포넌트는 많고, 부족한 지식과 기술을 접할 때마다 계속 학습해야 합니다. 팀을 믿고 다음 사항에 대해 신중하게 접근해 나갑시다.

- 피처 팀을 구성한 의도를 친절하게 설명한다
- 서로 가르치는 것을 장려한다
- 학습으로 인한 일시적인 성과물 감소를 받아들인다

- 우려하는 이해관계자가 있다면 설명을 하고 이해를 구한다

또한 한번에 너무 많은 컴포넌트를 학습하지 않도록 사용자 스토리의 우선순위를 약간씩 바꾸는 것도 검토해 보세요. 이러한 지원을 통해 피처 팀이 다룰 수 있는 영역을 하나하나 넓혀가며 속인화를 해소할 수 있을 것입니다.

◆ 피처 팀이 자주 받는 질문과 오해들

피처 팀의 생각은 이해할 수 있지만, 막상 실행에 옮기려다 보면 여러 가지 어려움에 부딪히게 됩니다.

• 팀 단독으로 고객 가치를 전달할 수 있다면 편향성이 있어도 좋다

팀에 기술 편차가 있을 수도 있고, 인원이 부족한 직군도 있을 수 있습니다. 하지만 중요한 것은 '팀 단독으로 고객 가치를 제공할 수 있는가'입니다. 팀 단독으로 고객 가치를 제공할 수 있다면, 기술의 편차가 있어도 상관없습니다. 팀에서 필요한 기술을 모두 커버할 수 있도록 팀원을 배치할 수 있는 것은 아닙니다.

팀 구성 단계에서 특정 영역의 기술이 부족하더라도 고객 가치 제공을 실현할 수 있거나 학습을 통해 기술을 습득할 수 있다면 문제가 될 것이 없습니다. 현재 팀원의 보유 기술에 더해 각자 스스로 관심 있는 영역, 배우고자 하는 영역, 새로운 기술 학습에 대한 적응력 등을 고려하여 팀을 편성해 봅시다(그림 6-6).

인프라 엔지니어나 QA 담당자가 다른 팀에 있는 경우, 그들이 없어도 팀으로서 고객 가치를 제공할 수 있다면 반드시 그 직책의 구성원을 추가할 필요는 없습니다.

그림 6-6   피처 팀과 스킬셋의 관계성

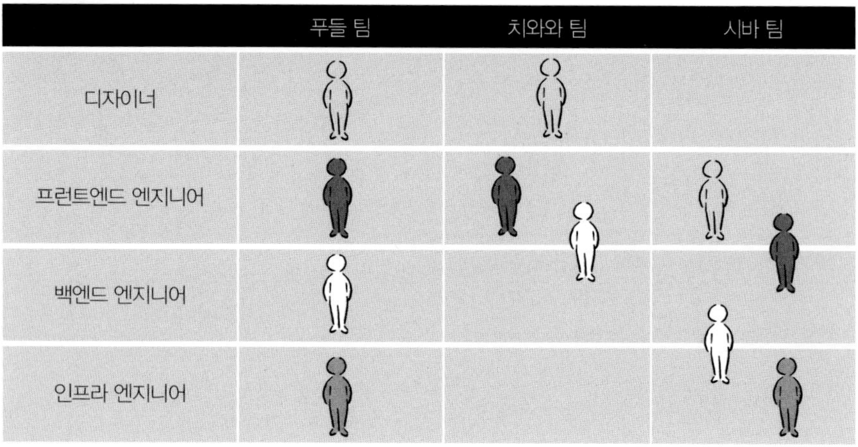

	푸들 팀	치와와 팀	시바 팀
디자이너	〇	〇	
프런트엔드 엔지니어	●	● 〇	〇 ●
백엔드 엔지니어	〇		〇
인프라 엔지니어	●		●

P 컴포넌트 멘토 임명하기

컴포넌트 책임자가 없어지면 혼란이 생길 수 있고, 팀이 전문 영역에서 벗어나 위탁 개발처럼 될 수 있다는 우려가 있습니다. 하지만 컴포넌트는 제품의 일부이며, 팀과 팀 간에 공동으로 책임을 져야 합니다. 만약 책임자의 주재가 불안하다면 컴포넌트별로 각 팀에서 도움 역할로 컴포넌트 멘토 6-3 를 임명하면 좋을 것입니다.

P 회사 조직과 팀 체제를 맞추는 방법

개발을 진행하다 보면 팀의 체계와 활동에 맞게 회사 조직을 바꾸고 싶다는 생각이 들 수 있습니다. 하지만 이 작업은 문턱이 높고, 설령 시도한다고 해도 시간이 많이 걸립니다. 조직을 먼저 바꾸기보다는 실제 개발 프로세스를 피처 팀에 맞게 조금씩 바꾸는 것부터 시작해 봅시다. 예를 들어 다음의 접근 방식을 생각해 볼 수 있습니다.

- 공정과 조직의 경계를 넘어 서로 협력하고 성과를 내며 신뢰를 얻는다
- 피처 팀 개선에 있어 관계/영향력 있는 조직과의 협업이 필요한 경우, 현황을 바탕으로 대화를 나눈다. 이해와 협력 관계를 만들어 실험 참여를 유도한다
- 조금씩 영역을 넓히고 이를 반복한다

- 충분히 안정화되면 개발 진행 방식에 맞는 회사 조직 개편을 검토하고 변경한다

조직은 직능 단위로 만들어져 있지만, 팀 체제를 피처 팀으로 만들 수 있는지에 대한 실험은 작은 것부터 시작할 수 있습니다.

사이보우즈 주식회사
시니어 스크럼 마스터
애자일 코치

아마노 유스케
Yusuke Amano

팀에 활력을 불어넣는 목표 설정

전통적인 컴포넌트 팀이나 직능 팀과 달리, 자율적으로 활동하는 피처 팀에서 결정적으로 중요한 활동이 되는 것은 바로 '목표 설정'입니다. 좋은 목표 설정은 일의 우선순위를 판단하는 기준이 될 뿐만 아니라, 팀의 일을 의미 있게 만들고 즐겁게 단합하여 활동할 수 있도록 도와줍니다. 목표가 없는 팀은 그저 밀린 일을 순서대로 처리하는 팀으로 전락하고 맙니다. '당신의 임무는 야채를 자르는 것입니다'라는 말을 듣는 것과 '맛있는 카레를 만들어서 손님을 기쁘게 해 주자'라고 생각하는 것에는 큰 차이가 있죠.

목표는 주어지는 것이 아니라 팀원들이 매일 스스로 생각해야 합니다. 하지만 처음 피처 팀으로 활동하는 팀은 경험이 없기 때문에 목표 설정에 어려움을 겪는 경우가 많습니다. 그래서 제가 평소에 하고 있는 목표 설정 지원을 소개합니다.

우선 목표는 여러 시간 축으로 생각해서 1주일 단위의 것부터 1년 후의 것까지 다루게 됩니다. 저는 스프린트 목표(1~2주), 제품 목표(1~3개월), 반기 목표, 1년 후 목표 등의 단위로 설정하는 경우가 많습니다. 목표는 왜 그 활동을 하는지에 대한 이유(Why)를 설명하는 정보이기 때문에, 단기목표의 Why를 보다 장기적인 목표가 설명하는 구조가 됩니다.

목표 달성 여부를 측정할 수 있도록 하는 것도 중요하지만, 목표는 매출과 같은 수치적 목표가 아닙니다. 왜 그 일에 가치가 있는지를 설명하는 것이기 때문에 '어떻게', '왜'와 같은 형식으로 시작하는 질문을 많이 사용하며, 팀이 실현하고자 하는 미래에 대해 상상력을 발휘합니다.

아래는 제가 자주 사용하는 질문의 예시입니다.

- 가장 이상적인 것은 무엇인가요?
- 성과를 받은 사람들에게 어떤 말을 하고 싶으신가요?
- 1년 후의 모습은 어떤 모습이었으면 좋겠나요?

- 우선 무엇부터 시작해야 하나요?
- 목표를 달성했는지 어떻게 확인할 수 있나요?
- 이 목표가 설레지 않나요?

팀과 대화하면서 각각의 시간 축에 대한 목표로 표현합니다. 목표는 한 번 설정하고 끝나는 것이 아니라, 필요에 따라 목표 자체도 재검토합니다. 완벽한 목표를 만드는 것보다 팀이 나아가야 할 방향에 대해 지속적으로 대화하는 것이 중요합니다.

저는 좋은 목표인지 아닌지는 '설레는지 아닌지'로 판단합니다.

주의할 점은, 목표는 팀 내에서 적절한 권한을 가진 한 사람이 결정해야 한다는 것입니다. 프로덕트 오너나 팀 리더가 이에 해당합니다. 아이디어는 팀원 모두가 이야기하지만, 결정은 한 사람이 내려야 의사결정의 일관성을 유지할 수 있습니다.

팀원들이 깊이 공감할 수 있는 목표를 세우면 성과가 눈에 띄게 향상됩니다. 흥미진진한 목표를 세우고, 여러분의 팀이 활기차게 활동할 수 있기를 바랍니다.

정기적인 유지보수 작업은 항상 형태 씨가 해줬지만, 오늘 할 수 있겠어요?

오래 걸리는 작업은 아니니까 괜찮아요… 헤헤…

오늘은 베테랑 씨에게 맡기고 좀 쉬세요!

형태 씨만 바라보고 일을 맡기는 건 팀으로서도 좋지 않네요.

왜 속인화가 된 걸까요?

작업을 로테이션으로 돌린다든지?

문서로 정리돼 있으면 저도 할 수 있을 것 같아요.

속인화된 작업이 다른 작업에도 있을 수 있으니까 확인해 보죠.

◆ 위험의 징조 '트럭 번호 = 1'을 피하자

Ｐ 트럭 번호

특정 기술이 속인화되어 병목현상이 발생하는 경우가 있습니다. 속인화의 정도를 나타내는 표현으로 자주 사용되는 것이 '트럭 번호'[*6-1] **6-4** 입니다(그림 6-7). 이는 팀원 중 몇 명이 빠지면 개발을 지속하기 어려운지를 나타내는 수치입니다. 트럭 지수(Truck Factor) 또는 버스 지수(Bus Factor)라고 부르기도 합니다. 예를 들어 개발 작업에서 특정 작업이 필수인 경우, 해당 작업을 할 수 있는 사람이 2명이라면 트럭 번호는 '2'가 되고, 1명만 있다면 '1'이 됩니다. 만약 그중 한 명에게 문제가 생기면 팀 내 다른 사람이 그 작업을 할 수 없게 되고, 개발을 계속할 수 없게 됩니다. 이 숫자가 적으면 적을수록 특정 개인의 기술에 의존하게 되어 위험도가 높아집니다.

그림 6-7 | 트럭 번호

속인화는 모르는 사이에 자연스럽게 확산돼 팀의 문제가 된다

그렇다면 속인화를 줄이기 위해서는 어떻게 해야 할까요? 가장 흔한 방법은 절차서를 정비하는 것입니다. 작업 절차를 정리하고 문서화하여 다른 사람이 실행할 때 참고할 수 있도록 하는 것입니다. 애자일 프랙티스를 적극적으로 활용한다면, 몹

(*6-1)　트럭에 치이는 것에서 유래된 말인데, 허니문 넘버라고도 불립니다.

프로그래밍이나 몹 워크도 지식 전달 수단으로 효과적일 수 있습니다. 속인화는 자신도 모르는 사이에 진행되기 때문에, 다음에 소개할 기술 지도를 작성하고 트럭 번호를 시각화하는 것이 효과적입니다.

◆ 기술 지도를 작성하고 속인화된 기술을 파악한다

P 기술 지도

'기술 지도'는 개발자에게 요구되는 기술을 열거하고, 해당 기술에 대한 자신감을 각자가 응답한 것입니다(그림 6-8).

그림 6-8 기술 지도의 예

	Git	React	CSS	Ruby on Rails	CI 설정	인프라 설정	설계	장애 대응
유 팀장	○			○	↑	△	○	◎
베테랑 씨	○	△		◎	○	↑	○	
형태 씨	◎	△	↑	○	↑	◎	↑	△
도구 씨	◎			△	◎	○	↑	↑
루키 씨	△	○		↑				
혼자서 가능한 사람수	4	1	1	3	2	2	2	1

만드는 방법은 매우 간단합니다. 먼저 개발에 필요한 기술을 나열합니다. 기술 지도는 모든 기술을 망라하는 것이 목적이 아니기 때문에 팀원 모두가 습득한 기초 지식은 제외해도 무방합니다. 팀원들과 함께 토론을 통해 개발에 필요한 기술이 모두 포함되었는지, 특정 사람에게 의존된 기술이 없는지 확인합니다.

항목이 확정되면 각 팀원이 현재 자신의 숙련도를 작성합니다. 숙련도에 대한 답변 예시는 다음과 같습니다.

- ◎ (2겹 동그라미): 팀원들의 질문에도 답할 수 있다
- ○ (동그라미): 혼자 할 수 있다
- △ (삼각형): 도움을 받으면 할 수 있다
- ↑ (위쪽 화살표): 앞으로 습득하고 싶다
- 공란: 할 수 없음

작성이 끝나면 모두가 볼 수 있는 곳에 기술 지도를 공유합니다. 이때 트럭 번호가 적은 항목(혼자서 할 수 있는 인원이 적은 항목)은 색을 칠하는 등 눈에 잘 띄도록 하면 쉽게 알아볼 수 있습니다.

기술 지도를 작성하면 트럭 번호가 1인 기술과 팀이 보유한 기술 중 취약한 기술을 한눈에 파악할 수 있습니다. 속인화가 진행된 항목에 대해서는 뭔가 조치를 취하는 것이 좋습니다. 또한 누가 어떤 분야에 강점이 있는지도 알 수 있어 서로에게 질문하기도 쉬워집니다. 습득하고 싶은 기술도 명시하도록 함으로써 앞으로 팀 내에서 누가 어떤 기술을 습득하는 것이 좋을지 논의할 수 있는 계기도 됩니다.

이처럼 기술 지도는 매우 쉽게 작성/운영할 수 있지만, 주의해야 할 점도 있습니다. 기술 레벨은 주관적인 기준이기 때문에 사람마다 답변의 기준이 다를 수 있습니다. 어디까지나 자기 보고이기 때문에, 팀장이나 매니저가 미세하게 수정하는 정도로 운용하는 것이 좋습니다. 기술 레벨을 엄격하게 관리하거나 인사 평가 등에 활용하지 말고, 어디까지나 현재 팀의 기술 보유 현황을 가시화하여 대책을 세우기 위한 용도로만 사용하는 것이 중요합니다. 또한 칸이 많이 채워져 있다고 해서 좋은 것은 아닙니다. 빈칸을 무작정 채우는 것이 아니라 '△: 도움을 받으면 할 수 있다'를 줄이고 '○: 혼자 할 수 있다'를 늘리는 것을 목표로 삼아야 합니다.

또한, 기술 지도를 만드는 것은 쉽지만 유지/운영이 되지 않아 어느새 현실과 동떨어져 진부한 것이 돼버린 경우가 많습니다. 작성한 기술 지도는 3개월, 6개월 등 일정 기간이 지나면 항목이나 레벨에 변화가 없는지 다시 한번 점검해 봅시다. 오래 유지하기 위해 다음과 같은 방법을 활용할 수 있습니다.

- 팀의 정기적인 이벤트와 함께 수정할 기회를 마련한다
- 기술 지도를 작성하는 대상 범위를 너무 넓게 설정하지 않는다 (회사 공통 기술 지도 등)
- 이직/퇴직 등으로 속인화가 심해졌을 때 수정한다

트럭 번호를 의식하게 되더라도 여러 가지 이유로 작업의 부담이 특정인에게 편중되는 경우가 있습니다. 필자도 과거에 '다른 사람을 가르치는 것은 시간이 너무 걸려서 어렵다', '맡길 사람이 없다', '내가 계속할 테니 괜찮다'는 말을 들어본 적이 있습니다. '기술을 가르쳐 달라', '속인화를 해소해 달라'고 말해도 잘 전달되지 않을 때는 속인화를 해소해 어떤 팀 상태를 만들고 싶은지, 그 구체적인 이미지와 얻을 수 있는 효과를 전달해 봅시다. 예를 들어 다음과 같은 팀 상태를 들 수 있습니다.

- 갑작스러운 휴가를 마치고 업무에 복귀한 후 내가 해야 할 일이 진행되고 있다
- 담당 제품이나 소속 팀이 바뀌어도 누구에게도 인수인계할 필요가 없다

특히 이직이나 퇴직 시 인수인계 사항이 많다는 것은 속인화가 심하고, 분담과 교육이 제대로 이루어지지 않았다는 증거입니다. 흔한 일로 받아들이지 말고, 일상적인 활동으로 예방해 나가야 합니다.

• 절차 전수와 기술 전수

지식 전달에는 다양한 깊이가 존재합니다. 예를 들어 서비스 배포 절차를 알려주고 싶을 때 최소한의 명령어나 조작 방법을 문서로 작성하면, 읽는 것만으로도 이해할 수 있을지도 모릅니다. 자동화를 진행하면 명령어와 절차가 단순해져 누구나 쉽게 동일한 작업을 할 수 있게 됩니다. 이러한 절차의 전수는 그 방법을 비교적 쉽게 검토할 수 있습니다. 이것이 얕은 유형의 전수입니다.

하지만 서비스 배포 절차를 고안한 자신의 기술을 다른 사람에게 전수하려면 어떻게 해야 할까요? 다른 서비스에도 배포가 필요한 경우, 기술을 전수하면 효율적으로 대응할 수 있을 것입니다. 효율적이고 간단한 배포 방법을 고안하거나 새로운 소프트웨어를 도입하여 개선할 수 있는 능력을 갖추기 위해서는 어떤 지식을 습득

해야 할까요? 이러한 기술의 전수는 먼저 필요한 지식을 파악하고, 이를 습득하는 방법부터 고려해야 합니다. 정의하기 어렵고, 깊이 있는 유형의 전수라고 할 수 있습니다.

얕은 유형의 전수 항목에는 문서화나 자동화가 효과적입니다. 반면에 깊은 유형의 전수 항목에는 일정 기간 함께 작업하며 생각과 행동을 관찰하고, 책 등을 통해 많은 기초 지식을 습득하는 것이 필요합니다. 애자일 개발이 팀 단위의 작업을 권장하는 것은 바로 이 때문입니다. 잦은 공동작업을 통해 개발과 운영에 필요한 다양한 지식과 경험을 서로 배우고 일을 통해 성장해 나가는 것입니다.

그리고 보니 베테랑 씨가 합류해 주셔서 팀의 성과는 얼마나 달라졌죠?

개발과 관련된 답답함이 사라져 진행이 쉬워진 것 같습니다.

개발이 늦어져 허둥대는 일도 줄었죠.

애자일 목표에 얼마나 가까워졌는지 알 수 있는 메트릭이 있나요?

메트릭?

몇 가지가 있지만, 지표의 의미를 잘못 이해하면 잘못된 방향으로 갈 수 있습니다.

원래의 목표에 더 가까워질 수 있는지 여부를 고려하여 신중하게 선택해야 합니다.

자세히 알려주세요!

◆ 메트릭을 극대화하는 작용을 피하자

P 상관관계가 있는 여러 메트릭 조합 보기

프랙티스를 도입한 후에는 실제로 개선이 이루어졌는지 확인하기 위해 객관적인 메트릭을 선택해 측정하는 것이 필요합니다. 메트릭은 목적에 부합하는 것을 선택해야 합니다. 제품이나 팀에서 원하는 것은 무엇이고, 유지하거나 개선하고 싶은 것은 무엇인가요? 그것을 어떤 형태로 확인할 수 있나요? 팀이나 이해관계자들과 함께 논의해 선택하는 것이 좋습니다.

하지만 메트릭 측정에는 부정적인 측면도 있습니다. 특정 메트릭을 결정하면 '그 지표를 최대화하자'는 강한 의식이 생기게 됩니다. 이를 주의하지 않으면 수단이 목적이 되어 지표는 개선되는 반면, 개발의 실체는 변하지 않거나 오히려 악화되는 상황이 발생할 수 있습니다.

예를 들어 자주 선택되는 메트릭은 다음과 같은데, 모두 쉽게 조작할 수 있는 것들입니다.

- **팀의 개발 속도를 속도 향상 정도로 판단한다**
  견적을 부풀린다
  자기 팀만 생각하고 우선하여, 다른 팀의 협력 요청이 있어도 거절한다
- **시스템의 품질을 커버리지율로 판단한다**
  데이터 이동과 같은 단순하며 실패하지 않을 처리에 대한 테스트를 작성한다
- **시스템의 안정성을 장애 발생 횟수로 판단한다**
  릴리스 빈도를 낮추고 장애 발생 기회를 줄인다

메트릭은 단독으로 존재하는 것이 아니라 전체 시스템의 한 측면을 잘라낸 것일 뿐입니다. 시스템 내에서는 여러 요소가 서로 복잡하게 상호 작용하고 있습니다. 따라서 한 메트릭이 변화하면 상관관계가 있는 다른 지표도 함께 변화할 수 있습니다. 또한 하나의 메트릭에만 집착하다 보면 시스템 전체의 관점을 놓칠 수 있습니다. 따라서 다음 항목에서 소개할 'Four Keys Metrics'와 같이 상관관계가 있는 여러 메

트릭의 조합을 선택해 전체 시스템의 상태를 파악하는 것이 좋습니다.

◆ Four Keys Metrics로 팀 성과 측정하기

P Four Keys Metrics

서비스 제공의 성과를 측정하는 메트릭으로 'Four Keys Metrics'가 있습니다. 이는 Google Cloud의 DevOps Research and Assessment 팀의 연구에서 나온 것으로, 매년 공개되는 'Accelerate State of DevOps Report'라는 조사 보고서 **6-5** 및 "디지털 트랜스포메이션 엔진" **6-6** 에서 소개되었습니다.

Four Keys Metrics은 다음 4가지 항목으로 구성됩니다.

1. 리드타임: 코드 커밋에서 제품 환경 가동까지 소요되는 시간
2. 배포 빈도: 제품 환경으로의 릴리스 빈도
3. 평균 복구 시간: 제품 환경에서 장애를 복구하는 데 걸리는 평균 시간
4. 변경 실패율: 릴리스로 인해 제품 환경에 장애가 발생하는 비율

Four Keys Metrics는 독립적인 지표가 아닙니다. 특정 지표를 개선함으로써 다른 지표에 영향을 미칠 수 있습니다. 예를 들어 배포 빈도를 늘리면 변경 실패율이 증가하고, 변경 실패율을 줄이려고 하면 리드타임이 길어지고, 리드타임이 길어지면 장애 발생 시 조사가 어려워져 평균 복구 시간이 길어지는 등의 관계가 있습니다.

Accelerate State of DevOps Report에서는 성과에 따라 팀을 분류합니다(그림 6-9). 2022년 조사에서는 저성과자부터 고성과자까지 세 그룹으로 분류했지만, 2021년까지의 조사에서는 고성과자 위에 엘리트 성과자가 위치하는 4그룹의 분류였습니다.

그림 6-9 Four Keys Metrics의 수치와 팀 성과와의 관계도

	고 성과자	중간 성과자	저 성과자
리드타임	1일부터 1주일	1주일부터 1개월	1개월부터 6개월
배포 빈도	필요 시(1일 복수회)	1주일에 1회부터 월에 1회	월에 1회부터 수개월에 1회
평균 복구 시간	1일 미만	1일부터 1주일	1주일부터 1개월
변경 실패율	0~15%	16~30%	46~60%
2022년 분포	11%	69%	19%

하위 그룹에서 상위 그룹 간에는 매우 큰 차이가 있습니다. 이 수치는 어디까지나 통계적인 집계 결과이며, 제품의 규모와 복구/변경 실패의 정의도 다른 여러 조직에 걸친 조사 결과입니다. 숫자나 분류에만 신경 쓰지 말고, 현재의 자신들을 넘어서는 것을 목표로 매일 조금씩 개선해 나가는 데 참고할 수 있는 수치로 생각합니다.

Four Keys Metrics는 배포/변경/인시던트 등의 이벤트 정보를 기반으로 산출합니다. 정보는 스프레드시트, 지속적 통합 서비스, 프로젝트 관리 시스템 등 각각의 시스템 내에 있는 경우가 많으며, 이를 어떻게 수집하여 산출할 것인가는 현장별로 고민이 필요합니다. 또한 장기적으로 메트릭을 추적하여 효과적으로 활용하기 위해서는 수집/축적/가공/가시화 공정을 생각하여 자동화할 필요가 있습니다. 하지만 도구 정비에 치중하기보다는 수동으로라도 일단 계측을 시작하는 것이 좋습니다.

최근에는 Four Keys Metrics를 자동으로 수집하는 등 대시보드 구축에 도움이 되는 스크립트나 SaaS도 공개되고 있으니 참고하시기 바랍니다(그림 6-10).

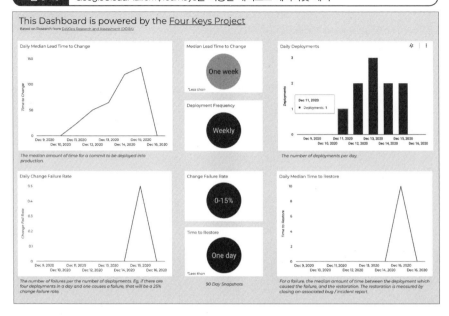

치와와 팀의 개발은 순조로운가요?

필요하면 제가 도와주러 가겠습니다.

이 부분은 치와와 팀과 협력해야 하네요.

그렇네요.

치와와 팀은 원격으로 일하는 사람이 많아서 작업 진행 상황이 잘 보이지 않네요.

치와와 팀도 우리 팀의 작업 진행 상황이 잘 보이지 않는다고 느낄 수도 있겠네요.

커뮤니케이션을 자주 해서 작업 상황을 공유합시다.

315

이제 고객 가치 제공에 적합한 팀을 구성하고, 장기적으로 속인화를 해소하고, 팀의 성과를 측정할 준비가 되었습니다. 팀이 잘 기능하기 위해서는 적절한 커뮤니케이션 방법도 도입해야 합니다. 원활한 커뮤니케이션에 도움이 되는 몇 가지 아이디어를 소개합니다.

◆ 필요할 때 직접 소통하기

P 그냥 말하기

필요할 때는 자리에서 일어나서 상대방에게 가서(원격근무라면 화상회의 시스템을 연결하여), 솔직하게 상담해 보세요! **6-7** '이런 당연한 걸'이라고 느낄 수도 있습니다. 하지만 평소 업무를 떠올려 보세요. 뭔가 전달할 내용이 있을 때 정례 회의가 열릴 때까지 기다리거나, 관리자를 통해 전달하거나, 이야기하기 위해서 누군가의 허락을 받거나 하지는 않았나요? 팀 내 혹은 팀 사이에서도 일을 진전시키는 가장 좋은 방법은 '그냥 말하는 것'입니다(그림 6-11). 실제로 의식적으로 실천해 보면 이렇게 당연하고 쉬운 일이 의외로 잘 이루어지지 않았다는 사실에 놀라게 됩니다.

그림 6-11 그냥 말하기

정례 회의   건너서 이야기하기   허가

필요할 때 직접 말하기

◆ 여행자가 팀을 떠돈다

P **여행자**

피처 팀에 대한 설명에서 '팀은 수명이 길어야 한다'고 했습니다. 팀원이 자주 바뀌면 다음과 같은 문제가 발생합니다.

- 팀으로서의 성장과 성숙을 방해한다
- 서로에 대한 이해와 그동안 쌓아온 관계가 재설정된다
- 팀의 개발 속도를 측정하기 어려워진다
- 팀에 대해 시행한 방법이나 개선 효과를 파악하기 어려워진다

한편, 고정된 팀원으로 장기간 개발을 하면 다음과 같은 문제가 생깁니다.

- 매너리즘에 빠진다
- 특정 팀원에게만 의존하는 팀으로 전락하게 된다
- 특정 기술이나 지식을 가진 사람이 일부에 편향된다

이러한 경우에 문제를 해결하거나 완화할 수 있는 방안으로 '여행자'(traveler)가 있습니다. 여행자는 기술을 가진 사람이 그 기술을 필요로 하는 팀에 일정 기간 동안 이적함으로써 지식과 경험을 이전하는 것을 말합니다. 지식과 경험을 이전할 때는 다음과 같은 활동을 진행합니다 6-8.

- 짝을 이루거나 몹 워크를 통해 업무 지식/기술적 지식을 공유한다
- 팀이 가지고 있지 않은 능력/기술에 대한 교육을 실시한다
- 워크숍을 개최한다. 팀을 코치한다
- 여행자 팀의 일원으로 개발하기
- 팀의 좋은 문화와 노력 전달

일정 기간이 지나면 여행자처럼 또 다른 팀으로 옮겨간다고 해서 여행자라고 불립니다. 여행자가 팀을 옮기는 흐름과 다른 팀으로 이동하는 이유는 다양합니다. 한 팀에서 한동안 지내다가 다른 팀으로 옮기는 경우도 있고, 원래 있던 팀으로 되돌아가는 경우도 있습니다. 또한 한 팀이 감당하기 어려운 큰 사용자 스토리나 잘 알지

못하는 시스템을 담당하게 되는 경우에 팀으로부터 요청을 받아 참가한다든지, 여행자 스스로 협력을 신청하는 경우도 있습니다.

그림 6-12 팀을 떠돌아다니는 여행자

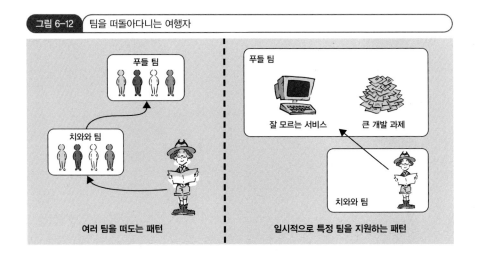

여러 팀을 떠도는 패턴 | **일시적으로 특정 팀을 지원하는 패턴**

여행자의 활용에 따라 다음과 같은 이점을 얻을 수 있습니다.

- 미지의 정보를 알 수 있고, 개발 중 실수를 방지할 수 있다
- 조사 시간을 단축하고, 적은 공수로 대응할 수 있다
- 도메인 지식을 공유해, 속인화 해소로 이어진다
- 기술 지식 공유로 개발력 향상으로 이어진다.
- 팀원들끼리 조율할 수 있게 된다

여행자가 여러 팀에 들어가서 도움을 주면 팀원들끼리 공통의 지식과 기술을 갖게 됩니다. 지식과 기술 수준이 비슷한 팀이라면 다른 팀과 스스로 조율하여 개발을 진행할 수도 있을 것입니다.

개발 내용에 따라 팀원을 자주 교체하는 것은 앞서 언급한 문제들이 있고, 팀 인원을 미리 많이 확보해 두는 것도 평소의 커뮤니케이션에 시간이 많이 소요되어 효과적이지 못합니다. 기간 한정으로 팀원을 파견하는 여행자 형식은 개발 내용에 따라 팀 인원 구성을 재조정하고 싶은 니즈에 잘 맞습니다. 여행자를 이용할 경우, 무

작정 사람을 이동시키는 것이 아니라 향후 어떤 상태를 목표로 하는지를 확인한 후 진행해야 합니다.

◆ 소리 내어 일하기

P Working Out Loud

주변의 도움을 잘 받는 사람을 떠올려 보신 적 있으신가요? 그 사람을 잘 관찰해 보면, 자신의 상황이나 생각, 고민 등을 세세한 단위로 모든 사람이 볼 수 있도록 전달하고 있다는 것을 알 수 있습니다. 이러한 업무 진행 방식을 'Working Out Loud' 6-9 6-10 라고 부릅니다.

Working Out Loud = 일을 관찰할 수 있도록 + 일을 설명해 주면서
(Working Out Loud = Observable Work + Narrating Your Work)

Working Out Loud의 행동은 '작업 시작/종료', '진행 중인 작업 공유', '곤란한 일 공유', '배운 점 공유' 등으로 분류할 수 있습니다. 실제 업무에서 일어날 수 있는 예는 다음과 같습니다(그림 6-13).

그림 6-13 Working Out Loud의 예

루키 씨 09:30
유 팀장님의 요청으로
문제점 조사를 지금부터 시작합니다.

작업의 개시/종료

루키 씨 12:30
CI에서 테스트를 실패한 원인을
조사하고 있습니다.

진행 중인 작업의 공유

루키 씨 15:00
현재 환경에서 결제 서비스와 통신이
안 됩니다. 함께 봐 주실 분 없으신가요?

곤란한 일의 공유

루키 씨 17:30
API의 동작이 변경된 것이 원인이었습니다.
임시 대응은 끝났으니, 근본적인 대응을
위한 이슈를 작성합니다.

배운 점 공유

Working Out Loud를 하면 다음과 같은 장점이 있습니다.

- 작업을 가시화하여 잘하고 있을 때도 그렇지 않을 때도 기록으로 남길 수 있습니다
- 초기에 다른 사람의 조언을 받을 가능성이 높아집니다. 엉뚱한 방향으로 가고 있으면 다른 사람이 말려줍니다
- 자신이 가진 문제를 설명할 수 있는 능력이 향상됩니다. 배움의 과정을 정리하고 발표할 수 있는 기회가 늘어납니다

작은 조언이 작업 시간 단축으로 이어지는 경우가 자주 있습니다. 조언하는 쪽의 팀원은 '그런 사소한 건 빨리 물어봤으면 좋았을 텐데'라고 생각하기 쉽지만, 실제로 일을 하는 본인은 '좀 더 스스로 알아보고 해결하고 싶다' 혹은 '혼자서 조사해서 스스로 해결해야 한다'고 생각해서 시간을 낭비하는 경우가 많습니다. 평소에 자신의 작업을 가시화하고, 적극적으로 주변 사람들을 끌어들이면서 업무를 진행합시다.

Working Out Loud가 잘 작동하도록 하기 위해서는 다음과 같은 노력을 통해 구성원들이 항상 느슨하게 연결되는 상태를 만드는 것이 좋습니다.

- 개인적 포스팅을 쉽게 할 수 있는 공간으로 Slack에 times 채널 만들기
- 상시 대화할 수 있는 도구(Discord 등)를 도입하고, 그곳에서 바로 대화할 수 있도록 한다
- 곤란한 일이 있을 때 '잠깐 얘기 좀 할 수 있을까요?'라고 짧은 화상회의(Quick Call)를 제안한다

◆ 원격근무를 전제로 한 체계

원격근무가 보편화된 오늘날, 원격지에서 함께 일하는 팀과 구성원의 존재를 무시하고는 개발 프로세스를 생각할 수 없습니다. '지리적으로 분산되어 있어서', '일하는 방식에 유연성을 부여하고 싶어서' 등 다양한 이유로 원격근무를 도입하는 현장도 많아졌습니다. 하지만 원격근무가 처음부터 잘 되는 것은 아닙니다. 지리적으로 분산되어 있더라도 여러 사람이 협력하여 일하는 데 있어 커뮤니케이션이 중요하다는 것은 변함이 없습니다. 효과적인 커뮤니케이션이 이루어지고 있는지 매번

점검하고 다시 한번 확인해야 합니다. 원격근무로 성과를 내기 위해서는 원격 환경에 맞는 커뮤니케이션 연습과 개발 체계를 만들어야 합니다.

P 동기 커뮤니케이션을 유연하게 도입

팀원들끼리 업무를 분담해서 진행하다 보면, 잘못된 방향으로 일을 진행하거나 어떤 일로 인해 업무가 막히는 경우가 종종 발생합니다. 이럴 때는 팀원들끼리 대화를 통해 해결해야 하는데, 원격근무에서는 대화할 기회가 줄어듭니다. 서로가 담당하는 작업을 최대한 빠르게 진행할 수 있도록 전체 개발의 흐름과 진행 방식을 꼼꼼히 확인해야 할 필요가 있습니다. 제대로 정비가 되어 있다면, 팀원이 중도 이탈/복귀를 하더라도 원활하게 개발에 참여할 수 있습니다. 원격근무를 도입하면 모든 커뮤니케이션을 비동기식으로 진행한다고 생각하기 쉽지만, 커뮤니케이션의 동기가 가능한 상황에서는 유연하게 도입하는 것이 좋습니다.

P Working Agreement

서로가 기분 좋게 일을 진행하기 위해서는 서로에 대한 신뢰가 중요합니다. 현장에서 모이는 경우든 원격으로 떨어져서 서로 협력하는 경우든 마찬가지입니다. 하지만 처음 팀을 구성하거나 새로 들어온 팀원이 있는 경우, 당연하다고 생각했던 것들조차 제대로 조율하지 않으면 사소한 것도 문제가 될 수 있습니다.

'Working Agreement'는 팀원 모두가 중요하다고 생각하는 것과 자신이 이렇게 하기로 합의한 사항을 명문화한 것입니다. 팀원들 스스로에 대한 약속이라고 할 수 있습니다(그림 6-14). 합의된 사항을 눈에 잘 보이는 곳에 두면 '팀이 중요하게 생각하는 것'을 공유할 수 있고, 마인드셋에 따른 행동을 이끌어낼 수 있습니다. 또한 부수적인 효과로 바람직하지 않은 움직임이 있을 때 서로 지적하기 쉬워집니다. '구두로 결정한 것을 팀원들과 공유하지 않으면 곤란해!'라고 불만을 토로해도 협력 체제는 만들어지지 않습니다. 반면에 '구두로 결정한 것도 텍스트로 만들어 팀에 공유한다'는 내용을 Working Agreement에 포함하면, 공유를 잊어버릴 것 같은 순간에도 서로 지적할 수 있게 되고 마음도 편해질 것입니다.

Working Agreement은 한번에 완성본을 만드는 것이 아니라, 정말 합의할 수 있는 몇 가지 사항부터 시작해 몇 달에 한 번씩 조금씩 늘려가는 것을 추천합니다. 팀의 정기적인 이벤트로서 작성한 Working Agreement를 수정할 수 있는 기회를 마련하는 것이 좋습니다.

P 현장을 원격과 동일한 조건으로 만들기

아무리 환경을 정비해도 현장에서 얻을 수 있는 정보량을 원격근무로 재현할 수는 없습니다. 직접 대면하는 환경에서는 언어 이외의 제스처나 태도 등을 포함해 많은 양의 정보를 단시간에 주고받을 수 있습니다. 옆자리에 앉은 사람에게 간단한 상담을 요청하거나, 사무실에서 잠깐의 대화로 정책을 확인하는 등의 일도 쉽게 할 수 있습니다. 하지만 원격근무를 하는 팀원들은 이러한 오프라인의 장소에서 어떤 일들이 벌어지는지 파악할 수 없습니다.

그림 6-14 | Working Agreement의 예

이런 상황이 오래 지속될수록 원격 근무자와 현장 근무자 간에 지식과 인식의 차이가 생기고 소통이 어려워집니다. 경우에 따라서는 '내 의견이 통하지 않는다'는 불만이 나타나기도 합니다. 원격근무를 하는 팀원이 한 명이라도 있다면, 원격근무 측

의 조건에 맞춰야 합니다. 다음과 같은 관점에서 조건을 맞추면 원격 근무자가 불리해지는 문제를 피할 수 있습니다(그림 6-15).

- 화상회의에 각자 로그인한다
- 마이크/스피커를 공유하지 않고 각자 헤드셋/이어폰 마이크를 사용한다
- 화면을 공유하여 토론을 진행한다
- 언제/어디서/무엇을 이야기했고, 어떤 결정을 내렸는지 모두가 볼 수 있는 장소와 방식으로 공유한다

그림 6-15 현장을 원격과 동일한 조건으로 한다

Ⓟ 협업 도구 활용

협업 도구의 기능이 고도화되면서 원격근무에서도 현장 협업과 다름없는 생산성을 기대할 수 있게 되었습니다. 공동 작업을 지원하는 협업 도구의 예는 다음과 같습니다(표 6-2).

표 6-2 공동 작업을 지원하는 협업 도구

종류 · 용도	도구 예
문서 공동 편집	Google 문서 / Office 365 / Confluence / Notion / esa / Kibela / Scrapbox / HackMD 등

프로젝트 관리 과제 관리	GitHub Issues / Jira / Azure DevOps / asana / Backlog / Trello 등
비즈니스 채팅	Slack / Microsoft Teams / Chatwork 등
화상회의	Zoom / Google Meet / Microsoft Teams 등
온라인 화이트보드	Miro / Mural / Figjam 등
코드 공동 편집	Visual Studio LiveShare / Code With Me (IntelliJ Idea)
상시 접속을 통한 대화	Slack 허들 미팅 / Discord / Gather 등

　도구의 진화로 인해 이전에는 불가능했던 업무 방식이 이제는 당연하게 여겨지게 되었습니다. 그중 한 가지 예를 들어보겠습니다.

- 장소에 구애받지 않고 일할 수 있다
- 회의록을 모두가 작성할 수 있다
- 대화와 문자 채팅을 동시에 진행할 수 있다
- 회의나 미팅을 녹화하고 그 내용을 자동으로 문자화할 수 있다

　한편, 도구마다 고유한 설계 이념과 사용법이 있기 때문에 특정 도구를 채택하면 그 도구의 사고방식에 따라 팀/구성원의 행동이 영향을 받을 수 있습니다. '유명한 도구라서', '많이 사용되어서', '이전에 사용해 본 적이 있어서'라는 이유로 결정하기보다는 여러 가지를 시도해 보고 여러분의 상황과 하고자 하는 일에 맞는 것을 선택하는 것이 좋습니다. 당장 도입할 필요가 없다면 도구를 사용하지 않는 선택도 고려하면서, 여러분이 필요로 하는 것이 무엇인지 요구사항을 명확히 한 다음에 선택하는 것을 추천합니다.

 새로운 도구를 적극적으로 시도하고 싶어요

 도구가 지향하는 사상을 알기 위해 평소에 사용해 보는 것도 중요하겠죠?

 맞습니다. 도구의 진화도 빠르니, 직접 사용해 보고 기존 도구와 무엇이 다른지, 무엇이 새로운지 평소에 감을 익혀두는 것이 좋습니다.

메일 매거진 프로젝트인데, 일정 검토 요청이 들어왔습니다. 아직 요구사항도 잘 모르는데…

나중에 요구사항 누락이 있으면 힘들겠네요. 어딘가에 정리하는 것이 좋을 것 같아요.

첫 번째 릴리스가 3개월 후인 것은 확정이고 나머지는 나중에 대응할 예정이라고 합니다.

그렇다면 대충이라도 개발 규모에 대한 추정치도 있어야 할 것 같네요.

이전 프로젝트와 같은 팀원들이지만, 당시에는 기획이 결정되기까지 시간이 좀 더 걸렸죠.

원활하게 결정될 수 있도록, 팀원들을 한자리에 모아 상담할 기회를 마련해 보겠습니다!

좋네요!

단기간에 관계자와 인식을 일치시키는 데 유용한 것이 워크숍입니다. 책이나 웹사이트, 컨퍼런스나 스터디 모임에서 다양한 워크숍이 소개되고 있습니다. 아이스브레이킹, 팀 빌딩, 회고, 커뮤니케이션, 고객/제품 이해, 제품 개발 등 장르별로 다양한 선택지가 있습니다.

워크숍은 항상 이만큼만 하면 된다는 정답은 없습니다. 상황에 따라 더 나은 방법을 선택합시다. 참고로 이 책에서는 고객/제품 이해, 제품 개발에 관한 3가지 프랙티스를 중점적으로 소개합니다.

◆ 사용자 관점에서 우선순위를 확인한다

P 사용자 스토리 매핑

'사용자 스토리 매핑' 6-11 을 시행하면 사용자 관점에서 사용 사례에 대한 우선순위를 정리할 수 있습니다(그림 6-16). 단순히 요구사항을 나열하는 것만으로는 '이것도 필요해, 저것도 필요해, 전부 다 필요해'는 식의 기능 목록이 되기 쉽습니다. 사용자 스토리 매핑은 첫 번째 릴리스에 포함할 기능을 선택할 때도, 중장기적으로 지향하는 방향성을 이해관계자와 함께 인식하는 데에도 사용할 수 있습니다.

그림 6-16 사용자 스토리 매핑의 완성도

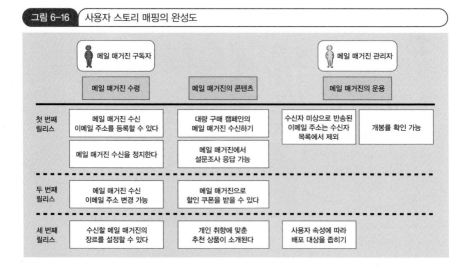

또한 개발이 필요한 항목의 누락을 발견한다든지, 릴리스 계획을 표현할 때에도 활용할 수 있습니다. 프로젝트를 시작할 때나 여러 팀이 함께 개발에 합류할 때 미리 준비해 두는 것을 추천합니다.

사용자 스토리 매핑을 수행하는 절차는 다음과 같습니다.

1. 사용자를 선택한다
2. 사용자 작업(행동 및 과제)을 작성한다
3. 사용자 체험에 따라 카드의 순서를 변경한다
4. 실현 시기를 기준으로 순서를 바꾼다
5. 실현 시기로 구분한다

그럼 지금부터 순서를 하나씩 자세히 설명하겠습니다.

1. 사용자를 선택한다

고객이나 사용자를 나열하고, 어떤 사용자의 경험을 고려할지 결정합니다(그림 6-17). 사용자가 여러 명이라도 일련의 체험이라면 한 장의 지도에 담을 수 있을 것입니다. 어려운 경우에는 지도를 나눠서 작성하는 것이 더 나을 수도 있습니다. 여기서 '예상 사용자는 없다', '예상 사용자는 모든 사용자다'와 같은 대화가 나오면 사용자를 이해하지 못하고 있다는 황색 신호입니다. 대상이 되는 사용자가 어떤 사람들인지 이해관계자와 인식을 일치시켜야 합니다.

그림 6-17 　사용자를 선택한다

2. 사용자 작업(행동 및 과제)을 작성한다

다음으로 사용자의 작업(행동이나 과제)을 작성합니다. 요구사항이나 기능이 아닌 사용자가 취하고자 하는 행동이나 해결해야 할 과제의 관점에서 작성하는 것이 포인트입니다. 쓰기가 어렵다면 사용자 스토리로 자주 사용되는 템플릿에 대입해 생각해 봅시다(그림 6-18). 이 사용자 스토리는 모두가 토론할 때 토론의 시작점으로 사용됩니다.

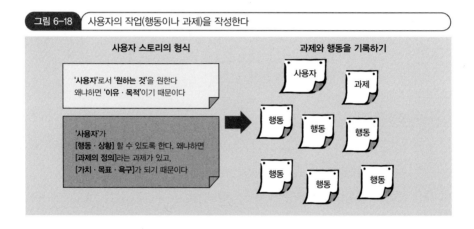

그림 6-18 사용자의 작업(행동이나 과제)을 작성한다

3. 사용자 체험에 따라 카드의 순서를 변경한다

사용자 스토리를 카드에 적었으면 사용자가 체험하는 순서에 따라 배열합니다. 먼저 체험하는 것을 왼쪽에, 나중에 체험하는 것을 오른쪽에 배치합니다(그림 6-19).

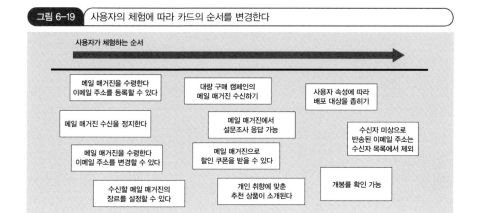

그림 6-19　사용자의 체험에 따라 카드의 순서를 변경한다

사용자가 체험하는 순서

메일 매거진을 수령한다
이메일 주소를 등록할 수 있다

대량 구매 캠페인의
메일 매거진 수신하기

사용자 속성에 따라
배포 대상을 좁히기

메일 매거진 수신을 정지한다

메일 매거진에서
설문조사 응답 가능

수신자 미상으로
반송된 이메일 주소는
수신자 목록에서 제외

메일 매거진을 수령한다
이메일 주소를 변경할 수 있다

메일 매거진으로
할인 쿠폰을 받을 수 있다

수신할 메일 매거진의
장르를 설정할 수 있다

개인 취향에 맞춘
추천 상품이 소개된다

개봉률 확인 가능

나란히 비교해 보면 사용자 스토리에 크고 작음이 있으며, 정밀도가 일정하지 않다는 것을 알 수 있습니다. 정밀도가 일정해야 정렬과 논의가 용이하기 때문에 사용자 스토리를 분할하고 합쳐서 다시 작성해 보시기 바랍니다.

체험 시기가 가까운 사용자 스토리는 세로로 정렬되지만, 유사한 사용자 스토리를 묶는 상위 개념으로 활동을 추가합니다(그림 6-20). 예를 들어 '메일 매거진 수신 이메일 주소를 등록할 수 있다', '수신할 메일 매거진의 장르를 설정할 수 있다'와 같은 활동은 '메일 매거진 수신'이라는 활동으로 묶을 수 있습니다. 작성하는 지도에 여러 사용자가 등장할 경우, 활동 상단에 체험의 주체가 되는 사용자를 기재합니다. 활동은 공통의 목표를 향해 나아가는 사용자 스토리의 집약체라고 할 수 있습니다.

활동 단위로 사용자 체험의 흐름에 누락된 부분이나 불편함이 없는지 확인하고 수정해 나가야 합니다. 처음 나열한 사용자 스토리가 기능 목록에 가까울수록 사용자 체험 기반으로 정리했을 때 누락된 항목이 많다는 것을 뼈저리게 느끼게 됩니다.

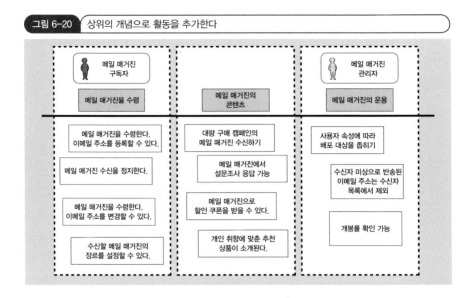

그림 6-20 상위의 개념으로 활동을 추가한다

메일 매거진 구독자	메일 매거진의 콘텐츠	메일 매거진 관리자
메일 매거진을 수령		메일 매거진의 운용

메일 매거진을 수령한다. 이메일 주소를 등록할 수 있다.

대량 구매 캠페인의 메일 매거진 수신하기

사용자 속성에 따라 배포 대상을 좁히기

메일 매거진 수신을 정지한다.

메일 매거진에서 설문조사 응답 가능

수신자 미상으로 반송된 이메일 주소는 수신자 목록에서 제외

메일 매거진을 수령한다. 이메일 주소를 변경할 수 있다.

메일 매거진으로 할인 쿠폰을 받을 수 있다.

개봉률 확인 가능

수신할 메일 매거진의 장르를 설정할 수 있다.

개인 취향에 맞춘 추천 상품이 소개된다.

4. 실현 시기를 기준으로 순서를 바꾼다

활동에 속한 사용자 스토리는 시기를 고려하여 세로로 정렬합니다(그림 6-21). 사용자 체험으로서 기본적이거나 조기에 제공해야 할 것을 위에, 부가적인 기능이나 나중에 해도 좋은 것을 아래에 배치합니다.

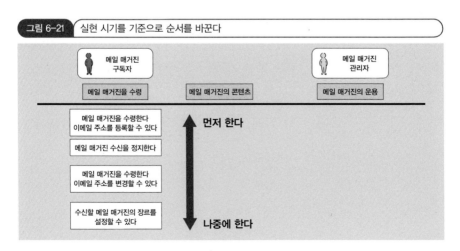

그림 6-21 실현 시기를 기준으로 순서를 바꾼다

메일 매거진 구독자	메일 매거진의 콘텐츠	메일 매거진 관리자
메일 매거진을 수령		메일 매거진의 운용

메일 매거진을 수령한다 이메일 주소를 등록할 수 있다

먼저 한다

메일 매거진 수신을 정지한다

메일 매거진을 수령한다 이메일 주소를 변경할 수 있다

수신할 메일 매거진의 장르를 설정할 수 있다

나중에 한다

5. 실현 시기로 구분한다

마지막으로 실현 시기를 기준으로 사용자 스토리를 구분합니다(그림 6-22).

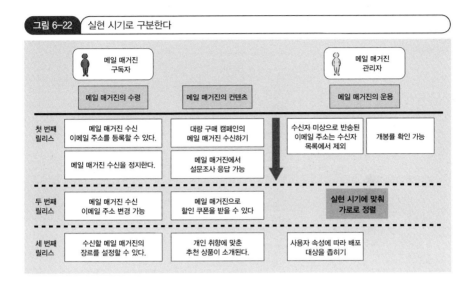

그림 6-22 | 실현 시기로 구분한다

다음과 같은 전략으로 구분하여 마일스톤 및 릴리스와 연계할 수 있습니다.

- 학습 전략: '여기까지 진행되면 사용자는 XXX를 할 수 있다'
- 릴리스 전략: '여기까지의 스토리를 2023년 XX월까지 제공하겠다'
- 개발 전략: 나중에 실현해도 괜찮은 것을 찾아내 개발할 것을 한정/감소시킨다

같은 실현 시기에 포함된 다른 스토리와 비교하여 사용자 체험 면에서 불편함이 없는지 확인합니다. 한 릴리스에서 구현되는 기능을 가로로 나열하여 어떤 목표를 달성하는 데 필요한 기능이 제대로 포함되었는지 확인합니다. 특정 활동에만 스토리가 너무 많거나, 체험 전체로 생각했을 때 스토리가 부족한 경우가 종종 있습니다.

이상으로 사용자 스토리 지도가 완성되었습니다(그림 6-23). 첫 번째 마일스톤이나 릴리스에 포함된 사용자 스토리부터 개발을 시작합시다. 지도를 작성하기 전에 생각했던 개발 순서와 첫 번째 마일스톤이나 릴리스에 포함된 사용자 스토리가 다

를 경우, 사용자 스토리 매핑을 수행한 보람을 느낄 수 있습니다. 이는 사용자 체험을 기반으로 생각하고, 학습을 극대화할 수 있도록 개발 순서를 정리할 수 있기 때문입니다.

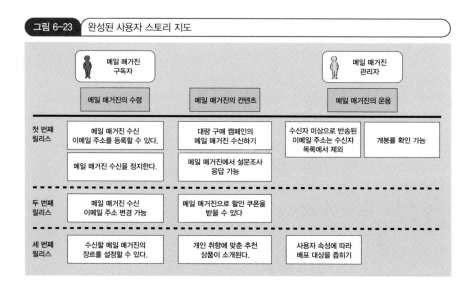

그림 6-23 완성된 사용자 스토리 지도

또한 지도 자체를 완성하는 것뿐만 아니라 지도를 만드는 과정에서 이해관계자를 포함시켜 논의하는 것에도 의미가 있습니다. 만든 지도는 완성본으로 끝내는 것이 아니라, 릴리스하고 배운 것을 바탕으로 매번 업데이트하면 오래도록 활용할 수 있습니다.

◆ 단시간에 견적, 실적에 기반한 진행상황을 보여준다

프로젝트 초기에 개발 공수가 얼마나 소요될지 추정하고 싶은 경우가 종종 있습니다. 요구사항 하나하나에 대해 꼼꼼하게 작업 규모를 추정할 수도 있지만, 개발을 시작한 시점에는 대상에 대한 지식과 경험이 전혀 없는 상태이기 때문에 아무리 시간을 들여도 정확하게 알 수 없습니다. 견적을 의뢰하는 측에서도 정확한 것을 원하기보다는 대략적인 일정을 알고 싶을 수도 있습니다. 이럴 때 단시간에 견적을 산출할 수 있는 방법으로 사일런트 그룹핑을 소개합니다.

P 사일런트 그룹핑

'사일런트 그룹핑' 6-12 은 수집된 사용자 스토리를 정렬하고, 공수 크기가 달라지는 경계로 그룹을 구분하여 같은 그룹에 속한 것들에 동일한 추정치를 적용하는 기법입니다(그림 6-24). 물리적인 스티커 메모로 정렬을 할 수도 있고, 엑셀이나 스프레드시트를 사용해도 좋습니다.

그림 6-24 │ 사일런트 그룹핑

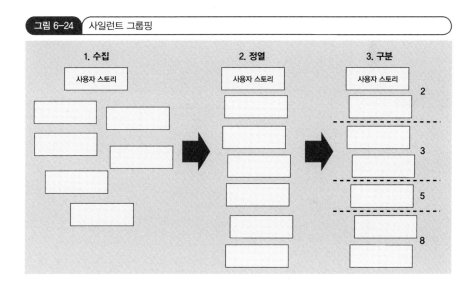

사용자 스토리의 규모를 절대값으로 추정하는 것은 매우 어렵지만, 두 개의 사용자 스토리를 나란히 놓고 '어느 쪽이 더 큰지'를 판단하는 것은 훨씬 더 쉽습니다. 한 번에 모두 정리하려고 하면 혼란스러울 수 있으므로, 사용자 스토리를 5개 정도씩 추가하여 견적의 규모감에 대해 공감대를 형성한 후 순서대로 정렬하는 것이 좋습니다.

제임스 그레닝(James Grenning)이 제안한 공수 산출 방법인 플래닝 포커 파티

(Planning Pocker Party)를 통해 그룹을 나누어 단시간에 견적을 내는 방법도 있습니다 6-13 .

P 번업 차트

작업의 진행 상황을 시각화하는 방법 중 하나로 진행 상황을 0~100%의 수치로 표현하는 진행률이 있습니다. 진행률을 보고자의 주관에 따라 결정하면 작업 후반부로 갈수록 수치 증가가 둔화되어 '진행률 80%'에서 더 이상 진행되지 않는 문제가 발생합니다. 이는 개발 속도의 실적이나 요구사항 변경에 따른 공수 증가를 제대로 파악하지 못했기 때문입니다. 따라서 작업 규모 추정에 사용한 단위로 기간별 완료 실적을 합산하여 '번업 차트'를 그리면 실적에 기반한 진행 상황을 가시화하고 향후 예측도 할 수 있습니다(그림 6-25).

그림 6-25 번업 차트

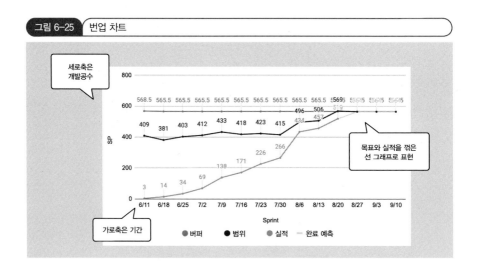

번업 차트를 그리는 방법은 다음과 같습니다.

1. 필요한 모든 사용자 스토리를 추정하고 숫자를 합산한다(=범위).
2. 초기 범위의 1.5배를 곱한 숫자를 고정값 버퍼로 설정하여 요구사항이 너무 많아졌을 때의 기준으로 삼는다(=버퍼).

3. 진행 상황 보고 시점에 완료된 작업의 수치를 합산한다(=실적).
4. 범위/버퍼/실적을 꺾은 선 그래프로 표현한다.

개발의 진척도는 실적의 기울기로 표현할 수 있습니다. 실적선과 범위가 교차하는 지점이 '개발 완료'를 의미합니다. 지금과 같은 속도로 진행한다면 언제쯤 개발이 끝날지는 실적선 끝을 보면 쉽게 짐작할 수 있습니다. 개발을 빨리 끝내려면 실적치의 상승폭을 높이거나 범위를 좁혀야 합니다. 실제로 범위는 넓어지는 경우가 더 많으며, 번업 차트는 점차 범위의 선이 버퍼의 선에 가까워져 갑니다. 범위를 줄이는 것은 이해관계가 얽혀 있어 어려운 일이지만, 요구사항이 원래 예상했던 범위의 1.5배를 넘어설 것 같으면 너무 부풀려졌다는 신호라고 볼 수 있습니다.

첫 번째 견적이 들어맞지 않아 실제 개발을 시작한 다음 수치를 수정하고 싶은 유혹에 흔들리는 경우도 있습니다. 하지만 추정치를 수정하는 것은 큰 의미가 없습니다. 예상보다 큰 것도 있고 작은 것도 있을 테니 장기적으로 봤을 때 서로 상쇄해 줄 것입니다. 또는 전체적으로 추정치가 크거나 작더라도 실적선을 기준으로 개발 완료 시점을 추측하기 때문에 크게 벗어나지 않을 것입니다.

견적은 단순한 추측일 뿐 약속이 아닙니다. 진행이 순조롭게 진행될 때와 그렇지 않을 때를 정직하게 마주해야 합니다.

◆ 아이디어의 탄생부터 납품까지를 단축한다

P 가치 흐름 매핑
개발 기간을 단축해도 '아이디어 탄생'에서 '납품까지의 기간'은 길게 남아 있을 수 있습니다. '가치 흐름 지도' 6-14 6-15 를 그림으로써 업무 전반의 흐름을 가시화할 수 있고, 모두가 함께 개선점을 논의할 수 있게 됩니다.

가치 흐름 매핑을 수행하는 절차는 다음과 같습니다.

1. 참가자를 모집한다
2. 가치 제공의 흐름 중 어디서부터 어디까지를 대상으로 할 것인지 결정한다
3. 공정을 열거한다
4. 아이디어와 고객을 기재하고 공정을 나열하여 선으로 연결한다
5. 공정별로 소요된 시간과 실제 작업에 소요된 시간을 기재한다
6. 여러 공정을 그룹화하여 정리한다
7. 낭비를 분석한다
8. 개선 후의 소요 시간을 입력한다

그럼 지금부터 하나씩 설명하겠습니다.

1. 참가자를 모집한다

우선 참가자를 모집합니다. 이해관계자를 포함해 폭넓게 관계자들에게 연락을 취합니다. 가치 흐름 지도를 그리는 과정에서 현재 업무 프로세스의 문제점을 개선하기 위한 논의가 이루어지는 경우도 있기 때문에 재량권이나 권한이 있는 사람의 참여를 이끌어내야 합니다. 가치 흐름 지도의 효과를 극대화하기 위해 가장 중요하면서도 어려운 과정입니다.

2. 가치 제공의 흐름 중 어디서부터 어디까지를 대상으로 할 것인지 결정한다

다음으로 가치 흐름 지도를 그릴 대상을 무엇으로 할지 결정합니다. 규모가 큰 프로젝트나 최근 문제가 발생했던 개발을 주제로 삼는 것도 좋습니다. 여기서는 메일 매거진 캠페인을 예로 들어 보겠습니다.

3. 공정을 열거한다

프로젝트의 시작부터 끝까지를 생각해 내면서 작업과 공정을 열거합니다(그림 6-26).

4. 아이디어와 고객을 기재하고, 공정을 나열하여, 선으로 연결한다

왼쪽 상단에 아이디어, 오른쪽 상단에 고객을 배치하고 앞서 나열한 과정을 선으로 연결합니다(그림 6-27). 공정 아래에는 담당자와 담당팀을 기재합니다. 담당이 같을 때는 실선, 다를 때는 점선으로 구분하여 공정의 인수인계가 있음을 표현할 수 있습니다.

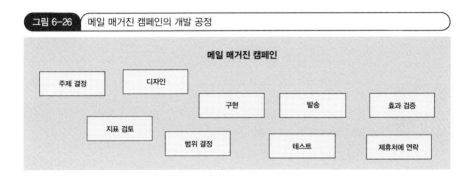

그림 6-26 | 메일 매거진 캠페인의 개발 공정

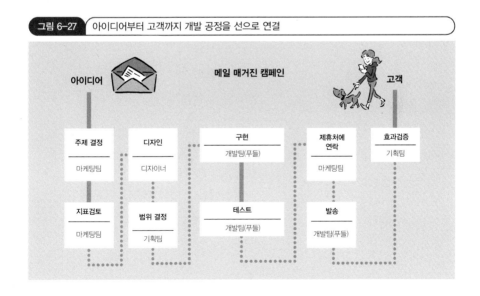

그림 6-27 | 아이디어부터 고객까지 개발 공정을 선으로 연결

나열한 공정에 누락된 부분이 있을 수 있습니다. 이는 목표가 되는 고객으로부터 출발점인 아이디어로 향해 역순으로 연결하면 쉽게 발견할 수 있습니다.

가치 흐름은 반드시 하나의 선으로 이어지지는 않습니다. 강에서 지류가 모여 하구로 흘러가듯 가치 제공으로 이어지는 여러 흐름이 합쳐져 있을 수 있습니다.

5. 공정별로 소요된 시간과 실제 작업에 소요된 시간을 기재한다

다음으로 공정별 작업 시간을 입력합니다(그림 6-28). 작업 시간은 실행 시간과 대기 시간도 포함한 소요 시간을 모두 기입합니다.

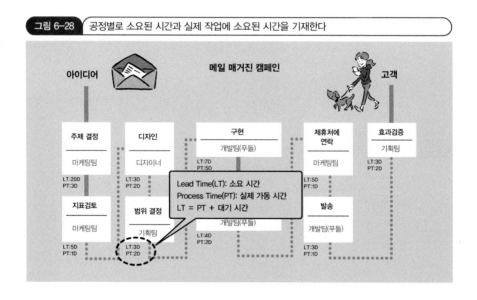

그림 6-28 | 공정별로 소요된 시간과 실제 작업에 소요된 시간을 기재한다

예시에서는 일(Day) 단위로 수치를 입력했지만, 시간(Hour), 주(Week), 월(Month) 등 범위나 공정의 규모에 따라 다루기 쉬운 단위를 선택하면 됩니다.

6. 여러 공정을 그룹화하여 정리한다

여러 공정을 묶으면 좀 더 조망적인 관점에서 병목현상을 발견할 수 있습니다. 그룹 단위로도 실행 시간과 소요 시간을 입력해 봅시다. 또한 전체 실행 시간과 소요 시간도 집계합니다. 그림 6-29를 보면 메일 매거진 캠페인은 아이디어가 탄생한 후 납품까지 53일이 걸렸지만, 실제 작업은 시간은 19일에 불과하고 그 두 배 이상의 시간이 대기 시간에 사용되고 있음을 알 수 있습니다. 특히 기획/릴리스 대기 시간이 길었던 것으로 보입니다.

7. 낭비를 분석한다

개발 프로세스에 대한 인식이 정리되면, 이해관계자를 포함한 모두가 함께 논의하여 개선점을 찾습니다. 개선의 계기가 되는 '낭비'에는 다음과 같은 것들이 있습니다(표 6-3).

| 그림 6-29 | 여러 공정을 한꺼번에 정리하기 |

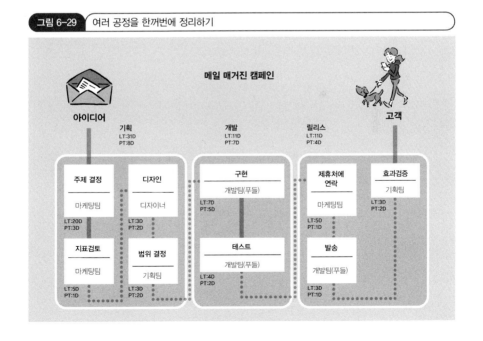

표 6-3 낭비의 종류

낭비의 종류	마크	정의	예
결함의 낭비 (Defects)	D	오류, 누락, 불투명한 부분이 있는 정보 및 결과물. 시스템을 파괴하고 해결하는 데 시간과 노력이 필요하다	깨진 빌드, 부정확한 설정, 부정확한 요구 사항
매뉴얼/모션 (Manual/Motion, Handoffs)	M	오버헤드, 조정, 업무 인수인계, 또는 설정 및 업무 수행과 관련된 비효율성	회의, 수동 배포, 팀 간 작업 인수인계
기다림의 낭비 (Waiting)	W	다음의 가치 있는 단계의 시작 또는 종료가 지연되는 경우	승인 대기, 리소스 대기, 예정된 미팅 대기
미완성된 작업 (Partially Done)	PD	미완성된 작업. 어떤 조작. 다른 사람의 입력이나 행동이 필요하다. 결함과 작업 전환, 기다림을 유발한다	배포되지 않은 코드, 불완전한 환경 설정, 실행 중인 배치
작업 전환 (Task Switching)	TS	작업 전환은 값비싼 컨텍스트 스위칭을 초래하고 오류가 발생하기 쉽다	진행률 제한으로 인한 낭비, 장애로 인한 중단, 임시 요청으로 인한 중단
추가 프로세스 (Extra Process)	EP	가치가 없는 단계나 프로세스. 대부분 공식적, 비공식적 표준 작업에 포함된다	불필요한 승인, 불필요한 문서, 쓸데없는 리뷰
추가 기능 (Extra Feature)	EF	대부분 구현 단계에서 추가되는 기능. 요청되지 않았거나, 비즈니스에 부합하지 않거나, 고객 가치가 없는 경우	'다음에 필요할지도 모르는', 불필요한 갱신이나 요구
영웅 또는 히로인 (Heroics)	H	일을 완수하거나 고객을 만족시키기 위해 누군가에게 과부하가 걸린 상태. 병목현상	며칠이 소요되는 배포, 수년간의 지식이 필요하고, 극단적인 조정이 필요하다.

※ **6-15** 를 기반으로 한 표이지만, 가치 흐름 매핑의 근간이 되는 린(Lean) 및 도요타 생산 방식의 용어에 맞게 일부 표현을 변경했습니다.

예시로 든 메일 매거진 캠페인은 다음과 같은 개선점이 있는 것으로 나타났습니다(그림 6-30).

그림 6-30 ｜ 낭비를 분석한다

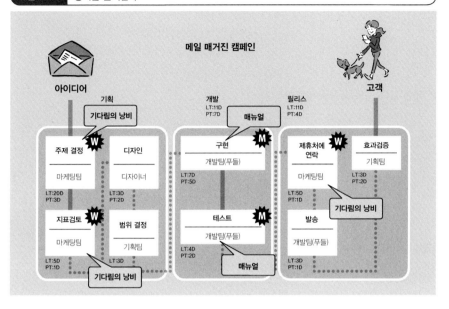

- 기다림의 낭비: 매주 1회 정기적인 회의를 통해 테마를 결정하다 보니 3주가 걸렸다
- 기다림의 낭비: 지표 검토 시 상급자의 확인/승인이 필요하고, 승인이 날 때까지 후속 작업을 중단했다
- 매뉴얼: 메일 매거진을 디자인할 때 디자이너와 팀의 대화가 부족하여 구현할 때 디자인의 재작업이 발생했다
- 매뉴얼: 메일 매거진 배송 테스트 방법이 정리되어 있지 않아, 이번에 담당한 팀원이 직접 조사하면서 작업을 진행했다
- 기다림의 낭비: 개발이 완전히 완료된 후 외부 협력사에 연락을 취했기 때문에 협력사가 준비될 때까지 3일간 기다림이 발생했다

예를 들어 다음과 같은 노력을 통해 낭비를 개선할 수 있습니다.

- 주제 정하기: 정례적으로만 논의하는 것이 아니라 별도 회의 개최
- 지표 검토: 상위 직급자의 부재 시 대리 확인 흐름을 정해 둔다. 후속 작업에 영향을 미치지 않는 확인이라면 먼저 진행하도록 한다

- 구현: 디자인 검토 시 디자이너와 팀이 구현 이미지에 관해 대화를 나눈다
- 테스트: 메일 매거진의 테스트 절차를 문서로 정리해 둔다
- 협력사 연락: 개발 완료가 가시화되는 시점에 외부 협력사에 배송 예정일을 통보한다

8. 개선 후의 소요 시간을 입력한다

　개선안이 나오면 각 공정을 얼마나 단축할 수 있을지 예상치를 기입하고 시간을 다시 집계합니다. 이상으로 가치 흐름 지도가 완성되었습니다(그림 6-31). 예상대로 진행될지는 모르겠지만, 메일 매거진 캠페인의 경우 13일 정도 리드타임을 단축할 수 있을 것으로 예상됩니다. 납기에 필요한 시간 단축을 개발 공정만으로 진행하면 아무리 노력해도 2일 정도 단축하는 것이 한계이지만, 이해관계자와 함께 업무 전반을 검토하면 곳곳에서 개선의 실마리를 찾을 수 있습니다.

　가치 흐름 지도를 그리는 과정에서 아이디어가 탄생한 후 전달되기까지의 흐름, 병목지점, 개선 접근법에 대한 인식이 관계자를 포함하여 정리되어 있기 때문에 실행에 있어 방해하는 사람이 나오지 않을 것입니다. 이제 다음 개발에서 개선점을 실행하기만 하면 됩니다. 가치 흐름 지도의 전제 조건은 바뀔 수도 있습니다. 한번 그렸다고 해서 고집하지 말고, 수시로 수정해 보시기 바랍니다.

그림 6-31 개선 후 소요 시간 입력하기

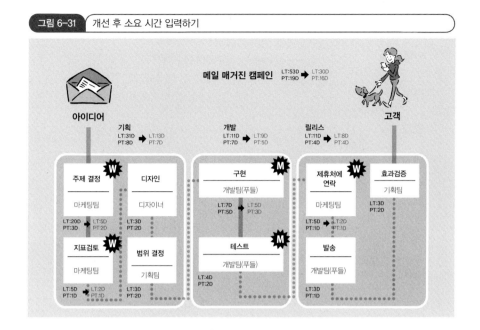

여기까지 읽어주신 여러분은 애자일 개발을 지원하는 기술 프랙티스와 그 응용을 이해하고 자신의 현장에 적용할 수 있는 능력을 갖추게 되었을 것입니다. 더 다양한 프랙티스를 찾아볼 수 있는 몇 가지 자료를 마지막으로 소개하고자 합니다.

6-1 「feature teams」 Bas Vodde (featureteamprimer)
https://featureteamprimer.org/jp/

6-2 「Feature Team Primer」 Craig Larman & Bas Vodde (2010)
https://featureteams.org/feature_team_primer.pdf

6-3 『Large-Scale Scrum: More with LeSS』 Craig Larman & Bas Vodde (2016, Addison-Wesley Professional)

6-4 『Organizational Patterns of Agile Software Development』 James Coplien & Neil Harrison (2004, Pearson)

6-5 「Explore DORA's research program」 (2020, DORA's research program)
https://www.devops-research.com/research.html

6-6 『디지털 트랜스포메이션 엔진』 니콜 폴스그렌/제즈 험블/진 킴 저, 박현철/류미경 역 (2020, 에이콘출판)

6-7 「Coordination & Integration - Just Talk」 (LeSS)
https://less.works/less/framework/coordination-and-integration?setlang=true

6-8 「Coordination & Integration - Travelers to exploit and break bottlenecks and create skill」 (LeSS)
https://less.works/less/framework/coordination-and-integration?setlang=true

6-9 『Working Out Loud: For a better career and life』 John Stepper (2015, Ikigai Press)

6-10 「Working Out Loud 큰 소리로 작업하라, 팀원끼리 서로 훈련하는 문화 만들기(원제: Working Out Loud 大声作業（しなさい）、チームメンバー同士でのトレーニング文化の醸成) 오바 마사토 (2018, StudySapuri)
https://blog.studysapuri.jp/

6-11 『사용자 스토리 맵 만들기』 제프 패튼 저/백미진, 허진영 역 (2018, 인사이트)

6-12 「Using Silent Grouping to Size User Stories」 Ken Power (2011, slideshare)
https://www.slideshare.net/kenpower/using-silent-grouping-to-size-user-stories-xp2011

6-13 「플래닝 포커 오브젝트 게임으로 애자일 게임하기 - Agile 2011 Conference」 (원제: プランニングポーカー・オブジェクトゲームでアジャイルゲーム！～ Agile 2011 Conference) 藤原大 (2011, EnterpriseZine)
https://enterprisezine.jp/article/detail/3385

6-14 『Learning to See: Value Stream Mapping to Add Value and Eliminate MUDA』 Mike Rother & John Shook (1999, Lean Enterprise Institute)

6-15 「Value Stream Mapping으로 개발 주기의 낭비를 제거하라!」 원제: ここはあえて紙とペン！ Value Stream Mapping で開発サイクルの無駄を炙り出せ!) 小塚大介 (2017, slideshare)
https://www.slideshare.net/TechSummit2016/app013

많은 애자일 프랙티스를 배울 수 있어서 정말 공부가 됐습니다.

별말씀을요. 저도 즐겁게 일할 수 있어서 좋았습니다.

그런데 베테랑 씨는 어디서 프랙티스를 배우셨나요?

다른 현장의 사례를 듣는 경우도 있고, 웹 사이트나 책으로 확인하기도 해요!

아직 모르는 게 더 많은 것 같아요. 모두 같이 스터디 모임 하는 건 어떠신가요?

좋네요! 팀에 도입할 새로운 애자일 프랙티스가 있는지 찾아봐요.

마 치 며

이 책에서는 독자의 현장에서도 즉시 도움이 될 수 있는 프랙티스를 선별하여 소개했습니다. 그러나 프랙티스는 이것으로 끝이 아닙니다. 이 책에서 다룬 것 외에도 많이 존재하며, 기술의 발전과 더불어 새로운 프랙티스가 계속 생겨나고 있습니다.

여기서는 이러한 애자일 개발에 도움이 되는 프랙티스와 프랙티스의 바탕이 되는 사고방식을 이해하는 데 도움이 되는 사이트를 소개합니다.

프랙티스를 찾는 방법

애자일 개발 프랙티스를 소개하는 사이트들은 다음과 같습니다.

Subway Map to Agile Practices

프랙티스를 지하철 역에 비유하여 도구나 상호 관계를 지하철 노선도처럼 표현한 그림입니다. 2016년 Agile Japan에서 인쇄물로 배포할 목적으로 일본어 번역본도 만들었습니다.

URL https://www.agilealliance.org/agile101/subway-map-to-agile-practices/

URL https://2016.agilejapan.jp/image/AgileJapan2016-pre-0-0-MetroMap.pdf (일본어판)

Subway Map to Agile Practices

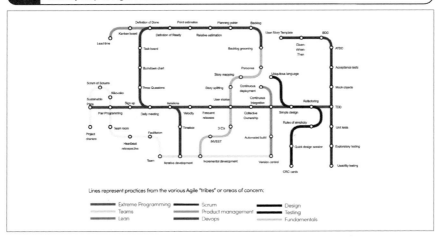

Technology Radar

Thoughtworks사에서 여러 기술과 프랙티스에 대한 견해를 정리한 보고서입니다. 'Techniques', 'Tools', 'Platforms', 'Languages & Framework'의 4가지 장르별로 개별 기술 및 프랙티스가 'Hold(보류)', 'Assess(평가해야 한다)', 'Trial(시도해 볼 것)', 'Adopt(도입할 것)'의 4단계로 분류했습니다. 취급하는 항목

그림 Technology Radar

이 바뀌거나 시대의 유행에 영향을 받기도 하지만, 모르는 기술을 접할 수 있고 다른 사람의 견해를 알 수 있다는 점에서 유용합니다.

URL https://www.thoughtworks.com/radar

Open Practice Library

RedHat Open Innovation Labs가 운영하는 웹사이트입니다. 본서 집필 시점 (2023년 6월)에 124명의 공헌자에 의해, 200개의 프랙티스가 소개되어 있습니다.

URL https://openpracticelibrary.com/

그림 Open Practice Library

101 ideas for agile teams

애자일 개발에서 사용할 수 있는 개선 아이디어를 정리한 블로그입니다.

URL https://medium.com/101ideasforagileteams

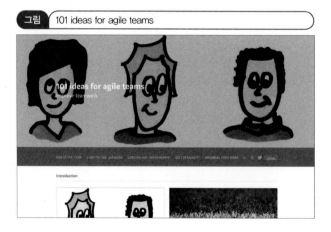

그림 101 ideas for agile teams

DevOps 능력

DevOps Research and Assessment(DORA)팀이 조사하고 검증한 결과, 딜리버리와 조직의 성과를 개선할 수 있는 능력을 확인했습니다.

URL https://cloud.google.com/architecture/devops?hl=ko

그림 DevOps의 능력

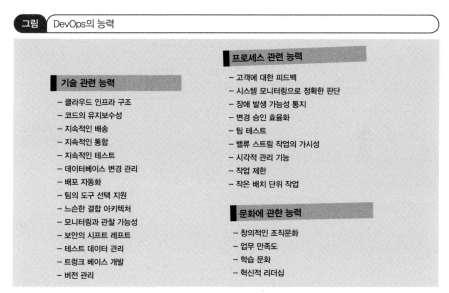

프로세스 관련 능력
- 고객에 대한 피드백
- 시스템 모니터링으로 정확한 판단
- 장애 발생 가능성 통지
- 변경 승인 효율화
- 팀 테스트
- 밸류 스트림 작업의 가시성
- 시각적 관리 기능
- 작업 제한
- 작은 배치 단위 작업

기술 관련 능력
- 클라우드 인프라 구조
- 코드의 유지보수성
- 지속적인 배송
- 지속적인 통합
- 지속적인 테스트
- 데이터베이스 변경 관리
- 배포 자동화
- 팀의 도구 선택 지원
- 느슨한 결합 아키텍처
- 모니터링과 관찰 가능성
- 보안의 시프트 레프트
- 테스트 데이터 관리
- 트렁크 베이스 개발
- 버전 관리

문화에 관한 능력
- 창의적인 조직문화
- 업무 만족도
- 학습 문화
- 혁신적 리더십

Scrum Patterns

스크럼을 작동시키기 위한 패턴집(어떤 맥락에서 반복적으로 발생하는 문제를 해결하는 방법을 모은 것)입니다. 『A Scrum Book: The Spirit of the Game』이란 책으로도 출간된 바 있습니다.

URL https://scrumbook.org/

그림 Scrum Patterns

Martin Fowler's Bliki

애자일 소프트웨어 개발 선언에 서명한 사람 중 한 명이자 『리팩터링』 등의 저서로 유명한 마틴 파울러 (Martin Fowler)의 사이트입니다. 애자일 프랙티스 외에도 소프트웨어 개발, 아키텍처 등 광범위한 주제에 관한 토픽을 다룹니다.

그림 Martin Fowler's Bliki

URL https://martinfowler.com/bliki/

URL https://bliki-ja.github.io/(일본어판)

기업별 요약

클라우드 플랫폼과 개발 도구를 제공, 운영하는 기업의 사이트를 정리했습니다.

[Google / Google Cloud]

- DevOps란: 연구와 솔루션 Google Cloud
URL https://cloud.google.com/devops?hl=ko

- Google Engineering Practices Documentation
URL https://google.github.io/eng-practices/

[Microsoft]

- ISE Code-With Customer/Partner Engineering Playbook
URL https://github.com/microsoft/code-with-engineering-playbook

---

awesome-XXX

'awesome-'으로 시작하는 특정 테마를 다루는 큐레이션 목록입니다. 일반적으로 GitHub에서 관리하는 Markdown 파일로 링크 리스트를 정리하고, 풀 리퀘스트를 통해 추가를 받는 것이 일반적입니다. 찾고자 하는 주제에 'awesome'을 키워드로 검색하면 찾을 수 있습니다. 너무 많아서 awesome 리스트를 정리한 페이지도 있습니다.

URL https://github.com/sindresorhus/awesome

URL https://github.com/topics/awesome (awesome 리스트 요약)

프랙티스를 탐구하는 여정

이 책에 소개한 프랙티스가 반드시 새로운 것만은 아닙니다. 10여 년 전부터 제창되어 온 것도 있습니다. 프랙티스는 많은 현장에서 시도되면서 그 효과가 알려지고, 주변 도구의 진화로 인해 정착되어 갑니다. 지금은 아직 일부 현장에서만 사용되고 있는 방식이 몇 년 후에는 더욱 정교해져 널리 보급될 가능성도 있습니다.

애자일 프랙티스를 많이 활용하여 생산성이 높은 개발 현장은 분명 존재합니다. 나열하자면 끝이 없을 정도입니다. 하지만 어느 현장이든 처음부터 잘 되는 것은 아닙니다. 조금씩 프랙티스를 시도하고, 프랙티스가 잘 작동하는 방법을 찾아내고, 자신의 개발 능력도 향상시킨 결과입니다.

이 책의 내용이 향후 더 나은 발전을 위한 한 걸음으로 이어지길 바랍니다. 독자 여러분이 현장의 문제를 직면하고 더 나은 프랙티스를 발견할 수 있기를 바랍니다.

딜로이트 토마스
컨설팅 합동회사
집행임원

콘
Kyon

그라데이션으로 생각하는 12년간의 애자일 실천

우리 팀은 12년 동안 스크럼과 DevOps를 실천하면서 다양하고 독창적인 접근 방식과 기술을 도입해 왔습니다. 그 과정에서 그라데이션과 전체와 부분의 관계의 중요성을 인식하고, 조직 구성과 규칙, 교육 활동을 해왔습니다. 여기서는 그 중요성과 사례를 소개하고자 합니다. 우선 제가 관찰할 수 있는 범위는 항상 어떤 것의 부분에 불과합니다. 또한 그것은 어떤 것의 전체이기도 합니다. 예를 들어 어떤 프로그램, 테스트, UI, 작업, 스프린트, 목표, 팀, 비즈니스, 업계 동향, 다른 부서, 임원, 동료. 이 모든 것은 어떤 것의 부분이면서 어떤 것의 전체를 나타냅니다. 즉, 내가 '전체를 인식할 수 있었다'는 것은 항상 '어떤 부분'에 불과합니다. 그리고 이 '어떤 부분'의 인접한 영역에는 또 다른 부분이 연결되어 있고 서로 영향을 끼치고 있습니다. 거기에는 역학관계나 위치 관계로 표현할 수 있는 것이 존재합니다.

어떤 부분만 보이는데도 전체를 예측할 수 있는 설계라는 것은 매우 확장하기 쉬운 설계입니다. 일종의 일관성에 관한 설계입니다. 코딩 규칙, 명명 규칙, 팀 원칙 등이 이에 해당하며 이 책에도 그런 사례들이 많이 등장합니다. 업무의 예측 가능성을 높이는 것은 팀 안팎의 속인화를 낮추고, 새로운 아이디어를 창출하는 데 도움이 되는 효과를 볼 수 있습니다.

그 위에 중요한 것은 일관성은 완전하지 않고, 일관성 자체에도 그라데이션이 있는 것이 자연스럽다는 생각입니다. 일관성을 담보할 수 있도록 노력하는 것도 중요하지만, 일관성에는 그라데이션이 있다는 전제로 사고하는 것이 전체의 질을 높입니다. 그리고 그라데이션을 허용하는 것이 사람들이 더 자연스럽게 행동할 수 있습니다.

이 전체와 부분의 관계를 의식하도록 그라데이션이 있는 디자인을 하는 것이 지난 12년 동안 제가 실천한 것 중 하나입니다. 그 사례로 몇 가지를 소개합니다.

1. 팀원들의 기술 수준 차이를 인식한다

애자일 프랙티스, 도구, 규칙, 마인드셋, 프로그래밍, 인프라 등을 쉽게 도입할 수 있지만, 모든 사람이 같은 수준에 도달할 수는 없습니다. 그라데이션이 없는 상태를 가정하는 경우, 검토 사항 누락이 많아 나중에 문제가 되는 경우가 많았습니다. 이런 식으로 작동해야 한다고 생각했는데, 실제로는 그렇지 않은 경우가 발생하면 일종의 사고 정지나 좌절에 빠지는 것을 많이 보았습니다. 이런 기술 능력 등의 그라데이션을 이해하고, 아름다운 그라데이션이 될 수 있는 조직 구성과 규칙을 마련함으로써 팀은 잘 움직여 왔습니다.

2. 프랙탈(Fractal) 구조를 도입한 스프린트

팀은 스프린트를 프랙탈 구조로 구성했습니다(그림 A). 한 달 스프린트에는 3개의 1주일 스프린트, 한 주 스프린트에는 하루 4번의 스프린트, 하루 스프린트당 1시간 스프린트 6개, 1시간 스프린트 1개에 15분 스프린트 3개. 이렇게 함으로써 큰 작업을 작은 하위 작업으로 세분화하여 팀원들이 효율적으로 작업할 수 있습니다. 또한 각 서브 태스크가 완료될 때마다 결과물을 통합하여, 보다 원활한 개발 프로세스를 실현할 수 있습니다. 그리고 해당 스프린트에 대한 스크럼 이벤트를 할 때는 반드시 자신보다 큰 스프린트와 작은 스프린트에 대해 생각할 수 있는 시간을 가지기 쉬워집니다.

한 주에 5일의 스프린트가 있는데, 그중에 1일 스프린트를 4일만 넣은 이유는 프로세스의 여백을 실현하기 위해서입니다. 아름다운 것, 생동감 있는 것의 대부분은 그 구성 요소 모두가 합리적으로 목적에 부합하는 것이 아니라, 목적이 없는 부분 혹은 아무것도 없는 부분을 가지고 있습니다. 웹 페이지 등에서도 '여백'의 중요성이 있듯이, 여백이 있기에 목적에 부합하는 부분이 더 강해집니다.

| 그림 A | 스프린트의 프랙탈 구조 |

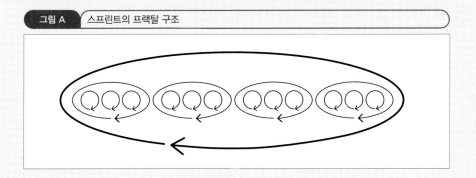

3. 임원진을 포함한 Scrum of Scrums(SoS) 실천

팀에서는 임원진을 포함한 Scrum of Scrums(SoS)를 실천하고 있습니다. 이를 통해 팀 간 커뮤니케이션이 향상되고, 조직 전체의 과제와 목표 공유가 쉬워집니다. 또한 임원들이 참여함으로써 의사결정이 빨라지고, 조직 내 다양한 계층의 의견이 원활하게 전달되는 효과도 있습니다.

이러한 독창적인 접근 방식과 노력을 바탕으로 우리 팀은 스크럼과 DevOps 원칙에 따라 유연하고 효율적인 개발 프로세스를 실현하고 있습니다. 그라데이션의 중요성을 인식하고 아름다운 그라데이션이 될 수 있는 조직 구성과 규칙, 교육 활동을 통해 우리 팀은 더 큰 성공을 거둘 수 있었습니다. 애자일 개발을 하는 모든 구성원에게 이 컬럼이 성공으로 가는 길잡이가 되기를 기대합니다.

컬럼 필자 소개

시이바 미츠유키 SHIIBA MITSUYUKI
주식회사 카케하시 소프트웨어엔지니어

풀스택 소프트웨어 엔지니어로서 주식회사 카케하시에서 자사 제품 개발에 힘쓰고 있다. 지금까지 이커머스 서비스 개발을 주도하고, 개선 엔지니어로서 팀을 지원하거나, CI 서비스를 개발하기도 했다. 한편, 애자일 개발 및 조직 개선에도 힘쓰고 있으며, Scrum Fest Osaka 2021에서 기조 연설자를 맡기도 했다. 저서 『Jest로 시작하는 테스트 입문』(PEAKS)이 있다.
X: @bufferings

야스이 츠토무 YASUI TSUTOMU
합자회사 야토무야 대표

프리랜서 애자일 코치로 개발 현장을 프로세스 측면과 기술 측면에서 지원하고 있다. 워크숍 설계와 제공, 특히 게임을 이용한 깨달음과 배움의 고안에도 힘쓰고 있다. 저서/역서로는 『애자일적인 견적과 계획 수립』(공역), 『테스트 주도 파이썬』(감수) 등이 있다. 게임으로는 '심리적 안전성 게임', '보물찾기 애자일게임', '팀으로 이겨라!' 등이 있다.

오타니 카즈노리 OTANI KAZUNORI
스플렁크 수석 영업 엔지니어, 관찰 가능성

Splunk Observability 도입 지원 업무에 종사하고 있다. 업무 시스템 업계에서 패키지 도입, 이전 VOYAGEGROUP(현 CARTA HOLDINGS)의 광고 유통 자회사에서 CTO 업무, NewRelic에서 고객 성공 업무 등을 담당했다.
『관찰 가능성 엔지니어링』의 공역자. 좋아하는 빌드 도구는 Make.
X: @katzchang

요시바 류타로 YOSHIBA RYUTARO
주식회사 어트랙터 이사 CTO / 애자일 코치

애자일 개발, DevOps, 제품관리, 조직개혁 등의 분야에서 컨설팅과 교육에 종사. Scrum Alliance 인증 스크럼 트레이너(CSTR), 인증 팀 코치(CTC).
저서로는 『SCRUM BOOT CAMP THE BOOK』, 역서로는 『엔지니어링 매니저의 일』, 『팀 토폴로지』, 『프로덕트 매니지먼트』 등 다수.
X: @ryuzee 블로그: https://www.ryuzee.com

우시오 츠요시 USHIO TSUYOSHI
마이크로소프트 시니어 소프트웨어 엔지니어

일본에서 SIer를 거쳐 애자일 개발, DevOps 컨설턴트로 독립 후, Microsoft에 입사하여 에반젤리스트로 활동. 현재 미국 시애틀에 거주하며 Microsoft 클라우드 서비스 Azure의 서버리스 플랫폼인 Azure Functions를 개발하고 있다. 특별히 재능이 있는 것도 아닌 '평범한 프로그래머'. 세계 최고 수준의 엔지니어들에 둘러싸여 일할 수 있는 행복한 환경 속에서 매일 그들을 관찰하고 배우며 자신도 언젠가 최고 수준의 엔지니어가 될 수 있다고 꿈꾸며 하루하루를 즐기고 있다.

핫토리 유키 HATTORI YUUKI
GitHub 고객 성공 설계자

주로 깃허브의 기업 대상 기술 지원을 수행한다. 기업 내 오픈소스 문화와 프랙티스를 도입해 기업의 사일로를 해소하는 '이너소스' 확산에도 힘쓰고 있다.
이 활동을 통해 비영리단체인 InnerSource Commons 재단의 이사로 활동하며 이너소스의 글로벌 발전에 기여하고 있다.

콘노 미치무네 KOHNO MICHIMUNE
마이크로소프트 수석 소프트웨어 엔지니어

소니 컴퓨터 사이언스 연구소에서 연구원으로 근무한 후, 일본 마이크로소프트에 소프트웨어 엔지니어로 입사하여 Windows7 개발에 참여했다. 이후 미국 마이크로소프트 본사로 자리를 옮긴 뒤, 이후 줄곧 Azure 개발 그룹에서 엔지니어로 근무 중이다. 마이크로소프트에서 15년 이상 개발 프로세스의 변천사를 경험. App Service 팀 설립 당시부터 멤버로 활동했다. 박사(공학).

아마노 유스케 AMANO YUSUKE
사이보우즈 주식회사 시니어 스크럼 마스터, 애자일 코치
스크럼 페스 센다이 실행위원회

2009년 신입사원으로 입사 후 엔지니어로 kintone 개발에 참여. 팀장 경험을 거쳐 2016년 스크럼 마스터로 사이보우즈에 스크럼을 도입해 정착했다. 현재 주 3일 근무로 스크럼 마스터 매니저로 활동하면서 개인 사업자의 애자일 코치로도 활동 중. 2021년 도쿄에서 센다이로 이주하여 2022년부터 Scrum Fest Sendai 실행위원, 쑥쑥 스크럼 센다이 운영. 책 『프로덕트 매니지먼트』 번역 리뷰어, 『SCRUMMASTER THE BOOK』 번역 리뷰어.

쿈 KYON
딜로이트 토마스 컨설팅 합동회사 집행임원

2015년경부터 47개 기관이라는 팀으로 애자일 개발을 본격적으로 도입하여 몇 가지 프랙티스를 발굴했다. 2023년 현재 경영진과 팀을 반격자형 구조로 관리하는 Living Management라는 방식으로 팀을 이끌고 있다. 또한 신규 사업이나 대규모 개발 등에서 애자일 코치, 아키텍처 설계 지원, 테스트 자동화 지원 등에 참여하고 있다.
2017년부터 문부과학성 산학연계 프로젝트 enPiT에서 츠쿠바대학, 산업기술대학원대학교에서 비상근 강사로 활동하며 학부 3학년, 석사 1학년을 대상으로 애자일 개발 코칭을 해왔다. 공저로 『시스템 테스트 표준화 가이드』가 있다.

가와구치 야스노부 KAWAGUTI YASUNOBU
YesNoBut 주식회사 대표이사 사장
아길레르고 컨설팅 주식회사 시니어 애자일 코치
주식회사 홀로랩 시니어 애자일 코치
일반사단법인 스크럼개더링 도쿄 실행위원회 대표 이사
일반사단법인 DevOpsDays Tokyo 대표 이사

호쿠리쿠 첨단과학기술대학원대학교 졸업 후, 금융정보 서비스 벤더인 (주)QUICK에서 데이터 유지보수/시스템 개발, 제품/서비스 기획 개발, 가상화 인프라 구축 등을 담당.
2008년 스크럼을 만나 파일럿 프로젝트를 시작했다. 2011년 이노베이션 스프린트 실행위원장, 2011년부터 스크럼게더링 도쿄 실행위원, 2012~2018년 라쿠텐에서 애자일 코치. 라쿠텐 테크놀로지 컨퍼런스 2012~2017 실행위원.
『Fearless Change』 감역, 『사용자 스토리 매핑』 감역, 『조이 잉크(Joy, inc)』 공역, 『SCRUMMASTER THE BOOK』 공역, 『애자일 엔터프라이즈』 감수. 인증 스크럼 프로페셔널. 짐 코프리엔, 제프 패튼, 켄 루빈 등과 함께 인증 스크럼 트레이닝 공동 강사 경험 다수.

마츠모토 켄 MATSUMOTO KEN
아길레고 컨설팅 주식회사 시니어 애자일 코치
개인사업자 / 중소기업 진단사

주식회사 남코(현 반다이남코 엔터테인먼트)에서 약 14년간 업소용 오락기기 및 가정용/모바일용 디지털 콘텐츠 개발에 종사. 회사의 주요 제품에서 엔지니어로 활동하면서 크고 작은 다양한 프로젝트에 기술 및 팀 운영 측면을 지원했다. 2008년경부터 스크럼을 도입했다.
이후 경영기획으로 전환하여 적응형 인재와 조직을 만들기 위해 스크럼의 실천과 적응에 관한 조직적 지원 제공을 담당한 후 독립했다. 현재는 스크럼 마스터 및 중소기업 진단사로서 개인, 팀, 사업 및 조직의 적응을 위한 동행형 지원을 제공하고 있다.
『SCRMASTER THE BOOK』 공역, 『조이 잉크(Joy, inc)』 번역 리뷰어, 『SCRUM BOOT CAMP THE BOOK』 리뷰어, 일반사단법인 애자일 팀을 응원하는 모임 이사.

저자 소개

츠네마츠 유이치 TSUNEMATSU YUICHI
Retty 주식회사 제품 부문 집행임원 VPoE
엔지니어링 조직의 관리-제품 개발 프로세스의 애자일 혁신을 통해 '팀이 하나
로 협력해 고객에게 가치 있는 제품을 단기간에 출시할 수 있는 개발 체제의 모
습'을 모색하고 있다.

리뷰에 협력해 주신 모든 분(경어 생략)

小田中育生	森田和則	小迫明弘
藤原 大	伊藤潤平	池田直弥
大金 慧	山口鉄平	今井貴明
石毛琴恵	半谷充生	角 征典
粕谷大輔	飯田意己	(175 페이지의 컬럼만)
守田憲司	今給黎隆	
岩瀬義昌	木本悠斗	
粉川貴至	渡辺涼太	

색인(Index)

애자일 프랙티스

1판 1쇄 발행   2025년 05월 15일

저   자 | 츠네마츠 유이치
감   수 | 가와구치 야스노부, 마츠모토 켄
역   자 | 류승우
발 행 인 | 김길수
발 행 처 | ㈜영진닷컴
주   소 | (우)08512 서울특별시 금천구 디지털로9길 32
            갑을그레이트밸리 B동 1001호
등   록 | 2007. 4. 27. 제16-4189호

©2025. ㈜영진닷컴

ISBN | 978-89-314-7970-6

YoungJin.com Y.
영진닷컴